constructif
Institut für konstruktives Arbeiten, Leben, Lernen
Eva-Maria Schumacher
Lenneuferstr. 16
58119 Hagen
Fon 02334 44 44 15
schumacher@constructif.de
www.lernen-als-weg.de

constructif
Institut für konstruktives Arbeiten, Leben, Lernen
Eva-Maria Schumacher
Lennestr. 16
58119 Hagen
Fon 02334 44 44 15
schumacher@constructif.de
www.lernen-als-weg.de

Die Kunst der Projektsteuerung

Qualifikationen und Aufgaben eines Projektleiters

von
Dr. Hubert Kupper

9., völlig überarbeitete Auflage

Oldenbourg Verlag München Wien

Dr. Phil. Hubert Kupper
Studium der Mathematik, Physik und Philosophie an den Universitäten Bonn und Köln. Nach seiner Tätigkeit bei der IBM Deutschland GmbH im Bereich Kundenberatung und Ausbildung (Schwerpunkt Projektmanagement und Datenmodellierung) freier Berater und Honorarprofessor an der Universität Mainz.

Die Deutsche Bibliothek - CIP-Einheitsaufnahme

Kupper, Hubert:
Zur Kunst der Projektsteuerung : Qualifikation und Aufgaben eines Projektleiters / von Hubert Kupper. – 9., völlig überarb. Aufl.. - München ; Wien : Oldenbourg, 2001
    ISBN 3-486-25408-1

© 2001 Oldenbourg Wissenschaftsverlag GmbH
Rosenheimer Straße 145, D-81671 München
Telefon: (089) 45051-0
www.oldenbourg-verlag.de

Das Werk einschließlich aller Abbildungen ist urheberrechtlich geschützt. Jede Verwertung außerhalb der Grenzen des Urheberrechtsgesetzes ist ohne Zustimmung des Verlages unzulässig und strafbar. Das gilt insbesondere für Vervielfältigungen, Übersetzungen, Mikroverfilmungen und die Einspeicherung und Bearbeitung in elektronischen Systemen.

Lektorat: Dr. Georg W. Botz / Irmela Wedler (Ass.)
Herstellung: Rainer Hartl
Umschlagkonzeption: Kraxenberger Kommunikationshaus, München
Gedruckt auf säure- und chlorfreiem Papier
Gesamtherstellung: Grafik + Druck, München

Inhalt

1	**Einleitung**	**1**
2	**Platons Dialog**	**7**
2.1	Was ist die Kunst der Projektsteuerung?	7
2.2	Kann die Kunst der Projektsteuerung durch Erzählungen weitergegeben werden?	11
2.3	Besteht die Kunst der Projektsteuerung darin, Listen abzuarbeiten?	14
2.4	Wie kann die Kunst der Projektsteuerung erlernt werden?	17
3	**Das Projekt**	**21**
3.1	Das System	22
3.2	Konsequent projektorientierte Vorgehensweise	24
3.2.1	Basisregel 1: Es existiert ein Auftraggeber	25
3.2.2	Basisregel 2: Es gibt ein Projektziel und einen Rahmenplan	25
3.2.3	Basisregel 3: Es wird eine Projektgruppe eingerichtet	27
3.2.4	Basisregel 4: Es gibt einen Projektleiter	28
3.3	Die gesunde Basis eines Projektes	29
3.4	Lösung zur Übung	31
4	**Projektphasen**	**33**
4.1	Phasen als Orientierungshilfen	33
4.2	Phasenplan	34
4.2.1	Initialisierung	35
4.2.2	Vorstudie (das „kleine Vorprojekt")	35
4.2.3	Projektstart	36
4.2.4	Die Bedarfsanalyse	36
4.2.5	Systemkonzeption	37
4.2.6	Systemüberprüfung	37
4.2.7	Detailorganisation	38
4.2.8	Realisierung	38
4.2.9	Einführung und Übergabe	39

4.2.10	Systemnutzung	40
4.2.11	Änderungskontrolle	40
4.2.12	Qualitätssicherung	41
4.3	Bewertung der Phasen	41

5 Die Organisation des Projektes — 43

5.1	Die am Projekt beteiligten Funktionen	43
5.1.1	Beispiel Bauprojekt	43
5.1.2	Beispiel DV-Projekt	44
5.1.3	In allen Projekten	44
5.2	„Bill of Rights"	46
5.2.1	Der individuelle Rechtsanspruch im Projekt	46
5.2.2	Die Funktionenhierarchie	48
5.2.3	Der Projektausschuß	50
5.3	Die organisatorische Einbindung des Projektes in die Umgebung	52
5.3.1	Reines Projektmanagement	52
5.3.2	Matrix-Projektmanagement	53

6 Planung und Planungstechniken — 55

6.1	Planung	55
6.1.1	Der Plan	55
6.1.2	Plantypen	56
6.1.3	Zeitpunkt des Planens	64
6.2	Systematik der Planung	65
6.2.1	Planung des Zieles	65
6.2.2	Planung der Tätigkeiten	66
6.2.3	Planung der Bedingungen	67
6.2.4	Planung der Ressourcen	68
6.2.5	Planung der Kosten	69
6.2.6	Planung des Termins	69
6.3	Planungstechniken	70
6.3.1	Die Netzplantechnik	70
6.3.2	Hilfsmittel der Planung	71

7 Das Schätzen im Projekt — 73

7.1	Der richtige Stellenwert des Schätzens	73
7.2	Der Schätzprozeß	75
7.3	Akzeptierbare Abweichungen	77
7.4	Erfahrung	80
7.5	Randbedingungen	81

7.6	Zielsetzung und Schätzung	83
7.6.1	Auswirkungen von Vorgaben auf das Ergebnis	83
7.6.2	Auswirkungen von Vorgaben auf die Schätzung	85
7.7	Mann-Monat	85
7.7.1	Teilbare Tätigkeiten	86
7.7.2	Nichtteilbare Tätigkeiten	86
7.7.3	Kommunikationsaufwendige Tätigkeiten	87
7.7.4	Tätigkeiten in komplexem Zusammenhang	87
7.7.5	Übung	88
7.8	Strukturierung und Detaillierung	89
7.8.1	Der Pötzseil-Case	89
7.8.2	Vorteile der Detaillierung	91
7.9	Lösung	92
8	**Projektkontrolle**	**95**
8.1	Voraussetzungen für die Kontrolle	95
8.2	Die Informationssammlung	97
8.2.1	Die Aussagen des Tätigkeitsberichtes	97
8.2.2	Die Brauchbarkeit des Tätigkeitsberichtes	99
8.3	Visualisierung	100
8.3.1	Das Balkendiagramm	100
8.3.2	Das Vergleichsdiagramm	101
8.3.3	Das Zeitdiagramm	102
8.3.4	Die Dringlichkeitsliste	103
8.3.5	Der Netzplan	103
8.3.6	Der Effekt der Visualisierung	103
8.4	Gründe für Abweichungen	105
8.5	Änderung der Pläne	107
9	**Bau der Arche Noah**	**109**
9.1	Projektstart	109
9.2	Netzplantechnik bei der Planung des Projekts	109
9.2.1	Strukturanalyse	109
9.2.2	Zeitanalyse	112
9.2.3	Kapazitätsplanung	116
9.2.4	Graphische Darstellung	116
9.3	Netzplantechnik beim Ablauf des Projekts	118
9.3.1	Berichtswesen	120
9.3.2	Ablaufkontrolle	120
9.4	Projektende	121

10	**Projektreviews**	**123**
10.1	Reviewtypen	123
10.1.1	Periodische Reviews	124
10.1.2	Meilenstein-Reviews	125
10.1.3	Fachliche Reviews	125
10.1.4	Audit, Revision	126
10.2	Vorbereitung und Durchführung von Reviews	128
10.2.1	Planreviews	130
10.2.2	Fallgruben der Projektarbeit	131
10.3	Die Art der Fragestellung	138
10.4	Beispiele	140
10.4.1	Ergebnis eines Reviews (beim Meilenstein-Review)	140
10.4.2	Information der Geschäftsführung	140
10.4.3	Übung	142
10.5	Zusammenfassung, Nutzen von Reviews	142
10.6	Lösungsansatz zur Übung	144
11	**Der Projektausschuß tagt**	**145**
11.1	Die Mitglieder des Projektausschusses	145
11.2	Die Sitzung vor der Umstellung	147
11.2.1	Fragen zur Sitzung	150
11.3	Die Sitzung nach der Umstellung	151
12	**Motivation und Führungsstil**	**155**
12.1	Die Kopplung von Motivation und Führungsstil	155
12.2	Was ist Motivation, was ist Manipulation?	156
12.2.1	Wie können Sie Motivation erkennen?	157
12.3	Motivationstheorien	158
12.3.1	Dynamische Motivationstheorie	159
12.3.2	Motivation-Maintenance-Theorie	160
12.3.3	Die Anwendung in der Praxis	162
12.4	Individualpsychologischer Ansatz	163
12.4.1	Nahziele und Grundmotivation	163
12.4.2	Die Eskalation der Nahziele	168
12.5	Die Wechselbeziehung im Verhalten von Chef und Mitarbeiter	170
12.5.1	Die Chefs sind schuld an ihren Mitarbeitern!	170
12.5.2	Jeder hat den Chef, den er verdient!	173
12.5.3	Imperativer oder kooperativer Führungsstil?	174
12.5.4	Beeinflussung der Grundmotivation	177

12.5.5	Die Aufgabe der Führungskraft	178
12.6	Was Mitarbeiter von ihrem Projektleiter fordern	179
12.7	Lösung zur Übung	179

13 Der Projektleiter — 181

13.1	Schwierigkeiten	181
13.1.1	Organisatorische Unsicherheit	181
13.1.2	Entscheidungsdruck	182
13.1.3	Kritikbereitschaft des Managements	182
13.1.4	Machtvollkommenheit des Managements	182
13.1.5	Auswirkung von Fehlern	183
13.2	Verantwortung	183
13.3	Befugnisse	183
13.3.1	Mitsprache	183
13.3.2	Auswahl der Mitarbeiter	184
13.3.3	Budget	184
13.3.4	Weisungsbefugnis	185
13.3.5	Ansprechpartner auf allen Hierarchieebenen	185
13.3.6	Zugriff zu Informationen	186
13.4	Qualifikation	186
13.4.1	Der Kriterienkatalog	186
13.4.2	Die Gewichtung der Kriterien	188
13.4.3	Rangfolge der Kriterien	189
13.4.4	Anwendung der Kriterien in der Praxis	194

14 Der Turmbau zu Babel — 197

14.1	Projektarbeit der Babylonier	198
14.1.1	Gesunde Basis	199
14.1.2	Phasenplan	200
14.1.3	Reviews	205
14.1.4	Projektleiter	206
14.1.5	Beteiligte Funktionen	207
14.2	Das Scheitern des Systems	209
14.3	Bedeutung der Dokumentation	211

Literaturverzeichnis — **213**

1 Einleitung

Der desolate Zustand zweier Riesenprojekte der Bahn ließ sich nicht länger vor der Öffentlichkeit verbergen: Allein die ICE-Trasse Köln-Frankfurt wird 3 Milliarden Mark teurer sein als ursprünglich geplant; das Projekt liegt mittlerweile 2 Jahre hinter dem Plan.

Bahn rast ins Milliardenloch
ICE-Trasse Köln-Frankfurt und Berliner Knotenpunkt werden teurer - Gutachten: Missmanagement

Die Kostenexplosion durch Management-Fehler bei zwei Großprojekten der Deutschen Bahn ist nach einem aktuellen Gutachten größer als bisher angenommen. Hauptkosten-treiber: die ICE-Strecke von Köln nach Frankfurt.

FRANKFURT/RHEINLANDPFALZ. Zwei Bauprojekte machen der Bahn schwer zu schaffen: die Schnellbahntrasse zwischen Köln und Rhein/Main sowie der Bahnknotenpunkt Berlin. Sie sollen einem Gutachten zufolge um insgesamt bis zu fünf Milliarden Mark teurer werden als geplant. Das berichtet die „Süddeutsche Zeitung". Vor wenigen Monaten waren rund drei Milliarden Mark Mehrkosten befürchtet worden.

Das Gutachten habe Bahnchef Hartmut Mehdom Anfang des Jahres in Auftrag gegeben, um eine interne Bestandsanalyse zu erhalten, sagte DB-Netz-Sprecher Hans-Georg Kusznir gestern auf Anfrage. Den Inhalt wollte er nicht kommentieren.

Dem Bericht zufolge ergab das Gutachten der Frankfurter Wirtschaftsprüfungsgesellschaft PwC Deutsche Revision, dass in erster Linie miserables Management bei der Bahn Schuld an der gewaltigen Kostenexplosion sei. Die Bahn hatte die zwei Großprojekte viel zu niedrig angesetzt. Bei beiden Vorhaben kam es bereits zu erheblichen Verzögerungen.

Die ICE-Strecke Frankfurt-Köln gilt als Herzstück im künftigen deutschen und europäischen Hochgeschwindigkeitsnetz. Verzögerungen und Verteuerungen traten hier unter anderem ein, weil Aufträge ohne Planfeststellungsbeschluss vergeben wurden. Die erwarteten Mehrkosten liegen bei knapp drei Milliarden Mark, die die Bahn allein tragen müsse.

Die Gewerkschaft der Eisenbahner Deutschlands warf der Bahn Missmanagement angesichts „sehr schlechter Verträge" vor. Sie forderte den Bund auf, die Mehrkosten auszugleichen. Ansonsten sei zu befürchten, dass die Kostenexplosion „über verschärfte Sanierung" allein von den Beschäftigten getragen werden müsse, (ren/dpa)

Abbildung 1-1: Bericht Mainzer Rhein Zeitung vom 4. Mai 2000

Über dieses Projekt, das – sollte diese Pressemitteilung stimmen – ein Musterbeispiel einer ungesunden Basis bietet, könnte man ein eigenes Buch schreiben. An dieser Stelle wollen wir nur einige Punkte aufführen, die aus dem Zeitungsbericht hervorgehen:

- Kein eindeutiger Projektstart, Auftragsvergabe vor Abschluß der Planfeststellung. Kein eindeutiger Auftraggeber (wer ist das eigentlich?) und keine permanente Mitarbeit eines Projektausschusses während des Projektes.
- Systemeinbettung nicht beachtet und Rahmenplan nicht erstellt; dadurch Nichtbeachtung von Erfordernissen zum Umweltschutz und geologischen Bedingungen.
- Wünsche und Anforderungen von Betroffenen und zukünftigen Benutzern vor Projektbeginn nicht registriert und während des Projektes nicht berücksichtigt.

- Die Aufgaben eines Projektleiters (auch hier: wer ist das eigentlich, gibt es überhaupt einen?) werden nicht wahrgenommen.

Also, wie gesagt, eine ungesunde Basis für ein Projekt, oder wie das nun ans Tageslicht gekommene Gutachten der Wirtschaftsprüfer sagt: „Vieles davon war vorhersehbar, aber von der Bahn verschwiegen oder falsch angepackt ... Mißmanagement ..."

Die letztere Erkenntnis und Schlußfolgerung ist allerdings nicht so häufig! Projekte werden häufig als etwas angesehen, dem man als Unternehmen, Auftraggeber, Projektleiter oder Projektmitarbeiter hilflos ausgeliefert ist. Sie sind in den Augen der Betroffenen oft etwas Unfaßbares und implizieren Unabwendbares, Schicksalhaftes; sie laufen so oft schief und scheitern.

Wann sollte man eigentlich ein Projekt, z.B. ein DV-Projekt, ein Straßenbau-, ein Hochbau- oder Forschungsprojekt, als gescheitert ansehen?

- Wenn es nicht zum geplanten Zeitpunkt abgeschlossen ist?
- Wenn man in ihm mehr Geld als geplant ausgegeben hat?
- Wenn das ursprünglich gesteckte Ziel nicht erreicht wurde?

Eigentlich kann man doch nur dann von einem Scheitern sprechen, wenn mit dem Ergebnis, das durch das Projekt produziert werden soll, nichts angefangen werden kann, wenn das Produkt also ein unbrauchbares oder unrentables System ist, ein Ladenhüter. Das kann daran liegen, daß der geplante Zeitpunkt für das Projektende überschritten wurde (z.B. die Fertigstellung von Kampfstätten für die Olympischen Spiele), das kann daran liegen, daß zuviel Geld verbraucht wurde (z.B. hat sich das Unternehmen mit dem Projekt übernommen), das kann daran liegen, daß das Projektziel nicht erreicht wurde.

Wir nehmen als Maßstab eines Erfolgs oder Mißerfolgs diese Richtlinie: Bringt das durch das Projekt gelieferte Produkt dem Benutzer und/oder dem Unternehmen einen Nutzen oder nicht?

Was heißt demgegenüber, daß Projekte schieflaufen? – Sie bringen Schwierigkeiten und Ärger mit sich, sie geraten aus der Kontrolle, alle Beteiligten lernen plötzlich den Streß kennen; es passieren Dinge, die man nicht vorhergesehen oder geplant hat.

Analysieren wir die Gründe dafür, dann erkennen wir neben der oben zitierten ungesunden Basis:

- Das Management ist nicht engagiert.
- Die durchzuführenden Arbeiten sind ungenau beschrieben.
- Anfang und Ende des Projektes sind nicht klar definiert.
- Es mangelt an Planung und Kontrolle.
- Planungstechniken werden mißbraucht.
- Bei sich ändernden Verhältnissen fehlt es an Anpassungsfähigkeit.
- Die menschliche Seite im Projekt wird nicht berücksichtigt.
- Fachliche Kenntnis fehlt.
- Ein falscher Mann (oder eine falsche Frau) ist Projektleiter.

1 Einleitung

Das Anliegen dieses Buches ist es, diese Gründe für das Schieflaufen von Projekten deutlich zu machen. Es will Gegenmaßnahmen vorschlagen und den Projektleiter so auf seine Aufgabe vorbereiten, daß er weiß, was von seiner Seite her dagegen zu tun ist. Vor allem aber will es bei ihm eine richtige Einstellung zu seinen Aufgaben erzeugen, die für das Gelingen seines Projektes erforderlich ist; es soll ihn sensibel für Probleme der Projektsteuerung machen!

In diesem Buch geht es nicht darum, neue Theorien der Systementwicklung und des Projektmanagements anzureißen oder gar vollständig und rundum abgeschlossen vorzustellen. Dazu gibt es ein großes Angebot an guten Büchern.

Auch ist es das Ziel nicht, Planungstechniken, wie die Netzplantechnik, im Detail zu lehren, entsprechende PC-Programme aufzuführen oder ein „Projektmanagement-System" zu liefern. Wer das sucht, muß sich anderweitig umsehen; das Angebot hierfür ist ebenfalls recht groß.

Als dieses Buch vor nunmehr zwanzig Jahren in der ersten Auflage erschien, habe ich mir nicht träumen lassen, daß es so lange auf dem Markt sein würde. Vielleicht ist dies ein Zeichen dafür, daß nach wie vor die gleichen Probleme in der Projektabwicklung auftreten und daß hier Ansätze zu deren Bewältigung angeboten werden. Dies war für mich der Ansporn, noch einmal den gesamten Buchinhalt zu überarbeiten.

Projektsteuerung ist natürlich nicht nur die Steuerung von DV-Projekten, auf die ich mich in den vorhergehenden Auflagen konzentriert habe, sondern die Steuerung von „besonders definierten komplexen Aufgaben, mit denen ein bestimmtes, beschreibbares Ergebnis erreicht werden soll und außerhalb der Routinearbeiten liegen" (DIN 69909). So kam ich dazu, nun den Adressaten nicht mehr ausschließlich im Dunstkreis von DV-Projekten zu sehen, sondern mich an aktive oder designierte Leiter aller Projekttypen zu wenden. Ich bin damit dem oft geäußerten Wunsch meiner Leser und Zuhörer entgegengekommen.

Die Mechanismen zur Organisation, zur Planung, Schätzung und Kontrolle und Steuerung von Projekten und die Anforderungen an einen Projektleiter sind ein und dieselben, mit welchem Projekttypus wir es auch zu tun haben! (Diese Meinung habe ich im übrigen von der ersten Auflage an vertreten.)

So ist nun der bisherige Untertitel des Buches „... aufgezeigt am Beispiel von DV-Anwendungsentwicklungen" entfallen. Des weiteren ist die Fallstudie zum Rhein-Main-Markt herausgenommen, der DV-Phasenplan, die am Projekt beteiligten Funktionen und die Organisationsformen an alle Projekttypen angepaßt worden.

Die Weströhren-Story, in der es um ein DV-Projekt geht, habe ich allerdings, trotz einiger Bedenken, komplett aus der letzten Auflage übernommen. Auch hierzu wurde ich von Lesern und Zuhörern in meinen Seminaren und Vorträgen ermutigt. Die geschilderte Situation ist nicht auf DV-Projekte beschränkt und läßt Vergleiche und Interpretationen auch für andere Projekttypen zu.

Weitere kleinere Beispiele aus dem DV-Leben widersprechen auch nicht der Intention des Buches und sind auch Nicht-Fachleuten verständlich.

Im übrigen liegen allen Beispielen irgendwelche reale Vorgänge zugrunde, und ich möchte sie alle überschreiben mit dem Satz: **Namen von Firmen und Personen sind fast immer frei erfunden; jede Ähnlichkeit mit lebenden Personen oder Organisationen ist nicht zufällig, sondern gewollt!**

Ich stütze mich in meinen Aussagen in wesentlichem Maße auf Erfahrungen aus den Seminaren **Projektsteuerung, Projektreviews** und **Projektteamwork** der IBM Deutschland, die ich zusammen mit Mitarbeitern entwickelt und über Jahre hin gehalten habe. Bei ihnen möchte ich mich bedanken. Fruchtbar waren die vielen Stunden, die wir in Diskussionen über diese Themen verbracht haben.

Erkenntnisreich in vielerlei Hinsicht war auch der mitunter heiß geführte Meinungsaustausch, den ich mit den vielen Seminarteilnehmern hatte, wenn sie sich aus der rauhen Praxis unversehens in „die Theorie eines Vortrags oder Seminars" versetzt sahen. Auch den Teilnehmern an meinen Vorträgen und Seminaren danke ich.

Vor allen Dingen habe ich meine Erfahrungen aus der Praxis, aus der Arbeit in Projekten unterschiedlichen Typs in die Thematik eingebracht. Die Praxis zeigte zum einen, daß immer wieder die gleichen Fehler im Projekt gemacht werden – sei es vom Projektleiter, sei es vom übergeordneten Management – zum anderen aber auch, daß mit „dem Ideal" (nicht „der Theorie"!), das in diesem Buch vorgestellt wird, diese Fehler vermieden werden, und daß es so machbar ist, wenn es auch bisweilen Mühe und Überzeugungsarbeit kostet!

Nun zum Aufbau des Buches:

Kapitel 2 Platons Dialog ist die eigentliche Einführung in das Thema „Kunst der Projektsteuerung".

Immer wieder wird in der Praxis als Weg zur Vermittlung von Projektmanagement-Kenntnissen und -Fähigkeiten empfohlen, Projektleiter von mehr oder weniger großen Projekten zu Wort kommen zu lassen. Häufig läuft das darauf hinaus, daß sich dann der Referent in Schönfärberei selber auf die Schultern klopft und selten auf echte Probleme und deren Lösung und Konsequenzen eingeht.

Ein andermal wird der Einsatz von Checklisten als das Non-plus-ultra angesehen und sogar die Meinung vertreten, daß man nur ein DV-gestütztes Checklistensystem haben müsse, wenn ein Projekt erfolgreich ablaufen solle.

Hier setzt unser Dialog an. Es wird diskutiert, was unter dieser Kunst zu verstehen ist, ob sie dadurch vermittelt werden kann, daß man erfolgreiche Projektleiter über ihre Projekte berichten läßt (wenn ja, warum nicht auch gescheiterte?), ob Checklisten für die Projektarbeit der Stein des Weisen sind, ob man diese Kunst überhaupt erlernen kann oder ob man resigniert feststellen muß, daß sie wie andere Kunstfertigkeiten entweder bei jemandem da ist oder nicht.

Diese Einführung ist Platons Dialog zwischen Sokrates und Menon nachempfunden, in dem es um die Tugend geht.

1 Einleitung

Kapitel 3 Das Projekt: Hier unterhalten wir uns darüber, was wir unter einem Projekt verstehen wollen. Ausgehend von der DIN-Definition werden wir mit Hilfe des Systemgedankens das Projekt als „Weg zu einem neuen System" erkennen und daraus Grundvoraussetzungen für eine erfolgreiche Projektarbeit ableiten, die gesunde Basis.

Kapitel 4 Projektphasen: Wir versuchen, eine allgemeingültige Orientierung für die zeitliche Einteilung eines Projektablaufs zu geben. Da eine konkrete Realisierung immer vom einzelnen Projekt abhängt, wird dazu auf die kritische Durchleuchtung in der Praxis hingewiesen.

Kapitel 5 Die Organisation des Projektes: Es wird auf die vielen verschiedenen Funktionen, die am Projekt beteiligt sind, und deren Bedeutung hingewiesen. In der Funktionenhierarchie und dem Projektausschuß werden Empfehlungen zur Etablierung von Kompetenzen und Berichtswegen abgegeben.

Kapitel 6 Planung und Planungstechniken: Hier wollen wir schauen, was es alles für den Projektleiter zu planen gibt und in welcher Form, wie er systematisch an die Planung herangehen soll. Der Leser wird kurz auf die Netzplantechnik hingewiesen, ansonsten aber auch zu anderen, auch manuellen, schnell zu realisierenden und genau so aussagekräftigen Techniken motiviert: Wir müssen nicht immer PC-Programme, seien es Text-, Planungs- oder Zeichenprogramme, einsetzen!

In Konsequenz zu dieser Aussage sind die Zeichnungen in diesem Buch von Hand aus erstellt worden. Wundern Sie sich also bitte nicht darüber, daß hier keine PC-Ausdrucke vorliegen!

Kapitel 7 Das Schätzen im Projekt: Was gehört alles zu einem vernünftigen Schätzen? Wie sollen wir schätzen? Es ist nicht das wichtigste im Projektablauf, eine genaue Punktlandung anzukündigen, sondern realistische Aussagen über Dauer und Aufwände zu machen. Wie können wir das?

Schätzen ist ein Teil der Projektkontrolle, und insofern können wir sagen, daß noch kein Projekt deshalb gescheitert ist, weil man sich verschätzt hat, sondern weil man nicht kontrolliert hat.

Kapitel 8 Projektkontrolle: Planung und Kontrolle, zwei Seiten der einen Münze: wir müssen so planen, daß die Kontrolle ohne weiteres ermöglicht wird, ja daß sie eine Konsequenz der Planung ist!

Wir sehen die Stufen der Kontrolle von der Informationssammlung für die einzelnen Pläne bis zu deren eventuellen Änderung. Auch hier werden Beispiele zur Anregung gebracht.

Kapitel 9 Bau der Arche Noah: Es folgt eine Erzählung zu diesem Ihnen sicherlich bekannten Projekt. Wir erleben die Erfindung und Anwendung der Netzplantechnik. Es soll dabei die Einordnung dieser Technik in das gesamte Projektmanagement und damit ihr Stellenwert verdeutlicht werden. Darüber hinaus wird auf die Bedeutung der menschlichen Komponente und der Integration des Teams durch den Projektleiter auch bei Planung und Entscheidungsfindung hingewiesen.

Kapitel 10 Projektreviews: Die permanente Überprüfung des Ablaufs des Projekts wie auch der Qualität des neuen Produkts kann in Form unterschiedlicher Reviewtypen institutionalisiert werden. Checklisten mit entsprechenden Fragestellungen sollen Hinweise darauf geben, wo sich im Projekt Indizien für ein Aus-dem-Ruder-Laufen finden lassen.

Die Art und Weise, wie solche Reviews durchgeführt werden, ist wichtig für deren Nutzen.

Kapitel 11 Der Projektausschuß tagt: Ein Review aus der Praxis! Zwar ist ein Projektausschuß etabliert, zwar setzt man sich mit dem Projektleiter zu regelmäßigen Reviews zusammen und er berichtet den Status seines Projektes. Aber genügt das allein? Kann in zwei Wochen, wie vorgesehen, auf das neue System umgestellt werden?

Wie es mit dieser Umstellung dann aussieht, zeigt sich in der nächsten Sitzung.

Kapitel 12 Motivation und Führungsstil: Wie sich im vorigen Kapitel im Umgang der Ausschuß-Mitglieder miteinander bereits andeutete, ist die menschliche Komponente in einem Projekt ein äußerst wichtiger Faktor. Analysiert man die Gründe für ein Scheitern oder Schieflaufen (s.o.), dann erkennt man leicht die Bedeutung der menschlichen Seite.

Die zentrale Aussage dieses Kapitels ist, daß sich der Chef zur Motivation der Mitarbeiter weniger auf die bekannten Motivationstheorien stützen sollte, weil sie – wenn überhaupt – nur kurzfristigen Erfolg bringen. Vielmehr sollte er seine Mitarbeiter als gleichberechtigte Individuen sehen und sich entsprechend verhalten.

Kapitel 13 Der Projektleiter: Damit sind wir bei der Person des Projektleiters angelangt, die wir immer als den zentralen Punkt für Wohl und Wehe eines Projektes deklariert haben. Wir stellen Auswahlkriterien vor und diskutieren im einzelnen ihre Rangordnung.

Kapitel 14 Der Turmbau zu Babel: Eine Zusammenfassung der Leitideen unseres Buches ist in die mit einem Augenzwinkern erzählte Historie des Turmbaus von Babylon eingebettet. Eine Bewertung des Projektmanagements in dieser alten Kultur zeigt: Alles ist schon einmal dagewesen, auch das, was „zur Kunst der Projektsteuerung" zu sagen ist.

Und nun wünsche ich Ihnen viel Vergnügen beim Lesen des Buches und viel Erfolg bei der Steuerung zukünftiger Projekte!

Hubert Kupper

2 Platons Dialog

Kleitos: Über die Kunst der Projektsteuerung

2.1 Was ist die Kunst der Projektsteuerung?

KLEITOS: Kannst du mir wohl sagen, Sokrates, ob die Kunst, Projekte erfolgreich zu steuern, gelehrt werden kann? Oder ob nicht gelehrt, sondern geübt? Oder ob sie von Natur ganz bestimmten Menschen einwohnt?

SOKRATES: Mein Kleitos, lange schon kenne ich dich, und häufig schon haben wir beide uns gemeinsam erinnert oder uns mit Menon, Kriton und Platon unterhalten. Und so weiß ich, daß du nicht ohne Grund zu mir kommst und mir diese Frage stellst.

KLEITOS: Recht hast du; gestern, als ich zum Markt kam, erlebte ich einen Auflauf, viele standen beisammen und redeten hitzig und erregt miteinander. Mich dünkte, daß es eine lebenswichtige Frage sei, um die es da ging, und ich stellte mich dazu. Es ging um die Steuerung von Projekten. Drei Meinungen traten zutage, und zuletzt hatte jede ihre Anhänger. Laß sie mich dir kurz erläutern:

Wie kommt es, daß manche Projekte erfolgreich ablaufen, andere wieder scheitern? Schön wäre es doch und von allgemeinem Nutzen, wenn alle Projekte von Erfolg gekrönt wären!

Und da sagten die einen, die Kunst der Projektsteuerung könne dadurch gelehrt werden, daß erfolgreiche Projektleiter von ihrem Projekt anderen erzählen, was sie erlebt, was sie getan haben.

Die zweite Gruppe aber sagte, lehren könne man die Kunst der Projektsteuerung nicht, weil ja ein Projekt an sich durch seine Einmaligkeit beschrieben sei.

Die dritten nun boten den Umstehenden ellenlange Papiere mit Beschreibungen von Tätigkeiten, die man nur in der dort vorgeschriebenen Weise durchführen müsse, wenn das Projekt zum Erfolg kommen solle. Die meisten Männer auf dem Markt applaudierten den Rednern, die sich so äußerten!

Meine Freunde sind nun ungeduldig in der Weise, daß sie nicht wissen, wie sie sich verhalten sollen.

SOKRATES: Ich muß gestehen, ich habe noch nicht darüber nachgedacht; aber kläre mich auf, und wir wollen gemeinsam nachdenken. Ich bin weit davon entfernt, zu wissen, ob diese Kunst lehrbar ist oder nicht lehrbar, da ich nicht einmal dieses, was die Kunst der Projektsteuerung überhaupt ist, ordentlich weiß.

Wovon ich aber gar nicht weiß, was es ist, wie soll ich davon irgendeine besondere Beschaffenheit wissen? Oder ist es möglich, daß wer den Kleitos gar nicht kennt doch wissen kann, ob er schön ist oder reich oder auch vornehm, oder ob ganz das Gegenteil davon?

KLEITOS: Freilich nein! Aber weißt du in der Tat nicht einmal, was die Kunst der Projektsteuerung ist? Du scherzest, Sokrates, und ich bin verwirrt! Das ist doch gar nicht schwer zu sagen:

- Zuerst die Kunst, zu dem fest vereinbarten Zeitpunkt mit dem Tempelbau fertig zu sein und ihn dann den Priestern zum Gebet zu übergeben.
- Dann die Kunst, viele Leute zusammenzurufen und sie zu leiten und zu beaufsichtigen, bis das Schiff fertig ist.
- Eine andere wiederum ist die Kunst, in die Zukunft zu schauen, um zu wissen, was morgen geschehen wird, was ich tun muß, was daraus für den Bau der Straße nach Theben folgt.
- Willst du die Kunst der Steuerung großer Projekte mit einigen hundert Sklaven, die du zu leiten hast, oder die kleinerer Projekte, die du vielleicht allein durchzuführen hast?

Und so gibt es noch viele andere Künste, so daß man nicht in Verlegenheit sein kann, von der Kunst der Projektsteuerung zu sagen, was sie ist. Denn nach Handlungsweise und Erfahrung in seinem Geschäft hat jeder von uns seine Auffassung von dieser Kunst.

SOKRATES: Ganz besonders glücklich, o Kleitos, scheine ich es getroffen zu haben, da ich nur die Kunst der Projektsteuerung suche und einen ganzen Schwarm von Künsten finde, die sich bei dir niedergelassen. Aber es ist nun so mit den Künsten der Projektsteuerung, daß, wenn sie auch viele und mancherlei sind, sie doch sämtlich eine und dieselbe gewisse Gestalt

2.1 Was ist die Kunst der Projektsteuerung?

haben, um derentwillen sie eben Künste der Projektsteuerung sind. Oder verstehst du nicht, was ich meine?

KLEITOS: Doch.

SOKRATES: Ist es nun wohl möglich, das eine oder das andere von dem, was du aufgezählt, kunstvoll zu tun, ohne zu verwalten und zu herrschen, und zwar mit Besonnenheit und Gerechtigkeit? Sollten wir also nicht sagen, daß besonnenes Herrschen Kunst der Projektsteuerung ist?

KLEITOS: Nicht besonnenes Herrschen allein, sondern auch noch vieles andere:

- zu wissen, was man erreichen will,
- den Weg zu kennen, wie man es erreicht,
- Erfahrungen richtig zu verwerten,
- eine Lage richtig zu beurteilen,
- andere zu überzeugen, aber ihre Argumente zu überdenken,
- mutig zu sein, tapfer und furchtlos,
- das Ganze zu sehen, das Einzelne aber nicht zu übersehen und ...

SOKRATES: Gemach, mein Freund, wiederum aber ist uns dasselbe begegnet. Viele Künste der Projektsteuerung haben wir gefunden, da wir nur eine suchen, nur auf eine andere Art als vorhin; die eine aber, die in allen diesen ist, können wir nicht finden. Versuche doch, mein Kleitos, die Kunst der Projektsteuerung allgemein zu erklären, was sie sei, und höre auf, vieles aus einem zu machen; sondern laß sie ganz, und so sage, was die Kunst der Projektsteuerung ist.

KLEITOS: Am guten Willen will ich es nicht fehlen lassen, sowohl deinetwegen als auch meinetwegen. – So dünkt mich denn, Sokrates, Kunst der Projektsteuerung zu sein, dem Erfolge nachzustreben und ihn zu erreichen.

SOKRATES: Das Streben nach Erfolg kommt sicherlich allen zu; denn niemand möchte elend und unangesehen sein, was aus dem Mißerfolge herrühren würde. Insofern ist keiner besser als der andere. Und dies also ist, wie es scheint, in deinem Sinne die Kunst der Projektsteuerung: das Vermögen, den Erfolg herbeizuschaffen.

KLEITOS: So ist es. Und Erfolg nenne ich so etwas wie Glück, Gesundheit, Reichtum. Ich meine auch, Gold und Silber besitzen und Ansehen und Ämter.

SOKRATES: Setzt du nun zu diesem Verfahren noch hinzu „auf gerechte und fromme Weise", oder macht dir dies keinen Unterschied, sondern auch, wenn ihn jemand ungerechterweise herbeischafft, nennst du das auch Kunst der Projektsteuerung?

KLEITOS: Mitnichten, Sokrates, das ist Schlechtigkeit auf alle Weise.

SOKRATES: Es muß also, wie es scheint, bei diesem Erwerb Gerechtigkeit oder Besonnenheit oder Frömmigkeit dabei sein.

Behaupteten wir nun nicht vor kurzem, jedes von diesen sei ein Teil der Kunst der Projektsteuerung, die Gerechtigkeit und die Besonnenheit und all dieses? O Kleitos, Du scherzest mit mir.

KLEITOS: Wieso, Sokrates?

SOKRATES: Weil du sagst, das sei Kunst der Projektsteuerung, wenn man vermöge, Erfolg herbeizuschaffen mit Gerechtigkeit und Besonnenheit, welche, wie du selbst behauptest, ein Teil dieser Kunst sind. Obgleich ich dich gebeten, mir die ganze Kunst der Projektsteuerung zu erklären, bist du weit entfernt, mir zu sagen, was sie ist, sondern du sagst nur, jede Handlung sei Kunst der Projektsteuerung, wenn sie mit einem Teile dieser Projektsteuerungskunst verrichtet wird, als hättest du schon erklärt, was diese ist im ganzen, und als würde ich sie nun schon erkennen, wenn du sie auch nach ihren Teilen zerstückelst. Also bedarf es, wie mich dünkt, noch einmal von Anfang an derselben Frage, mein Kleitos, was denn die Kunst der Projektsteuerung ist, wenn jede Handlung, in der sich ein Teil dieser Kunst findet, Kunst der Projektsteuerung sein soll.

KLEITOS: Nun hast Du mich gänzlich verwirrt, Sokrates. Ich glaube zu wissen, als ich zu dir kam, was die Kunst der Projektsteuerung ist, und ich versuchte, es dir zu erklären. Aber recht hast du, ich kann es nicht, und doch mußt du gestehen, daß es sie gibt, weil man von ihr redet und ein jeder sie doch spürt. Und gern möchte ich mit dir gemeinsam suchen, was wohl diese Kunst ist. Jedoch, o Sokrates, möchte ich am liebsten jenes, wonach ich zuerst fragte, untersuchen und hören, ob man ihr als etwas Lehrbarem nachstreben muß oder so, als wenn von Natur oder auf irgendeine Weise die Kunst der Projektsteuerung den Menschen einwohnt.

SOKRATES: Hätte ich zu gebieten, Kleitos, nicht nur über mich, sondern auch über dich, so würden wir nicht eher überlegen, ob die Kunst der Projektsteuerung lehrbar ist oder nicht, bis wir zuvor, was sie ist, untersucht hätten.

Wie es scheint also, sollen wir untersuchen, wie etwas beschaffen ist, wovon wir noch nicht wissen, was es ist.

2.2 Kann die Kunst der Projektsteuerung durch Erzählungen weitergegeben werden?

SOKRATES: Also, lieber Kleitos, die einen auf dem Markte meinten, die Kunst der Projektsteuerung könne man dadurch erlernen, daß solche, die ein Projekt erfolgreich abgeschlossen hätten, erzählten, wie sie ihr Projekt durchgeführt hätten?

KLEITOS: So ist es; aber ich habe dagegen doch einige Bedenken. Immer wenn ein erfolgreicher Projektleiter berichtet, dann hörst du einen Bericht über ein großes Projekt! So letzthin, als Phidias erzählte, wie man unter seiner Leitung den neuen Tempel errichtet hat.

SOKRATES: Ich kenne ihn und weiß, wie amüsant seine Erzählungen sind. Alle applaudieren ihm, zumal seine Schüler.

KLEITOS: Er berichtete, wieviele Männer während der Dauer der Arbeiten beteiligt waren – es waren zeitweise hundert. Er zeigte, wie er mit diesen Leuten verhandelte, wie er ihnen Befehle gab – für jede Gruppe von zwanzig Mann hatte er einen Anführer eingesetzt, gleichsam einen Unter-Projektleiter, dem er Befehle gab und den er zur Rechenschaft zog, wenn dessen Arbeit nicht gut war.

SOKRATES: Und was sind deine Bedenken?

KLEITOS: Was nützen die Schilderungen des Phidias über sein großes Projekt mir, der ich nie ein so großes Projekt leiten muß, wofür ich den Göttern dankbar bin. Was kann ich daraus lernen, daß Phidias mir erzählt, wie er seinen hundert Männern Befehle gibt, wenn ich nur fünf zu beaufsichtigen habe?

SOKRATES: Ein jeder von den Anführern befiehlt zwanzig. Befehle gibt Phidias aber nicht einem jeden dieser zwanzig, sondern dem einen, und du und Phidias haben doch dasselbe zu tun: Jeder von Euch gibt fünf Männern seine Befehle.

KLEITOS: Du hast recht; aber seine Befehle an die Männer sind ganz andere als meine. Die Befehle, die man in einem großen Projekt zu geben hat, sind andere als die in einem kleinen.

SOKRATES: Aber die Befehle sind in zwei großen Projekten gleich? Und die Befehle in kleinen Projekten sind ihrerseits auch wieder gleich?

KLEITOS: Sie müßten es sein.

SOKRATES: Wie lange hat Phidias für den Tempelbau benötigt?

KLEITOS: Genau drei Jahre und zehn Tage. Zum Fest des Dionysos war er fertig.

SOKRATES: Wohlan, mein Kleitos. Nehmen wir an, Phidias sollte wieder einen Tempel bauen, den gleichen, den er soeben fertiggestellt hat. Wie lange wird er daran arbeiten?

KLEITOS: Ungefähr drei Jahre.

SOKRATES: Wie das? Nicht genau drei Jahre und zehn Tage? Hat er nicht dieselben Befehle zu erteilen, und haben nicht seine Männer dieselben Tätigkeiten auszuführen?

KLEITOS: Schon, mein Sokrates, aber:

- Hat er wieder dieselben Männer?
- Ist es möglich, daß Phidias alle Befehle in derselben Reihenfolge mit derselben Klarheit denselben Leuten gibt?
- Und sind die Männer genauso fleißig wie die im ersten Projekt?
- Hat Phidias immer die Steine aus Thrakien zur Verfügung oder muß er darauf warten?
- Kann sein Projekt nicht von Regen und Sturm gestört werden?

So, Sokrates, könnte ich dir noch etliche Gründe dafür anführen, die es unmöglich erscheinen lassen, für dieses Projekt die Dauer so genau zu beschreiben.

SOKRATES: Aber Phidias wüßte, was er tun müßte bei diesem zweiten Projekt, wenn die Steine für die vierte Säulenreihe nicht rechtzeitig kämen? Ich meine, tut Phidias dann das Richtige, um das Projekt erfolgreich zu Ende zu führen?

KLEITOS: Ich weiß es nicht, und ich glaube, Phidias wüßte das vorher auch nicht.

SOKRATES: Die Befehle in zwei großen Projekten sind dann doch wohl nicht gleich? Und dasselbe gilt sicher auch für kleine Projekte?

KLEITOS: Dann meinst du also auch, Sokrates, es sei verlorene Zeit, den Erzählungen erfolgreicher Projektleiter zu lauschen, eben weil man daraus nichts lernen könne für die eigenen Projekte?

SOKRATES: Habe ich das gesagt? Wir waren uns einig, daß es keine gleichen Projekte gibt, mögen sie nun groß sein oder klein. Daraus folgt, daß es immer wieder andere Tätigkeiten und Befehle des Projektleiters gibt, die nicht alle im vorhinein festliegen.

2.2 Kann die Kunst der Projektsteuerung durch Erzählungen weitergegeben werden? 13

Es gibt aber allgemeine Tätigkeiten und Befehle, die in jedem gleichgearteten Projekt vorkommen. Und so ist es doch sinnvoll und nutzbringend, wenn ein Projektleiter erzählt, was er getan hat und wie er es getan hat.

KLEITOS: Jetzt verstehe ich dich, und ich kann dir nicht widersprechen, Sokrates; denn manche Situationen bei einem Projekt kommen immer wieder vor. Nur muß der zweite Projektleiter bisweilen ein wenig umdenken, so wie du mich eben, als wir über die fünf Unter-Projektleiter sprachen, geleitet hast.

SOKRATES: Gut. Was hältst du aber von den Erfahrungen gescheiterter Projektleiter, solcher Männer also, die ihr Projekt nicht zu einem erfolgreichen Ende geführt haben?

KLEITOS: Du meinst beispielsweise Sikkias, dessen neu gebautes Schiff ungenutzt im Hafen liegt, weil es keiner der Händler aus Athen haben will?

SOKRATES: Warum das eigentlich? Sikkias ist doch ein so hervorragender Schiffsbaumeister, daß ich mich immer wieder wundere, wenn ich sein Boot im Hafen sehe.

KLEITOS: Sikkias selbst sagte es seinen Freunden im Vertrauen: Die Händler wollten ein Schiff mit mehreren Kammern, mit dem man nicht nur eine Sorte Getreide von Joniens Küste holen kann, sondern viele. Und sie hatten es auch Sikkias gesagt. Doch dieser meinte, schon Jahrzehnte habe man nur eine Sorte Getreide in ein Schiff geladen, und also müßte das neue Schiff auch so geartet sein.

SOKRATES: Wenn du nun, Kleitos, Schiffsbauer wärest, was würdest du als erstes tun?

KLEITOS: Ich würde die Händler fragen, ob sie eine oder mehrere Sorten Getreide mit einem Schiff transportieren würden. Denn mein Projekt soll Erfolg haben; ich möchte das Schiff auch verkaufen. Und ich weiß ja, daß, wenn ich die Händler nicht fragen würde, die Gefahr besteht, wie Sikkias als ein Unglücklicher aus dem Vorhaben herauszukommen.

SOKRATES: Also wäre es gut für die Allgemeinheit oder für jemanden, der wieder ein so neuartiges Schiff bauen will, zu erfahren, was Sikkias erlebt hat.

Denn: Haben wir nicht gesagt, Kunst der Projektsteuerung ist, den Erfolg herbeizuschaffen und den Mißerfolg zu vermeiden? Dann wäre es doch richtig, nicht nur über den Erfolg zu sprechen, wie man ihn gemacht hat, sondern auch über den Mißerfolg, wie man ihn nicht vermieden hat?

KLEITOS: Ich muß dir recht geben.

SOKRATES: Sieh, Kleitos, so ist es doch wichtig und sinnvoll für den Lernenden in der Kunst der Projektsteuerung, auch die Erfahrungen der unglücklichen Projektleiter kennenzulernen, um eben daraus zu sehen, warum die Projekte gescheitert sind, und zu lernen, selber denselben Fehler nicht zu wiederholen.

KLEITOS: Ich verstehe dich, Sokrates, und es ist einzusehen, daß jemand, der Projekte zu leiten hat, großen Vorteil aus den wahrheitsgemäßen Berichten erfolgreicher, aber auch aus denen der weniger erfolgreichen Projektleiter ziehen kann.

2.3 Besteht die Kunst der Projektsteuerung darin, Listen abzuarbeiten?

SOKRATES: Du sprachst, Kleitos, von dieser zweiten Gruppe.

KLEITOS: Ja, das waren die, die mit großen Listen kamen, sie ihren Zuschauern zeigten und erklärten, was man bei einem Projekt mit diesen machen kann. Da war beispielsweise Alkimos – du kennst ihn sicher –, der den Bau der Straßen in Athen zu leiten hat.

SOKRATES: Ja, ich weiß.

KLEITOS: Nun, er öffnete auf dem Markt seine Rolle, die so groß war, daß zwei seiner Sklaven sie halten mußten. Aufgeführt waren dort alle Tätigkeiten, die ablaufen müssen, bis eine Straße fertig ist und von allen benutzt werden kann.

SOKRATES: In der Weise, mein Kleitos, also, daß dort beispielsweise geschrieben steht: „Steine zur Stelle der zukünftigen Straße herbei schaffen, Steine gleichmäßig verteilen, Steine feststampfen" und so fort?

KLEITOS: Genauso ist es.

SOKRATES: Ist auch aufgeführt, wieviel Steine herbeigeschafft werden, was „gleichmäßig verteilen" heißt, wer die Steine verteilt, d.h. wieviel Leute der Projektleiter einsetzen muß, und wer feststampft, womit dieser oder diese feststampfen usw.?

2.3 Besteht die Kunst der Projektsteuerung darin, Listen abzuarbeiten?

KLEITOS: Teilweise ja; beispielsweise ist weit vorne aufgeführt als eine Tätigkeit: „Anzahl der benötigten Steine bestimmen." Und diese sind damit gemeint, wenn es später heißt: „Die Steine müssen herbeigeschafft werden." Weiter ist beispielsweise dort auch erklärt: „Gleichmäßiges Verteilen bedeutet: zwei Handbreit sollten die Steine übereinander liegen." Es steht dort darüber hinaus: „Wenn felsiger Untergrund, genügt eine Handbreit, beim sandigen Boden sollte man drei Handbreit Steine auftragen."

Was aber die Anzahl Leute angeht, Sokrates, so kann man das sicher nicht exakt festlegen, weil das abhängt von der Länge und von der Breite der Straße, vom Untergrund der Straße, ob vorher Felsen abgetragen werden muß oder ob kleine Unebenheiten ausgeglichen werden müssen, ob zur Sommer- oder zur Winterzeit die Bauarbeiten durchgeführt werden.

So gibt es sehr viele Bedingungen, die eintreten können und auf den Ablauf Einfluß nehmen.

SOKRATES: Können wir es so formulieren,

- daß in diesen Listen sehr viele Tätigkeiten des Straßenbaus aufgeführt sind, wobei mitunter zwar auf weit zurückliegende Tätigkeiten Bezug genommen, aber diese bestehende Verbindung nicht immer verdeutlicht wird,
- daß in diesen Listen Erläuterungen hinsichtlich der Ausführung der Tätigkeit stehen können,
- daß diese Listen zwar auch verschiedene Möglichkeiten im Auge haben, daß aber nicht alle Möglichkeiten beschrieben sein können?

Habe ich es so richtig verstanden?

KLEITOS: Das ist das Wesen der Listen des Alkimos.

SOKRATES: Dann ist es doch so, daß wir damit zwar ein Hilfsmittel für den Projektablauf eines Straßenbaus haben, daß es aber kein Lerninstrument für einen zukünftigen Projektleiter ist.

KLEITOS: Sokrates, das verstehe ich nicht. Kann jemand denn nicht aus diesen Listen lernen, wie er sein Projekt durchzuführen hat?

SOKRATES: Du gehst doch auch auf den Markt, um Brot und Trauben und Wein und anderes zum Essen einzukaufen?

KLEITOS: Ja, regelmäßig einmal in der Woche, wofür mir dann Eumena, meine Frau, eine Liste mitgibt, wieviel von jedem zu holen ist, während sie die Hausarbeit verrichtet.

SOKRATES: Richtest du dich nach dieser Liste in der Weise, daß du alles genau so einholst, wie es dort aufgeführt ist?

KLEITOS: Ja, das schon. Einmal zwar hatte ich keine Oliven geholt, dafür aber mehr Trauben, weil sie gerade so schön aussahen aber, bei Zeus, du hättest Eumena erleben sollen, wie sie schimpfte, weil ich nicht genau das brachte, was sie mir zu holen aufgetragen hatte. Von da an richte ich mich gänzlich nach der Liste, weil ich immer befürchte, etwas falsch zu machen, wenn ich nicht so handle.

SOKRATES: Kleitos, siehst du nun selbst, wie das mit den Listen des Alkimos ist? Sie sind gute Hilfsmittel für den Projektleiter, ein Projekt durchzuführen. Aber sie können dir nicht die Kunst der Projektsteuerung vermitteln, weil zu dieser Kunst auch eine Urteilsfähigkeit gehört, die Urteilsfähigkeit nämlich, festzustellen, ob etwas so und nicht anders gemacht werden kann. Es besteht aber gerade eine große Gefahr, daß du starr an dieser Liste hängst und dich an eine solche Liste klammerst, und daß dadurch deine Urteilsfähigkeit verkümmert.

Und noch etwas, mein Kleitos: Wäre es so leicht, wie Alkimos es immer behauptet, mit diesen Listen ein Projekt erfolgreich durchzuführen, sollte es dann nicht möglich sein, einem Knaben eine derartige Liste zu geben und ihm die Leitung des Straßenbaus in Athen anzuvertrauen: Denn er müßte doch so erfolgreich sein wie Alkimos?

KLEITOS: Das dünkt mich nun doch nicht möglich, Sokrates. – Aber es stellt sich mir die Frage, warum denn die Zuhörer in der Überzahl auf der Seite gerade dieser Redner standen.

SOKRATES: Das sollte, mein lieber Kleitos, nach alledem was wir besprochen, nun doch einleuchtend sein. Höre!

Wir haben gesucht, das Wesen der Kunst der Projektsteuerung genau herauszufinden; wir haben viele verschiedene Künste der Projektsteuerung gefunden und haben gesehen, was mit dieser Kunst Hand in Hand geht. Aber was die Kunst der Projektsteuerung eigentlich ist, das vermochten wir nicht auszusprechen.

KLEITOS: Ja, danach untersuchten wir die Frage der Lehrbarkeit dieser Kunst und wurden uns einig, daß man aus den Berichten erfahrener Projektleiter lernen kann, Projekte zu steuern, wenn man nur mit dem Verstand die Erfahrungen aus dem einen Projekt auf das andere

Projekt überträgt. Und mit den Listen ist es so, daß sie mich als Projektleiter an bestimmte Dinge erinnern, daß ich aber auch hier den eigenen Verstand arbeiten lassen muß.

SOKRATES: Siehst du nun, warum man diesen Listen allgemein ein so großes Lob zollt? Sie sind nicht ohne Wert, aber nur für denjenigen, der die Fähigkeit besitzt, das Allgemeine auf das spezielle Projekt zu übertragen, und das ist wieder ein Teil der Kunst der Projektsteuerung selbst. – Bedenke: Wir versuchen herauszufinden, ob die Kunst der Projektsteuerung erlernbar ist, finden dabei als einen Weg einen Teil dieser Kunst selbst. Ist das ein Erfolg?

KLEITOS: In Hinsicht auf unser Suchen nein; in Hinsicht auf unser beider Erkenntnis ja.

SOKRATES: Wohl, und das ist genau das, was man in den Listen sucht: Da viele von Hause aus diese Kunst nicht beherrschen und nie beherrschen werden, und da diese es selbst fühlen, so wollen sie bestimmte Regeln als Vorgabe für ihr Tun haben, um so, mein Kleitos, jederzeit, wenn ihr Projekt nicht zu einem erfolgreichen Ende kommt, sagen zu können, daß es nicht ihre eigene Schuld und Schlechtigkeit sind, die das Übel hervorgerufen haben, sondern die Liste, die die Wahrheit für sich in Anspruch nahm und nach der sie sich gerichtet haben.

KLEITOS: Du meinst also, die Liste als Bedeckung des Unvermögens und Ersatz des Schuldigen?

SOKRATES: So ist es!

2.4 Wie kann die Kunst der Projektsteuerung erlernt werden?

KLEITOS: Ich sehe ein, mein Sokrates, daß man weder mit den Erfahrungsberichten von Projektleitern noch mit den Listen allein die Kunst der Projektsteuerung erlernen kann; jedoch erkenne ich immer stärker einen Weg darin, in einem Zusammenspiel des einen wie des anderen demjenigen, der vor der Aufgabe steht, ein Projekt zu leiten, eine Hilfe zu geben. Denn damit werden zwei Seiten eines Projektes getroffen: Einmal die persönlichen Erlebnisse, Handlungen und Entscheidungen, die ja das Unerwartete, Einmalige eines Projektes betreffen, zum anderen die Seite des allen Projekten Gemeinsamen, an dem wir uns orientieren können.

SOKRATES: Gut gesprochen; aber besteht nicht noch eine bessere Möglichkeit? Nämlich die, jeden Projektleiter selber Erfahrungen sammeln zu lassen; denn ist nicht Phidias selbst mit größerer Sicherheit erfolgreich – da er selbst die Erfahrungen gemacht – als jeder andere, der von Phidias' Erfahrungen nur gehört hat?

KLEITOS: Da muß ich dir recht geben, Sokrates; aber wer wollte jemanden zum Leiter eines Projektes machen, von dem man weiß, daß er in diesem Projekt erst einmal Erfahrungen sammelt, um später folgende Projekte sicherer zu handhaben und zu steuern?

SOKRATES: Verlassen wir doch für einen Augenblick die Kunst der Projektsteuerung und schauen wir, wie es bei der Kunst des Steinmetzen ist. Hat nicht die Allgemeinheit ein Interesse daran, daß diese Kunst erhalten bleibt, und hat nicht der von seiner Kunst beseelte Steinmetz selbst ein Interesse daran, daß Schüler seine Kunst erlernen und daß so seine Gedanken weiterleben?

KLEITOS: So ist es, Sokrates. Ich sah bei Phlokos, der meinen Hof mit Platten belegte, drei Schüler.

SOKRATES: Hast du beobachtet, wie er seine Schüler in seiner Kunst unterrichtet? Läßt er sie sofort ihre Kunst an den richtigen, wertvollen Steinen versuchen?

KLEITOS: Nein; weil die Schüler doch noch sehr unbeholfen sind, würden sie vielleicht häßliche Formen aus den Steinen herausschlagen, die niemand anschauen wollte. Er läßt sie vielmehr Zeichnungen erstellen, aus denen er ersieht, wie sie zum einen den einzelnen Stein sich vorstellen, zum anderen, wie sie die Steine zusammenlegen wollen.

Und sodann ruft er die Schüler zu sich, prüft sie durch Fragen wie: „Warum nimmst du gerade diese Steine, welche Werkzeuge wirst du benutzen, wie wirst du die Werkzeuge einsetzen usw." Darauf gibt er ihnen Ratschläge, sagt, warum das eine richtig, das andere aber falsch ist.

SOKRATES: Siehst du nun, mein Kleitos, darin einen Unterschied in der Kunst des Steinmetzen und in der des Projektleiters? Jeder glaubt, daß die Kunst der Projektsteuerung etwas so Außergewöhnliches ist; etwas wesentlich anderes als zum Beispiel die Kunst der Steinmetzen. Und daher rührt auch deine Frage, ob diese Kunst gelehrt werden kann oder nicht.

- Ist es denn so, daß jemand ohne Lehrer Steinmetz wird oder daß auf der anderen Seite jeder Schüler des Phlokos ein Künstler wird wie Phlokos selbst, nur weil er bei diesem gelernt hat?
- Ist es denn so, daß jemand ohne Lehrer Leder verarbeiten kann oder daß auf der anderen Seite jeder Schüler des Tartis, des berühmten Lederverarbeiters, ein Künstler wird wie dieser, nur weil er in dessen Nähe gewesen ist und alles nachgemacht hat?
- Ist es denn so, daß jemand ohne Unterrichtung Rede- und Sprechkünstler wird oder daß jeder Schüler des Arthos, des trefflichen Sprechers im Theatron, ein Künstler wie dieser selbst wird, nur weil er dessen Gebärden und Gesten nachahmen kann?

O nein, mein Kleitos, so ist es nicht, und niemand denkt im Ernst, daß es so ist. Und so ist es auch mit der Kunst des Phidias oder des Alkimos, die wir hier untersuchen, der Kunst der Projektsteuerung: Auch mit ihr ist es nichts Außergewöhnliches in der Hinsicht, daß man zum Erlernen eines gewissen Maßes auch bei ihr eines Lehrers bedarf, daß damit aber nicht der Erfolg des Projektleiter-Schülers selbstverständlich ist. Verstehst du das?

KLEITOS: Ich glaube schon, Sokrates.

SOKRATES: Also ist es so, daß auch der zukünftige Projektleiter einen Lehrer haben sollte, der ihn in die Kunst der Projektsteuerung einweiht und darin unterrichtet. Lasse diesen Leh-

2.4 Wie kann die Kunst der Projektsteuerung erlernt werden?

rer doch in der Art des Phlokos tätig werden, die du eben selbst geschildert hast; lasse ihn ein Projekt erfinden und lasse dann den Schüler sich so geben, wie er es als echter Projektleiter tun würde.

Ich meine, lasse deinen Lehrer so tun, als ob ein Projekt gestartet würde, sei es ein Schiffsbauprojekt, ein Straßenbau, ein Tempelbau oder dergleichen. Der Schüler hat dann das niederzuschreiben, was er tun würde, oder er muß es sagen oder so handeln, als ob er Projektleiter wäre.

Lasse dann den Lehrer wie bei Phlokos kommen, lasse ihn die Pläne und Handlungen des Projektleiters beobachten, sich seine Meinung darüber bilden und diese Meinung dann dem Projektleiter-Schüler sagen.

KLEITOS: Ich sehe das Zweckmäßige und möchte nur noch den Gedanken weiterführen: Glücklich wäre es, wenn dann der Lehrer dem Schüler noch Berichte erfahrener Projektleiter geben könnte, warum Projekte gerade in einem bestimmten Punkt sich zum Scheitern wandten, oder wodurch das Scheitern abgewendet wurde. Und wenn er dann noch seinem Schüler Listen zur allgemeinen Vorgehensweise geben würde, dann müßte das der richtige Weg sein, jemandem die Kunst der Projektsteuerung zu vermitteln.

SOKRATES: So ist es, mein Kleitos, und ich glaube, wir haben nun gemeinsam deine Frage durchdacht.

Jetzt ist es an der Zeit, daß ich wo hingehe. Du aber suche das, worüber wir gesprochen, auch deinen Freunden deutlich zu machen. Denn wenn du sie überzeugst, wird es allen nützlich sein.

3 Das Projekt

Oder: Die gesunde Basis

Der Begriff **Projekt** tritt uns allerorten entgegen. Große und kleine Vorhaben auf sämtlichen Gebieten des wirtschaftlichen, sozialen und privaten Lebens firmieren unter diesem Begriff. Ob bei riesigen Unternehmungen wie einer „feindlichen Übernahme" eines Wirtschaftsgiganten durch einen anderen, ob bei milliardenschweren Investitionen in eine neue Technologie wie beim Transrapid, ob bei einem Versuch, Suchtkranke oder Strafgefangene zu rehabilitieren, ob bei einem biologischen Langzeitversuch oder einer ethnischen Untersuchung durch einen einzelnen Wissenschaftler, ob bei einer gemeinschaftlichen Arbeit in Schule oder im Kindergarten: immer muß der Begriff **Projekt** herhalten. Damit werden dessen eigentliche Bedeutung und Qualität verwässert und die anzuwendenden Methoden in einen nebelhaften Hintergrund gerückt.

Wir wollen als ersten Schritt definieren, was wir unter einem Projekt verstehen wollen und nehmen als Basis die DIN 69901. Da heißt es u.a.

---
1. Diese Norm legt Begriffe für das Sachgebiet Projektmanagement in der Projektwirtschaft fest. Sie dient zur Vereinheitlichung der Begriffe für die Abwicklung von Projekten ...
2. Grundbegriffe
- Projekt: Vorhaben, das im wesentlichen durch Einmaligkeit der Bedingungen in ihrer Gesamtheit gekennzeichnet ist, wie z.B.
    - Zielvorgabe
    - Zeitliche, finanzielle, personelle oder andere Begrenzungen
    - Abgrenzung gegenüber anderen Vorhaben
    - Projektspezifische Organisation.
- ...

Abbildung 3-1: Projektdefinition nach DIN

Einige Beispiele, die nach dieser Norm unter den Projektbegriff fallen, seien aufgeführt:

1. Die Einführung eines Mitarbeiter-Bewertungssystems in einem Unternehmen
   - Ziel: Eine permanente Anwendung möglichst objektiver Beurteilungskriterien bei den Mitarbeitern.
2. Entwicklung eines 3-Liter-Autos
   - Ziel: Wirtschaftliche Massenproduktion eines entsprechenden Kraftfahrzeugs innerhalb von 3 Jahren.

3. Bau eines Wohnhauses
   - Ziel: 150 m² Wohnfläche für eine 4-köpfige Familie in Wohngebiet mit Anschluß an öffentlichem Nahverkehr.
4. Herausgabe eines Buches zu einem bestimmten Sachthema
   - Ziel: Der Leser soll über die Gentechnologie informiert werden. Es sollen Biologen, Chemiker, Politiker, Philosophen und Theologen zu Wort kommen. In Anbetracht der rasanten Entwicklung auf diesem Gebiet muß das Buch innerhalb eines Jahres auf dem Markt sein.
5. Entwicklung einer Multimedia-Anwendung mit einem musikwissenschaftlichen Thema
   - Ziel: Zum Bachjahr 2000 Produktion und Vermarktung einer Multimedia-CD mit den weltlichen Kantaten J. S. Bachs.
6. Einführung von Projektmanagement-Standards in einem Unternehmen
   - Ziel: Handbuch mit Richtlinien zur Durchführung von Projekten.
7. Organisation einer Konzertveranstaltung
   - Ziel: Konzert des gemischten Chores „Cantores omnes" unter Mitwirkung von Organist „Ludens" am 01.01.2001.
8. Entwicklung eines DV-Anwendungsprogrammes
   - Ziel: Permanente PC-gestützte Aktienbeobachtung und Wertextrapolation nach verschiedenen Methoden für die Abteilungen Marketing, Verkauf und Einkauf.
9. Entwicklung eines neuen Medikamentes
   - Ziel: Mittel gegen erhöhten Augeninnendruck ohne negative Nebenwirkungen bei Allergikern.

3.1   Das System

In allen diesen Beispielen erkennen wir die Merkmale eines Systems: Einzelne Komponenten stehen in mannigfachen, komplexen Beziehungen zu einander und bilden ein einheitliches Ganzes. Sie können nicht isoliert ihre ihnen bestimmten Funktionen wahrnehmen und können somit auch nicht isoliert betrachtet werden. Jede dieser Komponenten hat ihre Berechtigung, Bedeutung und Aufgabe innerhalb des Ganzen, des Systems, das seinerseits einen bestimmten Zweck erfüllen soll. Und wird eine der Komponenten geändert – oder fehlt ganz –, dann ändert auch das System seine Identität und ist nicht mehr das, was es einmal war.

Schauen wir uns beispielsweise in einem Unternehmen um, so identifizieren wir die Fachbereiche als Systemkomponenten. Die organisatorischen Richtlinien und Verfahren dokumentieren deren Kompetenzen und Verantwortungsbereiche zu dem Zweck, die von der Geschäftsleitung gesteckten Unternehmensziele (= Systemziele) zu verfolgen. In diesem Falle sprechen wir von einem **Organisationssystem**. Projekttyp 1 und 6 (s.o.) sind hier anzusiedeln.

Ein anderer Blickwinkel führt uns beim Unternehmen zum **Informationssystem**, indem wir nämlich die gesamte DV-Umgebung, Anwendungssoftware, Systemsoftware, den Compu-

3.1 Das System

terpool, Kommunikationsnetz, Anwendungs- und Datenarchitektur und deren aller Beziehung als ein Ganzes, das die Unternehmensziele erreichbar machen soll, betrachten. Und dies alles wiederum hat die Eigenschaften eines Systems! – Hier haben wir Beispiel 8 vor uns.

Bei der heutigen engen Verflechtung von Organisation und Information decken Organisations- und Informationssystem fast den gleichen Sachverhalt ab und die Systemgrenzen verlaufen nicht an der Unternehmensgrenze, sondern reichen weit in die Umgebung hinein bis hin zur globalen Vernetzung!

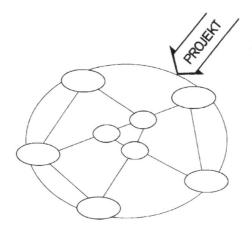

Abbildung 3-2: Das Projekt als Weg zu einem neuen System

Die Systeme, die unseren oben angeführten Projekttypen zugrunde liegen, wollen wir kurz mit ihren Komponenten und deren Beziehungen aufzeigen. Dabei geht es selbstverständlich nicht um ein jeweils komplettes, mit all seinen Funktionen so in die Realität übertragbares arbeitsfähiges System, sondern um die Verdeutlichung des Systemgedankens.

1. Organisationssystem (s. o.)
2. Das Unternehmen (Forschung, Entwicklung, Produktion, Einkauf, Marketing, Vertrieb ...); der Markt (Rohstoffpreise, Energiepreise, Kunde, Zulieferer, Mitbewerber ...).
3. Hausform, Garage, Garten Grundstückslage; Wohnzimmer, Schlafzimmer, Küche ...; Wasser, Abwasser, Fernsehen, Telefon ...; Markt (Preise, Zinsen, Bauboom, Einkommen); Politik (Förderung ...).
4. Die verschiedenen Fachleute (Kompetenz, Verfügbarkeit, Honorare ...); Grafiker, Hersteller, Verleger ...
5. Text (Musikwissenschaftler, Texter und Sprecher); Musik (Solisten, Orchester, Elektronik); Bilder (Archive und Bibliotheken, Zeichner und Maler); Filme (Archive, Kameraleute); Budget; Produktion (Studio); Verlag (Marketing und Vertrieb) ...; Interessenten ...
6. Organisationssystem (s. o.)

7. Der Chor, der Dirigent, der Organist, Orgel, Veranstaltungsraum, Termine (Proben, Generalprobe, Ankündigungen in der Presse ...), Programme, Eintrittspreise, Honorar ...

8. Informationssystem (s. o.)

9. Die Bereiche Entwicklung, Forschung; Biologen, Chemiker, Ärzte, Kliniken, Patienten, Zulassungsstelle (national, international) ...

Somit wollen wir den Systemgdanken in den Mittelpunkt unserer Projektdefinition stellen:

Ein Projekt ist der Weg zu einem neuen (oder geänderten) System!

Ein Negativbeispiel – die sehr tragischen Konsequenzen einer nicht sorgfältigen Identifikation von Systemgrenzen – sehe ich dokumentiert in der Pressenotiz über Planungsfehler beim Ausbau der A46 bei Düsseldorf.

Planungsfehler: 57 Unfälle nach Ausbau der A 46

Düsseldorf (hk). Für 123 Millionen Mark war die A 46 Düsseldorf-Wuppertal von vier auf sechs Spuren ausgebaut worden. Doch dabei gab es einen Planungsfehler: Die Konstrukteure übersahen, dass bei einer größeren Straßenbreite mehr Regenwasser abgeführt werden muss.

Die Folge: In einem Kurvenbereich nahe der Ausfahrt Haan-Ost gibt es einen „Todes-Streifen" mit extrem hoher Aquaplaning-Gefahr. Bisherige Bilanz für das nur 400 Meter lange Stück: 57 Unfälle, ein Toter, zehn Schwerverletzte, zahlreiche Leichtverletzte und etliche hunderttausend Mark Sachschaden. Ein Tempo-Limit nutzte nichts. Jetzt wird die erst zwei Jahre alte Ausbau-Strecke zunächst wieder auf zwei Spuren reduziert. Zum Ende der Sommerferien soll das Straßenstück dann wieder aufgerissen und mit Entwässerungsrinnen versehen werden.

Quelle: Westdeutsche Zeitung vom 19.5.2000

Abbildung 3-3: Bericht Westdeutsche Zeitung v. 19.5.2000

3.2 Konsequent projektorientierte Vorgehensweise

Die Entwicklung eines neuen oder die Änderung eines bestehenden Systems ist eine abgeschlossene Aufgabe: Sie weist einen definierten Ausgangspunkt und ein fest umrissenes Ziel auf und läßt sich in viele Teilaufgaben gliedern, die in gegenseitiger Abhängigkeit nacheinander oder nebeneinander zu erledigen sind. Personen und Mittel unterschiedlicher Qualifikation und Quantität müssen vorhanden sein, und somit hat diese Aufgabe alle Merkmale eines DIN-konformen Projektes und sollte – eine notwendige Voraussetzung für einen erfolgreichen Abschluß – konsequent in Projektform realisiert werden.

Die Anwendung der Basisregeln: das ist das, was wir „konsequent projektorientiert" nennen wollen.

3.2.1 Basisregel 1: Es existiert ein Auftraggeber

Es soll jemand dasein, der das Projekt in Auftrag gibt, der über den Fortschritt permanent informiert wird, der die angeforderten Personen und Mitarbeiter oder das notwendige Geld zur Verfügung stellt, der Prioritäten setzt und der Entscheidungen trifft, die über die Kompetenz des Projektleiters hinausgehen: Dies ist der **Auftraggeber**. Er ist nicht zu verwechseln mit dem Antragsteller, der lediglich eine Vorstellung eines möglichen Projektzieles äußert!

Es ist u.U. schwierig für einen Außenstehenden, bei einem Straßenbau- oder Hochbauprojekt sofort zu wissen, wer der Auftraggeber ist; ist es dort das Land, der Bund, die Gemeinde, oder ist es hier eine Bank, ein Konzern, eine Baugesellschaft oder ein Privatmann? Daß es aber hierbei einen Auftraggeber gibt, ist selbstverständlich: Niemand wird eine Straße durch einen Wald oder ein Feld bauen, wenn er nicht einen entsprechenden Auftrag der zuständigen Behörden oder Eigentümer hat. Ebenso wenig wird ein Bauunternehmer ohne Auftrag ein Hochhaus erstellen.

Abbildung 3-4: Basisregel 1

Übung: Zeichnen Sie bitte (jetzt) ein Schiff! – Wir kommen später darauf zurück.

3.2.2 Basisregel 2: Es gibt ein Projektziel und einen Rahmenplan

Es gibt eine Formulierung des Zieles, das mit dem Projekt erreicht werden soll.

Da jedes System in einem übergeordneten System eingebettet ist, darf dieses Ziel nicht den Zielen des übergeordneten Systems, die wir **Rahmenplan** nennen wollen, zuwiderlaufen; es darf nicht sein, daß zum Zeitpunkt der Erreichung des Zieles dieses als überflüssig, unsinnig und falsch angesehen werden muß. Z.B muß der Bauplan eines Hauses auf den Bebauungsplan abgestimmt sein; z.B. muß das Sachthema des Buches in das Verlagsangebot passen; z.B. kann der Chor „Cantores omnes" – wer kennt ihn denn schon? – nicht auftreten, wenn zum selben Zeitpunkt im selben Ort ein Konzert der Wiener Sängerknaben vorgesehen ist.

Das bedeutet, daß vor der Erteilung des Auftrages und der Zielformulierung eine sorgfältige Analyse der Situation und eines Rahmenplanes erfolgt ist. D.h. es müssen die Schnittstellen zwischen dem betroffenen Subsystem und den anderen Subsystemen einerseits und zwischen ihm und dem Gesamtsystem andererseits definiert sein.

Bei den oben angeführten Projektbeispielen ist immer ein mögliches Ziel formuliert, und das sogar relativ klar. Mit Fortschritt des Projektes muß das Ziel allerdings noch viel konkreter werden. Sicherlich kann es auch sein, daß sich das Ziel im Laufe des Projektes ändert, einfach deshalb, weil sich neue Erkenntnisse, Technologien oder Randbedingungen ergeben haben. Es kann sogar sein, daß es nicht mehr sinnvoll ist, das ursprünglich formulierte Ziel überhaupt noch anzusteuern; dann nämlich, wenn ein neuer, aktueller Rahmenplan aufgestellt wird und dieses Ziel damit nicht mehr in Einklang zu bringen ist.

Das Ziel in dem Falle überhaupt nicht mehr anzusteuern, das wird allerdings nicht immer gemacht; denken wir nur an den Bahnhof, der auf der grünen Wiese angelegt wurde, auf dem allerdings keine Züge halten (weil die ursprünglich geplante Satellitenstadt nicht gebaut wurde); denken wir an modernst eingerichtete Krankenhäuser, die viel zu groß ausgelegt sind (weil sehr viele Stadtbewohner mittlerweile abgewandert sind); denken wir an die fertigen Autobahn-Anschlüsse, über die keine Autos fahren (weil die Autobahn selbst nicht weitergebaut werden kann) und ... und ... und ...

Sicherlich sind dabei oft politische Gründe im Spiel; aber wir sehen, daß viele Projekte hierin nicht immer konsequent behandelt werden und schieflaufen, und man wundert sich darüber. Wir sollten daraus lernen!

Es gibt aber auch Gegenbeispiele, Beispiele dafür, daß man Projekte auch zu den Akten legte, weil es sich nicht lohnte, weiterzumachen. Man läßt den Verlust auch von einigen Hunderttausend DM zu, verbucht als Vorteil allerdings, daß man nicht weitere Millionen abschreiben muß, die bei der Fortführung des Projektes bis zur bitteren Neige fällig gewesen wären.

Es ist ein paar Jahre her, da kaufte ein DV-Anlagenhersteller in Deutschland von einer Großstadt ein Baugelände mit der Absicht, dort eine neue Produktionsstätte für bestimmte Bauteile zu errichten. Man hatte hochgerechnet, daß man nur damit die steigende Nachfrage bewältigen könne. Mitten im Projektverlauf – es waren schon einige Millionen DM für die Planung der Gebäude, der Versorgungsanlagen und für die Durchführung entsprechender Arbeiten ausgegeben worden – ergab sich eine neue Situation für das Projekt: In der Forschung dieses Unternehmens hatte man ein neues Produktionsverfahren für die betreffenden Bauteile erarbeitet. Damit wurde es möglich, in den bestehenden Produktionsstätten so zu produzieren, daß der steigende Bedarf befriedigt werden konnte. Die Firma reagierte – man könnte sagen, mutig und ungewöhnlich – das Vorhaben wurde zu den Akten gelegt. Das war wirtschaftlich sinnvoll!

Doch genau gegen diese Basisregel sündigt man so häufig bei Projekten (vor allem bei DV-Projekten): einmal ist das Ziel nicht klar formuliert, sondern man startet mit „... und wollen wir doch mal dieses machen oder jenes", ein anderes Mal ist das Projekt nicht über einen Rahmenplan mit anderen Projekten, dem bestehenden oder zukünftigen System abgestimmt,

3.2 Konsequent projektorientierte Vorgehensweise

oder man hält stur am einmal formulierten Ziel fest, auch wenn sich die Umwelt gravierend ändert.

Im übrigen: um möglichst schnell zu einem neuen System zu kommen, sollte man im Vorfeld – wenn irgend möglich – das Projekt in Teilprojekte unterteilen, die entweder parallel oder nacheinander abgewickelt werden. Der unverzichtbare Rahmenplan sorgt dafür, daß diese Teile später zusammenpassen.

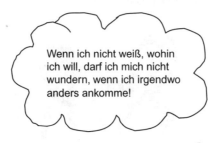

Abbildung 3-5: Basisregel 2

3.2.3 Basisregel 3: Es wird eine Projektgruppe eingerichtet

Alle am Projekt beteiligten Funktionen werden eigens zu einer temporären Aufgabe zusammengefaßt. Die Gruppe wird in dieser Zusammensetzung einmalig sein; sie arbeitet auf ein Ziel hin, das sie, wenn es erreicht ist, überflüssig macht.

Jedes Bauprojekt, jedes Forschungsprojekt usw. wird von einem nur dazu zusammengesetzten **Team** durchgeführt. Dort haben wir die Funktion des Maurers, des Zimmermanns, des Statikers, des Architekten, hier haben wir den Chemiker, den Techniker, den Arzt; sie alle finden sich zu einer Mannschaft zusammen. Entsprechend ist es bei DV-Projekten, in denen Benutzer oder Vertreter der Fachabteilung, Organisator, DV-Spezialist, Programmierer, Datenschutzbeauftragter usw. zusammen arbeiten.

Jeder Spezialist ist im Projekt unentbehrlich, jeder muß im Projektablauf tätig werden, wenn das angepeilte Ziel erreicht werden soll.

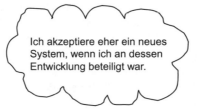

Abbildung 3-6: Basisregel 3

3.2.4 Basisregel 4: Es gibt einen Projektleiter

Vom Auftraggeber soll jemandem die Leitung der Arbeit dieser Gruppe zugeteilt werden. Es gibt also jemanden, der die Verantwortung für die Verfahren und das Ergebnis des Projektes mit allen Konsequenzen übernimmt, der Entscheidungen zu treffen hat und dazu mit entsprechenden Befugnissen vom Auftraggeber ausgestattet werden muß, der **Projektleiter**. Dies soll eine einzige Person sein, nicht ein Team, kein Triumvirat und auch kein Paar (s. Teamchef und Trainer der Fußballnationalmannschaft zur Vorbereitung auf die Europameisterschaft)!

Abbildung 3-7: 2 Projektleiter für 1 Projekt

Projekte, in denen diese Basisregel nicht beachtet wird, sind, wie die Erfahrung zeigt, fast ausnahmslos zum Scheitern verurteilt.

Was ist daran so schlecht? – Im einen Fall plätschert erwiesenermaßen das Projekt dahin, keiner ist bemüht, das Ziel zu erreichen, keiner ist da, der einen Fehler macht, weil den immer die anderen begehen. – Meinungsverschiedenheiten, unterschiedliche Interpretationen von Kompetenzbereichen und Verantwortlichkeiten im anderen Fall sind ein Hemmschuh für die Entscheidungsfindung in einer derartigen Gruppe (s. wieder Fußballnationalmannschaft!).

Zur konsequenten Beachtung der Forderung nach einem Projektleiter gehört auch, daß er nicht zwischen Tür und Angel bestimmt werden darf, wie z.B. die folgende Beschreibung einer Situation in einem größeren Unternehmen zeigt!

In einem Meeting, in dem es um den Start des Projektes CNM, die Einführung eines Communication Network Managements in einem Unternehmen, – und damit um eine nicht geringe Investition – ging, wurde die Frage nach dem Projektleiter immer wieder aufgeschoben, bis schließlich fünf Minuten vor Beendigung der Sitzung der Geschäftsführer seinen Assistenten fragte, wer denn von den Mitarbeitern im Augenblick frei sei. Antwort: „Der Herr Koch." Kommentar durch den Geschäftsführer: „Dann ist Herr Koch der Projektleiter! – Die Sitzung ist beendet." Auf dem Flur traf anschließend der Assistent zufällig den Herrn Koch: „Sie sind Projektleiter des Projektes CNM." Worauf der Angesprochene nur noch erstaunt fragen konnte, was das denn sei. (Das haben Sie sich sicher beim Lesen auch gefragt.)

Eine denkbar schlechte Berufung eines Projektleiters! Sie können sich vorstellen, daß es mit der Motivation dieses Mitarbeiters und seiner Identifikation mit dem Projektziel nicht weit her war. Dies aber färbte auf alle Betroffenen und Beteiligten ab; sie nahmen das Projekt nicht ernst. Bald sah man auch, daß das Projekt nicht zum Laufen kam!

Bei dem geschilderten Verhalten des Geschäftsführers zeigte sich im übrigen ein Indiz für etwas, das sich später immer deutlicher manifestierte: Er als Auftraggeber stand überhaupt nicht hinter dem Projekt!

Abbildung 3-8: Basisregel 4

3.3 Die gesunde Basis eines Projektes

Die in vielen Projekten gewonnenen Erfahrungen zeigen, daß diese vier Punkte unbedingt zur Basis eines gesunden Projektes gehören, die aber nicht immer konsequent beachtet werden. Ganz typisch unser Bahn-Beispiel zu Beginn der **Einleitung**!

Sorgen Sie als Projektleiter für eine gesunde Basis Ihres Projektes!

- Es muß ein Auftraggeber existieren, darum:
    - Fragen Sie, wer es ist!
    - Geben Sie nicht Ruhe, bis Sie ihn gefunden haben!
    - Suchen Sie ihn in seiner Stellung so hoch, wie es nur geht!
    - Lassen Sie es sich durch ihn bestätigen!
    - Sorgen Sie dafür, daß der Auftrag schriftlich formuliert ist!

Entweder ist das Projekt so wichtig, daß sich jemand dahinterstellt, sich dafür einsetzt, Ressourcen und Mitarbeiter dafür freistellen läßt oder nicht. Im ersten Fall haben Sie den Auftraggeber, im anderen Fall lehnen Sie es ab, das Projekt zu übernehmen.

- Es muß eine Beschreibung des Zieles und der Randbedingungen vorliegen, darum:
    - Schauen Sie, daß diese Beschreibung möglichst aussagekräftig, eindeutig und nicht verschwommen ist!
    - Sorgen Sie dafür, daß sie vom Auftraggeber unterschrieben ist!
    - Überzeugen Sie den Auftraggeber davon, daß im Projektverlauf Zielkorrekturen nötig sein können!

Das Ziel muß etwas sein, das man messen kann; wie anders wollen Sie nach Beendigung des Projektes feststellen oder nachweisen, daß das Projekt überhaupt beendet ist und daß Sie Ihre Aufgabe erfüllt haben?

- Sorgen Sie dafür, daß die benötigten Spezialisten und vom Projekt Betroffenen aktiv an der Projektarbeit beteiligt werden, d.h.:
  - Verlangen Sie Mitspracherecht bei der Auswahl der Projektmitarbeiter!
  - Beanspruchen Sie für die Projektgruppe einen eigenen Status, auch bei unternehmensinternen Projekten!
  - Lassen sie nicht zu, daß man, ohne Sie zu fragen, „von oben her" Leute aus der Projektgruppe abzieht oder ersetzt!
  - Lassen Sie nicht zu, daß Ihre Leute nicht zur Verfügung stehen, wenn Sie sie eingeplant haben, weil andere (auch Höhergestellte!) auf sie angewiesen sind!
  - Machen Sie klar, daß Sie für Ihr Projekt sowohl den „Maurer" als auch den „Zimmermann" brauchen!
  - Denken Sie immer daran: Der beste Mann ist für Ihr Projekt gerade gut genug!
  - Bestehen Sie darauf, mit den Projektmitarbeitern regelmäßig Besprechung zu machen!

Sie müssen sich aber auch darüber im klaren sein, daß Sie entsprechende Pflichten haben, daß Sie beispielsweise für die Motivation der Leute da sind, daß Sie für eine gute Stimmung im Team sorgen müssen. Die Mannschaft, die ein Projekt durchzieht, muß eine verschworene Gemeinschaft sein, die ein großes Ziel gemeinsam ansteuert, wobei jeder seinen Teil dazu beiträgt. Sie sind dazu da, dafür zu sorgen, daß alle Teammitglieder „Wir" denken. Sie sind der Coach, der elf gute Fußballspieler zu einer erstklassigen Mannschaft formt.

Eine Voraussetzung dafür ist die Initialisierung der Projektgruppe.

- Lassen Sie sich offiziell vom Auftraggeber zum Projektleiter ernennen!
  - Verlangen Sie die nötigen Kompetenzen!
  - Seien Sie sich darüber im klaren, daß Sie dann aber auch die Verantwortung für das Gelingen des Projektes haben!
  - Lehnen Sie die Projektleitung ab,
    - wenn Sie sehen, daß schon die Basis des Projektes ungesund ist,
    - wenn Sie nicht die verlangten Kompetenzen erhalten,
    - wenn Sie die Verantwortung nicht tragen können!

Sie wären nicht der erste, der ein Projekt wider besseres Wissen übernimmt und der kläglich scheitert, nur weil er denkt, sich mit dem Projekt einen Namen zu machen!

In vielen Unternehmen werden diese angesprochenen Punkte in verbindlichen Organisationsvorschriften (Standards) dokumentiert. Aber es zeigt sich, daß damit noch nicht unbedingt eine gesunde Projektbasis gegeben ist. Denn diese Standards dürfen nicht zum geduldeten Formalismus oder als ein notwendiges Übel angesehen werden, sondern sie müssen verinnerlicht werden. Darum:

- Stehen Sie hinter diesen vier Basisregeln!

3.4 Lösung zur Übung

Vergleichen Sie Ihre Zeichnung mit den beiden Alternativen in unserer Abbildung 3-9! Ist es eher die Arche Noah oder eher ein Kreuzfahrerschiff? Je nach Kenntnis, Erfahrung, Umgebung, Interesse hat jeder seine eigene Vorstellung von einem Schiff.

Und so ist es auch beim Projektziel. Stellen Sie sich vor, Sie hätten das Projektziel, ein Schiff zu bauen, und Sie würden es so bauen, wie Sie es gerade sehen. Nur zufällig wird Ihr Produkt die Vorstellung des Auftraggebers treffen. Sie müssen als erstes im Projekt eine genaue funktionale Beschreibung des Schiffes erarbeiten und sich absichern, daß Sie richtig liegen. D.h., Sie müssen das Ziel klarer herausarbeiten!

Abbildung 3-9: Unterschiedliche Zielinterpretation

Weder ein Wort noch ein Begriff – erst recht nicht eine Abkürzung – sind eine Zielformulierung! Nehmen wir folgendes Beispiel aus der Praxis, nämlich das bereits zitierte Projekt

CNM. (Sollten Sie sich darunter etwas vorstellen können, dann formulieren Sie doch mal Spaßes halber daraus ein Projektziel!)

Welche Zielsetzung hatte tatsächlich dieses Projekt? Sie war völlig nebulös. Wir befragten zehn der Beteiligten und erhielten fünfzehn verschiedene Interpretationen von CNM, wir selber hatten noch eine sechzehnte parat. Der eine verstand darunter „Transparenz der gesamten Vorgänge im unternehmensweiten Netzverbund aller DV-Komponenten", der andere „Überwachung der Zugriffe der Endbenutzer zum Netz", der dritte schlichtweg „die Installation eines Programms, das Leitungsbelastungen mißt", der vierte „die Einrichtung einer Steuerungsstelle, die mit drei Netzoperatoren besetzt wird" und der fünfte sah schon in seiner Phantasie das gesamte Rechenzentrum umorganisiert! Der sechste interpretierte es als „Organisation zur Verbesserung der Kommunikation zwischen den Mitarbeitern". Der siebente sagte: „Das bedeutet Reduzierung der Wartungskosten", der achte meinte damit „Erhöhung der Produktivität", der neunte „Verbesserung oder Erhaltung des angebotenen Service-Niveaus", der zehnte „automatisches Operating des Netzes", möglicherweise aber auch „effiziente Nutzung der in bestimmten Software-Produkten realisierbaren Funktionen".

Nehmen wir also in der Praxis unsere eigene Interpretation, so liegen wir mit hoher Wahrscheinlichkeit falsch, und das Projekt ist zum Scheitern verurteilt. Der einzige Ausweg aus dieser Situation ist, eine Sitzung aller Betroffenen zu organisieren und ein gemeinsames Verständnis zu erarbeiten.

Hier zeigt sich ein zentrales Problem der Praxis: das sorglose Definieren und Akzeptieren von Projektzielen aufgrund von Begriffen oder Abkürzungen, die jedermann zu verstehen glaubt!

Übung: Nehmen Sie sich jetzt deshalb die Zeit und leiten Sie aus den folgenden Stichworten jeweils das Projektziel ab.

- Bei der Firma Feld & Mann läuft das Projekt OOC (Objektorientierung mit COBOL).
- Wir wollen das Projekt „Globalisierung der Firmenrepräsentanz" starten.
- Herr Karl ist Projektleiter von „Multimedia-Darstellung".
- Das Team ist im „Lernprogramm Instrumentenkunde" involviert.

Lösung: Am Ende des nächsten Kapitels.

4 Projektphasen

Oder: Man tue nicht den zweiten Schritt vor dem ersten

Sie sind zum Projektleiter ernannt worden. Im Auftrag heißt es: „Sie sind verantwortlich dafür, daß das in der Zielbeschreibung formulierte Produkt erstellt wird." Sie wissen: der Zeitpunkt der Zielrealisierung kann in sehr ferner Zukunft liegen.

4.1 Phasen als Orientierungshilfen

Wie können Sie Ihre Fahrt mit dem Projektschiff planen, organisieren, welche Segel müssen Sie setzen und wie das Steuer führen, damit Sie nicht vom Kurs abkommen, sondern wohlbehalten die wertvolle Fracht, Ihre Mannschaft und sich selbst durch die stürmische See bringen?

Was konnte und mußte der Kapitän eines spanischen Seglers unternehmen, damit er nach einer hundert Tage dauernden Rückreise aus Westindien vor der Meerenge von Gibraltar und nicht in Westafrika wieder Festland sah?

Er orientierte sich an den Sternen; regelmäßig, täglich, ja mitunter stündlich suchte er, seine Position zu bestimmen. Sofort, wenn er eine Abweichung seines Schiffes vom Kurs feststellte, korrigierte er die Fahrt und gab ihm eine andere Richtung: für den Kapitän eine Selbstverständlichkeit.

Sie sind der Kapitän im Projekt, und für Sie gilt dasselbe:

- Sorgen Sie für Orientierungspunkte, an denen Sie feststellen können, wo Sie sind.
- Orientieren Sie sich regelmäßig, ob Ihr Schiff noch auf dem Kurs ist.
- Warten Sie nicht mit dem Messen, bis Sie Land sehen.
- Messen Sie nicht erst dann, wenn die hundert Tage fast verstrichen sind.
- Korrigieren Sie den Kurs, wenn Ihr Schiff falsch läuft.

Teilen Sie den Zeitraum für die Entwicklung eines neuen Systems, also den Projektablauf, in kleinere Einheiten, in Phasen, ein. Dadurch wird er überschaubar und damit besser planbar; der Ablauf ist leichter zu kontrollieren und läßt ein schnelles Reagieren zu.

In einer Phase werden alle Arbeiten zusammengefaßt, mit denen ein entscheidungsreifes Zwischenergebnis, ein Produkt, erzielt werden kann. In der Abfolge der Phasen gibt es eine entsprechende Folge von Entscheidungen. So ist die Aufteilung gerechtfertigt durch die stufenweise Abnahme der Arbeitsergebnisse durch den Auftraggeber.

Halten wir fest: Sie definieren Meilensteine, die dadurch charakterisiert sind, daß sie

1. den gesamten Projektverlauf in kleinere Teile aufteilen,

2. festdefinierte, überprüfbare Ergebnisse, d.h. Produkte liefern,

3. eine Entscheidung fordern, ob mit diesen Produkten weitergearbeitet, d.h. in die nächste Phase eingestiegen wird. Diese Entscheidung kann bedeuten, daß
   - das Produkt die Basis für das weitere Vorgehen ist, oder
   - das Produkt modifiziert, erweitert, verkleinert werden muß und dann damit weitergearbeitet werden kann, oder
   - das Projekt abgebrochen wird (auch das muß überlegt werden).

4.2 Phasenplan

Managen Sie entsprechend Ihr Projekt – vom Projektstart bis zum Projektende! Und das heißt:

- Planen Sie ununterbrochen.
- Organisieren Sie stetig.
- Schätzen Sie realistisch.
- Kontrollieren Sie Ihre Pläne ständig.
- Steuern Sie das Projekt.
- Koordinieren Sie, informieren Sie alle betroffenen Stellen.
- Leiten Sie die am Projekt beteiligten Mitarbeiter.

Daß das Aufwand erfordert, ist unvermeidlich. Nur übersehen das so häufig Projektleiter und Auftraggeber; jener in der Hitze des (Projekt-) Gefechts, dieser aus Unwissenheit – oder mit Absicht, weil dabei „ja nichts Konkretes, Produktives geleistet wird"!

Schauen wir uns den Zeitpunkt des Projektstarts an. Ihr Auftraggeber hat eine Entscheidung getroffen, und für diese Entscheidung hatte er gute Gründe, zumindest sollte er sie haben. D.h. vor dem Start des Projektes ist schon etwa passiert, eine Art Projekt-Vorlauf, die Initialisierung und die Vorstudie.

4.2.1 Initialisierung

Die Initialisierung eines Projektes erfolgt im allgemeinen durch Reaktion eines Benutzers des existierenden Systems, der Geschäftsführung usw. auf ein sie betreffendes Problem, welches durch geeignete Maßnahmen, z.B. durch eine Neuentwicklung, durch eine Umorganisation oder durch eine Baumaßnahme behoben werden soll.

Eine andere Initialzündung kann darin bestehen, daß ein Mitarbeiter in einer bestimmten Vorgehensweise einen Wettbewerbsvorteil sieht oder daß die Geschäftsführung eines Unternehmens aufgrund einer Analyse der strategischen Erfolgsfaktoren ein Projekt in Gang setzen will.

Beispielhafte Tätigkeiten in dieser (Vor-)Phase sind Problemabgrenzung und -bewertung; ihr Ziel ist es, einen Auftrag für eine durchzuführende Vorstudie (mit Zieldefinition, Mittelvergabe und Berufung einer Arbeitsgruppe – also ein Projekt besonderer Art!) zu formulieren.

Die Ergebnisse sind Beschreibung und Bewertung des das gesamte System betreffenden Entscheidungs- und Leistungsprozesses.

4.2.2 Vorstudie (das „kleine Vorprojekt")

Die Vorstudie umfaßt eine grobe Untersuchung des vorgegebenen Problembereichs. Tätigkeiten dabei sind z.B. eine Problem- und Übersichtsanalyse, die Erstellung oder – falls es vorliegt – die Evaluierung eines Rahmenkonzeptes, evtl. mit der Definition von Teilprojekten und deren Zielen, die Überprüfung der Durchführbarkeit und Schätzung der zu erwartenden Kosten und Nutzen.

Produkt: Dokumentierte Konzeption verschiedener Groblösungen im Zusammenhang und deren eventueller Gliederung in Teilprojekte, die parallel oder die sequentiell ablaufen können, und ein Rahmenplan.

Als Projektleiter wissen Sie also jetzt, was mit dem Projekt erreicht werden soll, ob es Rahmenbedingungen einzuhalten gilt und wenn ja, welche. Sie müssen beides wissen. Sie erinnern sich: Eine schriftlich fixierte Zielformulierung gehört zur gesunden Basis eines Projektes.

4.2.3 Projektstart

Und nun beginnen Sie mit dem Management des Projektes – und nicht mit dem Entwickeln des Systems! Hat das Projekt eine gewisse Größenordnung, dann sollten Sie ja nicht glauben, daß Sie am nächsten Tag oder in der nächsten Woche schon Arbeiten am neuen System durchführen können.

Dies ist der kritische Punkt im Projektverlauf, der über Wohl und Wehe entscheidet: das Projekt zum Laufen zu bringen, dafür Sorge zu tragen, daß sich das Räderwerk in Gang setzt und daß dabei auch ein Rädchen ins andere greift.

- Rüsten Sie sorgfältig Ihr Schiff.
- Versorgen Sie sich und Ihre Mannschaft mit genügend Proviant.
- Denken Sie an Trinkwasser, an Medikamente.
- Gehen Sie immer wieder die vor Ihnen liegende Reise durch; es fällt Ihnen immer noch etwas ein, was noch gemacht werden muß, ehe Sie in See stechen.

Überzeugen Sie Ihren Auftraggeber von der Notwendigkeit, so zu verfahren: Sie müssen sich in die Projektproblematik einarbeiten, Sie müssen die notwendigen Tätigkeiten einplanen, Sie müssen Personal organisieren, Sie müssen mit dem Auftraggeber verhandeln, damit Sie auch die Leute zur Mitarbeit erhalten; Sie müssen ihn überzeugen, Sie müssen Alternativen aufzeigen, Konsequenzen klarmachen; Sie müssen die Mitarbeiter von dem Sinn des Projektes überzeugen, Sie müssen sie einweisen, Sie müssen u.U. Standards für die Projektarbeit erarbeiten; Sie müssen einen groben Zeitplan für das gesamte Projekt erstellen ... da gibt es eine Menge zu tun, was mit dem Begriff „Projektmanagement" zu umschreiben ist.

Gerade Fehler, die in dieser Zeit begangen werden, sind fast nie wieder gutzumachen, so wie das Schiff mit seiner Mannschaft verloren ist, wenn der Kapitän auf hoher See feststellen muß, daß im letzten Hafen zu wenig Trinkwasser oder Proviant gefaßt worden sind.

4.2.4 Die Bedarfsanalyse

Das ist die erste Etappe. Sie fragen sich: Was ist das nächste Produkt im Projektverlauf, worüber will ich dann eine Entscheidung des Auftraggebers haben?

Das Produkt der Phase ist – und denken Sie daran: solange Sie es nicht haben, ist die Phase nicht abgeschlossen – der Anforderungskatalog, in dem die Wünsche der Benutzer und sonstige Anforderungen (z.B. Mengengerüste) an das zukünftige System in dem durch den Rahmenplan abgesteckten Bereich im Detail dokumentiert sind.

Dazu werden eine detaillierte Übersicht über den IST-Zustand und die Systemanforderungen, die aus den Wünschen der Benutzer und aus Prognosen resultieren, eingeholt. Kosten- und Nutzenschätzungen für die Realisierung dieser Anforderungen werden zusammengetragen.

Sie sehen: Im Grunde hat diese Phase die gleichen Tätigkeiten wie die Vorstudie. Nur wird hier alles sehr viel detaillierter gemacht als dort.

Am Ende der Phase steht die Genehmigung der Abgrenzung des Systems, die sich durch die detaillierte Dokumentation der Systemanforderungen ergibt.

Die Bedeutung dieser Phase für das gesamte Projekt wird häufig unterschätzt; hier sollte sorgfältig gearbeitet werden. Die Erfahrung zeigt immer wieder, daß Aufwand – natürlich sinnvoller und zielgerichteter! –, den wir hier nicht betrieben haben, später um das Mehrfache auf das Projekt zukommt, weil z.B. durch aufwendige Rückfragen bei Betroffenen und Spezialisten oder Wiederholung von Teilen vermeintlich längst abgeschlossener Phasen die Versäumnisse der Vergangenheit geklärt werden müssen.

Ja, es gab eine Zeit, da glaubte man, dies alles für die Testphasen institutionalisieren und so die Qualität in ein Produkt hineintesten zu können, d.h., man verließ sich auf den Systemtest. Das macht aber keinen Sinn. Es gibt dabei nämlich irgendwann einen Status, bei dem das entwickelte System mit jedem weiteren Test- und Korrekturlauf nicht besser, sondern schlechter wird; denn mit jedem bereinigten Fehler kommen zwei oder drei neue hinzu. Das sind die sogenannten Verschlimmbesserungen!

- Lassen Sie es nicht soweit kommen!
- Führen Sie eine sorgfältige Bedarfsanalyse durch!
- Beteiligen Sie die zukünftigen Benutzer an dieser Phase; ohne ihre Mitarbeit einen Anforderungskatalog zu erstellen, macht keinen Sinn!

4.2.5 Systemkonzeption

Und so geht es mit der Entwicklung des neuen Systems weiter:

Alternative Lösungsansätze, die Eignung der verschiedenen Ansätze, z.B. Erfüllung der Anforderungen, Durchführbarkeit, Auswirkungen auf den Benutzer und das gesamte System, werden überprüft. Eine Wirtschaftlichkeitsanalyse wird für jede Alternative durchgeführt und die Lösungsalternativen bewertet.

Das meßbare Produkt ist der Systementwurf, ein Grobentwurf des neuen Systems, aus dem hervorgeht, was es hinsichtlich der Anforderungen leistet und was es kostet.

Aus der Beschreibung wird klar, daß Sie auch in dieser Phase nicht die Bedürfnisse der späteren Benutzer ignorieren können. Es geht hier darum, konzeptionell zu erarbeiten, *wie* das neue System aus ihrer Sicht die Anforderungen aus der vorhergehenden Phase erfüllen wird. Also:

So grob, wie möglich, und so detailliert, wie nötig!

4.2.6 Systemüberprüfung

Das führt letztlich auf die Systemüberprüfung hin, wie wir die Entscheidungsprozedur nennen wollen, ob das vorgeschlagene Konzept oder welche der vorgeschlagenen Alternativen angenommen wird, ob die finanzielle Freigabe und die Bereitstellung der Ressourcen zur Realisierung erfolgt.

Auch dieses sollten Sie immer im Auge haben: Am Ende einer Phase mag es sich als sinnvoll herausstellen, daß man nicht weitermachen, sondern das Projekt beenden soll. Es ist kein Zeichen eines schlechten Projektmanagements, wenn Konsequenzen aus Situationen, aus neuen Randbedingungen, aus einer veränderten Umwelt heraus in diese Richtung gezogen werden. Im Gegenteil, der Projektleiter, der sich trotz besseren Wissens an das Projekt klammert, ist mit Recht als ein schlechter Projektleiter zu bezeichnen.

Ganz konkret: fordern Sie den Auftraggeber auf, das Projekt abzubrechen, wenn Sie merken, daß es nicht sinnvoll ist weiterzumachen. Es ist besser, einen 100-EURO-Schein zu verlieren als zusätzlich einen Tausender. Verkaufen Sie das Ihrem Auftraggeber. Seien Sie davon überzeugt, daß er es Ihnen danken wird.

Wie geht es aber nach der Genehmigung des Lösungsvorschlages weiter?

4.2.7 Detailorganisation

Das neue System wird im Detail organisiert und geplant. Dazu werden die Arbeiten des Systementwurfs aufgegriffen und verfeinert.

Zusätzlich aber sollen jetzt auch Verfahren zur Notorganisation entwickelt werden, vor allem dann, wenn das neue System eine kritische Stelle des übergeordneten Systems bedeutet („Wie soll es denn weitergehen, wenn es einmal ausfällt?"). Darüber hinaus müssen die Testfälle und die Handbücher, z.B. für die späteren Benutzer, vorbereitet werden.

Am Ende der Phase wird über die entsprechenden Ergebnisse, über die Freigabe zur endgültigen Realisierung (Technische Entwicklung) und damit über die Bereitstellung der Ressourcen für die nächste Phase entschieden.

Dazu haben Sie als faßbares Produkt die detaillierte Systembeschreibung, d.h. die Dokumentation der Ergebnisse obiger Tätigkeiten.

4.2.8 Realisierung

Es erfolgt die Erstellung aller Systemkomponenten mit formalem Test (Modul- und Integrationstest) und deren kompletter Dokumentation. Die Schulung der Pilotbenutzer und einer Wartungsgruppe wird durchgeführt. Die Dokumentation der Benutzer- und Wartungshandbücher geht damit Hand in Hand.

Entsprechend liefert die Phase also fehlerfreie Systemkomponenten, dazu aber auch für das System ausgebildete Pilotbenutzer und Wartungspersonal. Denn wie sollte ohne sie die nächste Phase laufen?

Die Freigabe der Produkte aller Tätigkeiten steht zur Entscheidung: Machen wir damit weiter? – Natürlich wird die Wahrscheinlichkeit eines Projektabbruches immer geringer!

4.2.9 Einführung und Übergabe

Die hier anstehenden Tätigkeiten können wir in drei funktionale Gruppen zusammenfassen: Systemtest, Inbetriebnahme und Abnahme.

Systemtest

Die Haupttätigkeiten sind Fertigstellung der Handbücher für Benutzer und Wartung, der Test des neuen Systems als Ganzes, d.h. seine Überprüfung, z.B. Simulation der Realbedingungen, Tests von Normal- und Fehlerfällen, Systemausfall, Konsistenz der Handbücher, seine Verbesserung, die Bereinigung von Fehlern und Unverträglichkeiten und Abgleichen mit den Anforderungen.

Also haben wir hier die Erprobung des Systems unter normalen Arbeitsbedingungen.

Der Systemtest wird wieder zusammen mit den Benutzern durchgeführt.

Die Inbetriebnahme

Durchgeführt werden zum einen die Schulung der Benutzer in Abstimmung auf die Funktion und zum anderen die Umstellung, z.B. Paralleleinsatz mit dem alten System, stufenweise oder Voll-Übernahme.

Vom System selbst hängt es ab, ob diese Phase überlappt mit anderen Phasen abläuft, oder ob sie zeitlich getrennt von anderen Phasen gesehen werden kann.

Abnahme

In ihrem Rahmen findet die formelle Abnahme statt. Es wird über die Übernahme und Freigabe der Umstellung entschieden. Ein arbeitsfähiges System ist das Ergebnis der Phase. Sie gipfelt quasi in dem Festakt, bei dem der Ministerpräsident das Band durchschneidet und damit die neue Brücke für den Verkehr freigibt.

Wie kann man die Abnahme organisieren, ohne daß dabei über die Arbeitsfähigkeit des neuen Systems gestritten werden muß?

- Einigen Sie sich rechtzeitig im Projektverlauf mit dem Benutzer und dem Auftraggeber über Abnahmekriterien.
- Formulieren Sie – natürlich zusammen mit dem Benutzer und dem Auftraggeber – die Bedingungen, unter denen das neue System als akzeptiert zu gelten hat.
- Verhandeln Sie mit ihnen schon in der Bedarfsanalyse, spätestens aber zum Zeitpunkt der Systemüberprüfung, über Testverfahren und -ergebnisse, die als Maßstab dienen sollen.
- Warten Sie damit nicht bis zum Zeitpunkt der Abnahme; denn dann können Sie unerfüllbare Kriterien erwarten, und Ihr System – so gut es auch sein mag – wird nicht akzeptiert.

Damit ist die endgültige Abnahme der Phase, und damit das Ende des Projektes, erreicht. Es fehlt nur noch die formale schriftliche Bestätigung durch den Projektausschuß, daß das Produkt den Anforderungen genügt und einwandfrei ist.

Mit der Abnahme ist für Sie, den Projektleiter, die Projektarbeit aber noch nicht abgeschlossen. Sie sollten über die Abnahme hinaus Zeit einplanen, um Ihre Erfahrung aus dem abgeschlossenen Projekt zusammenzutragen. Meistens bleibt Ihnen während des Projektes kaum Zeit dazu. Also sollten Sie wenigstens nach dem Projektende darüber nachdenken.

- Machen Sie eine Nachkalkulation.
- Durchleuchten Sie noch einmal die Probleme im Projektverlauf.
- Analysieren Sie die Gründe für aufgetretene Planabweichungen.
- Aber dokumentieren Sie auch, was und warum etwas besonders gut gelaufen ist.

Dadurch tragen Sie Erfahrungswerte zusammen, die Ihnen oder anderen bei der Planung und Schätzung neuer Projekte hilfreich sind.

4.2.10   Systemnutzung

Dies ist der Zeitraum des Einsatzes des neuen Systems.

Zum einen sollte das entwickelte System kritisch durchleuchtet werden, ob es auch den Nutzen bringt, den man erwartet hat, also eine Systembewertung, zum anderen muß hier die Systemwartung laufen, z.B. die Behebung von eventuell auftretenden Mängeln, Aktualisierungen, Verbesserungen, Änderungsdienst oder Initialisierung eines neuen Projektes.

4.2.11   Änderungskontrolle

Mit einem müssen sie als Projektleiter leben: so vorteilhaft das Phasenkonzept für die Systementwicklung ist, so notwendig es ist, daß man nicht den zweiten Schritt vor dem ersten tut, so sinnvoll es sein mag, nicht zurückzugehen, immer ergibt es sich, daß jemand aus diesem vorgegebenen Ablauf ausbrechen will – oder muß. Immer ist jemand da, der seine ursprünglich formulierte Anforderung ändert oder eine neue stellt. Das hat nach der Systemüberprüfung fast immer zur Folge, daß die Systemkonzeption betroffen ist.

Nehmen Sie dieses Problem nicht auf die leichte Schulter. Sie müssen ein Verfahren festlegen, wie Sie im Falle eines Änderungsantrages vorgehen wollen. Wollen Sie alle Wünsche, die noch im Verlaufe des Projektes auf Sie zukommen, berücksichtigen? Dann werden Sie nie Ihr Projekt beenden. – Oder wollen Sie alle ignorieren? Dann werden Sie kein vom Auftraggeber oder Benutzer akzeptiertes System bauen.

Weder das eine noch das andere dürfen Sie tun. Sie müssen einen Kompromiß finden; und dieser Kompromiß heißt „Änderungsverfahren". Das bedeutet allerdings Aufwand, den Sie in Ihrer Planung berücksichtigen müssen.

Es geht also um Realisierung und Kontrolle der Änderungen an dem bei der Systemüberprüfung genehmigten Systemkonzept. Wegen dieser Abweichung von der ursprünglich definierten Linie muß hierfür eine besondere Prozedur, ein Genehmigungsverfahren mit Aufzeigen der Konsequenzen und eine Kosten/Nutzen-Analyse, eingerichtet und beobachtet werden (siehe Kapitel 6: Planung und Planungstechniken, S. 55ff!).

4.2.12 Qualitätssicherung

Über den gesamten Zeitraum des Entwicklungsprojektes entstehen Fehler; wir sind alle nur Menschen! Aber solche Fehler werden immer mitgeschleppt und haben unangenehme, negative Auswirkungen auf die Qualität. Deshalb muß Qualitätssicherung eine projektbegleitende Maßnahme werden, die am ersten Tag des Projektes beginnt und erst mit der Übergabe des Projektergebnisses endet; d.h., für jedes einzelne Produkt in Ihrem Projekt, ob für das Produkt einer Phase oder sogar einer Tätigkeit, müssen Sie die Qualität sichern!

- Sie müssen dazu entsprechend Maßnahmen aufsetzen, d.h., Sie müssen die Qualitätssicherung planen!

4.3 Bewertung der Phasen

Wir haben in den letzten Abschnitten einen Phasenplan vorgestellt, der prinzipiell als Modell des Vorgehens bei vielen Projekten anzusehen ist, ob beim Bau eines Gebäudes, ob bei einer DV-Projekt oder der Durchführung einer Werbekampagne. Nur muß er für das eigene Projekt adaptiert werden, und das richtig zu machen, gehört zur Kunst der Projektsteuerung!

- Sie müssen die Urteilsfähigkeit aufbringen, jeweils die Gewichtung der einzelnen Phasen einzuschätzen,
- Sie müssen sehen, ob
  - z.B. die Ergebnisse der Vorstudie hinreichend für einen Projektstart sind;
  - die Detailorganisation etwa zusammen mit der Realisierung laufen kann oder
  - der Systementwurf parallel zur Detailorganisation durchgezogen wird.
- Sie müssen erkennen, daß der Einsatz bestimmter Technologien im Projektablauf Auswirkungen auf den Phasenplan hat, z.B.
  - objektorientiertes Vorgehen in einem DV-Projekt, in dem Analyse und Design rekursiv durchlaufen werden,
  - Computersimulationen bei einem Straßenbauprojekt, in dem schon frühzeitig bestimmte Funktionen des neuen Systems getestet werden können,
  - Verwendung von Standardbauteilen bei einem Hausbau, bei dem Tätigkeiten der Detailplanung während der Realisierung ablaufen können.

Immer häufiger werden von Unternehmen Vorgehensmodelle festgelegt, die sozusagen einen Unternehmensstandard definieren und den Ablauf von häufig anstehenden Projekttypen verbindlich regeln. Neben den durchzuführenden Tätigkeiten sind dabei auch die zu benutzenden Methoden und Werkzeuge, die beteiligten Funktionen und Qualitätssicherungsmaßnahmen (z.B. Reviews) festgelegt.

Sie müssen natürlich in Ihrem Projekt mit dem Vorgehensmodell Ihres Unternehmens arbeiten, wenn es als Standard vorliegt. Es kann aber auch hierbei durchaus sein, daß in einem speziellen Projekt eine Phase nicht die Bedeutung hat oder infolge neuer Technologien anders abläuft, als es die Firmenstandards fordern.

Der Phasenplan ist nicht tot, wie man in Fachkreisen öfters behauptet. Er ist nur dann zum Tode verurteilt, wenn er in einer bestimmten, sozusagen fundamentalistischen Form als unumstößlich und starr vorgeschrieben und angewandt wird.

Ob das System nun eine Straße, eine Brücke, ein Haus, ein Videofilm, ein Sachbuch, ein neuer Lehrgang, eine Großveranstaltung, ob das Projekt eine Marketing-Aktion, eine Umschulung, eine Umorganisation, die Entwicklung eines neuen Produktes, eine Installation usw. ist, immer können Sie von diesem Phasenplan ausgehen:

1. Zuerst sehen, **was** das neue System leisten soll,
2. Dann zusammentragen, **wie** das neue System aussehen könnte,
3. Jetzt detaillierte Pläne für die Realisierung aufstellen,
4. Nun das System bauen,
5. Dann testen und
6. Es vom Auftraggeber abnehmen lassen!

Aber denken Sie daran, daß zu einer Phase ganz entscheidend dazu gehört, daß der Auftraggeber sagt, ob mit dem bisher erarbeiteten Produkt weitergearbeitet wird!

- Sehen Sie das Phasenmodell als ein Hilfsmittel der Projektsteuerung an,
- Denken Sie aber immer daran, daß es im Rahmen der Projektsteuerung mehr gibt als den Phasenplan!
- Seien Sie konsequent in seiner Anwendung,
- Passen Sie ihn aber an die organisatorische Umgebung Ihres Projektes und das umgebende und zu entwickelnde System an!

Lösung zur Übung am Ende des vorigen Kapitels: Eine eindeutige Aussage zu den jeweiligen Projektzielen kann nicht gemacht werden. Die Interpretationsbreite ist zu groß!

5 Die Organisation des Projektes

Oder: Wie werden die Verantwortlichkeiten
aller Beteiligten festgeschrieben?

Die unterschiedlichsten Funktionen sind an der Projektarbeit beteiligt, sei es, daß sie ausführen, mitwirken, beraten, steuern, kontrollieren oder prüfen. Unter **Funktion** verstehen wir hier eine personenbezogene Instanz, die für bestimmte Aufgaben zuständig ist; **Aufgabe** ist sachbezogen und kennzeichnet vorzunehmende oder in der Erledigung befindliche Tätigkeiten.

Ein Beispiel soll dies verdeutlichen: formuliert ein Projektmitarbeiter Anforderungen an das neue System, so nimmt er die Funktion des zukünftigen Benutzers wahr; konzipiert er einen Teil des neuen Systems, so übt er die Funktion des Systemplaners aus (z.B. der Statiker im Hochbauprojekt); steuert er den Projektablauf, so tut er das in der Funktion des Projektleiters.

5.1 Die am Projekt beteiligten Funktionen

Welche Funktion das im einzelnen ist, das hängt zum großen Teil vom Typus des Projektes ab; es ist z.B. unterschiedlich, ob wir für ein Bau-, ein pharmazeutisches oder ein DV-Projekt planen. Der Projektleiter muß wissen, welche Spezialisten in seinem Projekt mitarbeiten müssen. Das kann eine große Liste umfassen, wie wir hier an einem DV- und einem Bauprojekt sehen werden.

5.1.1 Beispiel Bauprojekt

Folgende Funktionen sind in irgendeiner Weise an der Projektarbeit beteiligt oder durch sie betroffen:

- Der Architekt und der Statiker.
- Der Maurer, der Baggerführer, der Kranführer, der Schreiner, der Fliesenleger, der Maler, der Elektriker, der Gerüstbauer, der Sanitärfachmann, der Zimmermann und der Dachdecker.
- Der Bauherr und der zukünftige Bewohner.

- Die Inneneinrichter (z.B. der Küchenlieferant) und die Umzugsfirma.
- Das Bauamt, die Baupolizei, das Elektrizitätswerk, Telekom und die Kreditbank.

5.1.2 Beispiel DV-Projekt

Im Projekt müssen folgende Funktionen in irgendeiner Weise beteiligt werden:

- Die Systemanalyse (andere Begriffe: DV-Organisation, Systemplanung, Systemdesign).
- Die Datenadministration und Datenbankadministration.
- Datenschutz, Datensicherung und die Revision.
- DV-Leitung, Anwendungsprogrammierung und das Rechenzentrum.

5.1.3 In allen Projekten

Allein drei Funktionen treffen wir – oder besser, gemäß der „gesunden Basis": sollten wir antreffen – in jeder Art von Projekt, nämlich den Auftraggeber, den zukünftigen Benutzer des zu entwickelnden Systems und natürlich den Projektleiter.

Der Auftraggeber
Unter dem Thema „Gesunde Basis" haben wir darüber schon gesprochen. Sie wissen schon: Wenn das Projekt so wichtig ist, dann steht jemand dahinter, setzt sich dafür ein, stellt Ressourcen und Mitarbeiter frei!

Der Benutzer
Der zukünftige Benutzer des Systems wird immer an der Projektarbeit beteiligt. Das liegt in der Zielsetzung begründet: wir wollen ein System erstellen, das akzeptiert und benutzt wird.

- Bei einem DV-Projekt ist das die Fachabteilung, z.B. der Einkauf, der Verkauf, das Lager, sofern sie vom Projekt betroffen sind;
- bei einem Wohnhausbau ist es der zukünftige Bewohner des Gebäudes;
- bei einem Straßenbauprojekt ist es der zukünftige Verkehrsteilnehmer;
- bei einem Stadionbau ist es der zukünftige Wettkampfteilnehmer und Zuschauer;
- bei der Entwicklung eines Fachbuches ist es der zukünftige Leser;
- bei einer Kursentwicklung ist es der zukünftige Teilnehmer;
- bei der Entwicklung einer Multimedia-CD ist es der zukünftige Käufer usw.

Diese Beteiligung kann sich nun in unterschiedlicher Weise darstellen, je nachdem, welchen Projekttyp wir vor Augen haben.

- Beim DV-Projekt z.B. wird ein kompetenter Mitarbeiter aus dem Fachbereich zeitweise dem Projektleiter unterstellt, und er artikuliert die Systemanforderungen aus seiner Sicht.
- Beim Bau des Wohnhauses setzt sich der Bauherr mit dem Architekten zusammen und äußert seine Vorstellungen.

- Beim Straßenbau werden z.B. die Anforderungen aus dem zu erwartenden Verkehrsaufkommen (durch Befragungen, Zählungen oder Messungen) und Erfahrungswerten zum Verkehrsverhalten (hinsichtlich benutzter Fortbewegungsmittel usw.), einfließen.
- Beim Stadionbau wird man z.B. Umkleidekabinen und Wettkampfeinrichtungen nicht ohne die Einbindung von Profi- und Amateursportlern konzipieren und bauen und bei der Auslegung der Tribünen und Toiletten nicht die Anforderungen aus dem Zuschauerkreis ignorieren können.
- Bei dem Fachbuchprojekt wird man sich z.B. mit potentiellen Lesern zusammensetzen und Zielsetzung, Gliederung und hier und da ein Detail diskutieren.
- Bei der Kursentwicklung stellen wir einem ausgewählten und kompetenten Publikum in einem phasengemäßen Vorgehen vom Groben zum Detail in angemessenen Zeitabständen Zielsetzung, Kapitel, Lernmethoden und schließlich Übungen vor.
- Bei der Multimedia-CD beobachten wir das Verhalten der entsprechenden Käuferschicht und Trends im Markt und horchen hier und da bei einer von uns als Interessenten eingestuften Klientel, was sie in welcher Form gerne haben würde.

Wir sehen, die Einbindung des zukünftigen Benutzers in die Projektarbeit kann äußerst unterschiedlich realisiert werden; es ist damit nicht immer die physische permanente Anwesenheit des Benutzers im Projekt gemeint!

Wichtig ist das Ziel, die Benutzerfreundlichkeit des neuen Systems zu garantieren, und das geht nur dadurch, daß wir die Wünsche und Anforderungen durch den Benutzer selbst spezifizieren und ihn, wenn irgend möglich, aktiv an der Entwicklung mitarbeiten lassen.

Projektleitung
Wir haben es schon an anderer Stelle gesagt – hier wollen wir es der Abrundung halber noch einmal bringen – welches die Aufgaben des Projektleiters sind.

Sie müssen als Projektleiter

- planen, und zwar Personal, Tätigkeiten, Ressourcen, Termine, Tests, Dokumentation, Wartung ...
- organisieren, z.B. die Zuordnung von Tätigkeiten zu Personen, Berichtswege und Kontakte
- schätzen, beispielsweise Zeitdauer und Aufwand;
- kontrollieren, nämlich den tatsächlichen mit dem geplanten Zustand vergleichen und Konsequenzen ziehen;
- steuern, d.h. Korrekturmaßnahmen einleiten;
- koordinieren, z.B. alle beteiligten Funktionen und Bereiche;
- informieren, und zwar nach „oben" (zum Management und zum Auftraggeber) und nach „unten" (in die Projektgruppe). – Jeglicher Kontakt nach oben und unten läuft über ihn, s. **Funktionenhierarchie**;
- motivieren, so daß das Team sich immer wieder mit dem Projektziel identifiziert. **D.h. der Projektleiter muß das Projekt managen.**

Die Erfahrung zeigt, daß der Aufwand für dieses Managen des Projektes sehr schnell die volle Zeit des Projektleiters erfordert, wenn im Projekt viele Personen mitarbeiten.

- Denken Sie daran, daß Projektmanagement Aufwand erfordert – es geht nicht mit der linken Hand.
- Sie sind als Projektleiter nicht dazu da, die Anforderungen an das neue System zu formulieren oder den Nutzen des Systems zu definieren. – Sie sind verantwortlich dafür, daß dazu ein Spezialist im Projekt mitarbeitet!
- Ihre Aufgabe ist es nicht, ein Grobkonzept des neuen Systems entwickeln und zu dokumentieren. – Dazu ist ein Spezialist im Projekt einzusetzen!
- Sie erstellen als Projektleiter selbst keinen Baustein des neuen Systems. – Dazu sind Fachleute in Ihrem Projekt!
- Sie bewerten auch nicht das neue System, beispielsweise hinsichtlich seiner Umweltverträglichkeit. – Dafür ist ein fachkundiger Mitarbeiter in Ihrem Projekt!

Ihre Aufgabe ist es, das Projekt zu managen!
Daß wir uns recht verstehen: Sie können den Nutzen des neuen Systems definieren oder das Grobkonzept entwickeln; nur, in dem Augenblick sind Sie als mitarbeitender Spezialist und nicht als Projektleiter tätig, und diese Zeit geht Ihnen für die Projektleitung verloren!

5.2 „Bill of Rights"

Viele verschiedene Funktionen, Ressourcen und Institutionen müssen also bei einem Projekt unter einen Hut gebracht werden. Für das Projekt als einmaliges, einzigartiges Unternehmen muß eine Organisation gefunden werden, damit die Durchführung möglichst reibungslos vonstatten geht.

5.2.1 Der individuelle Rechtsanspruch im Projekt

Dazu ist zunächst einmal nötig, daß allen Funktionen für das Projekt bestimmte Rechte zugestanden werden, so daß sie sinnvoll ihre Aufgaben wahrnehmen können. Wie können solche Rechte aussehen?

In unseren Seminaren zu Projektsteuerung und Projektteamwork haben wir Funktionsträger nach ihren Wünschen hinsichtlich ihrer Rechte befragt.

1. Welche Rechte beanspruchen Sie als Projektleiter?

    Die Antworten waren etwa:
    - Projektmitarbeiter auszuwählen,
    - Ausbildung von Mitarbeitern zu veranlassen,
    - über die Realisierung von Änderungswünschen zu entscheiden,

5.2 „Bill of Rights"

- Methoden und Verfahren zur Vorgehensweise zu bestimmen und festzulegen,
- eine klare Zielvorgabe zu haben,
- immer vollständige Informationen durch den Auftraggeber zu erhalten.

2. Welche Rechte beanspruchen Sie als originärer Chef der Projektmitarbeiter?

- Den Projektleiter auszuwählen,
- Prioritäten im Einsatz der Mitarbeiter festzulegen,
- die Arbeitsanweisungen für die Projektmitarbeiter festzulegen,
- die Zeitpunkte zum Einsatz des neuen Systems zu bestimmen,
- die Projektmitarbeiter auszuwählen.

3. Welche Rechte beanspruchen Sie als Auftraggeber?

- Das Projekt zu definieren,
- den Projektleiter auszuwählen,
- die personelle Besetzung der Projektgruppe zu bestimmen,
- den Umstellungszeitpunkt festzulegen,
- über den Projektstatus informiert zu werden,
- Weisungsbefugnis an die Projektmitarbeiter zu haben.

4. Welche Rechte beanspruchen Sie als Projektmitarbeiter?

- Laufend über den Projektstatus informiert zu werden,
- eine klare Aufgabenstellung zu erhalten,
- die Vorgehensweise festzulegen,
- einen klaren Berichtsweg zu haben,
- andere Mitarbeiter auszuwählen,
- nach klaren Leistungskriterien zu arbeiten,
- eine angemessene Berücksichtigung persönlicher Belange gewährleistet zu sehen.

Wir erhalten als Antworten Forderungen, die aus subjektiver Sicht nicht in Frage gestellt werden können. In einer Gesamtsicht aber sind sie häufig Ursachen für schwelende oder akute Konflikte, dann nämlich, wenn mehrere Funktionen dasselbe Recht beanspruchen. Die Schnittmengen in der Abbildung repräsentieren derartige Konfliktquellen.

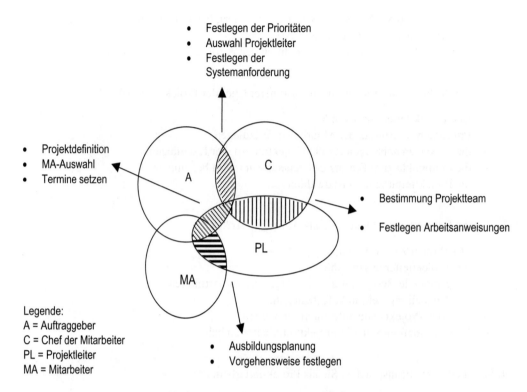

Abbildung 5-1: Rechte – gefordert für ein Projekt

Die Erkenntnis daraus ist:

- Definieren Sie im Vorfeld des Projektes die Rechte aller Beteiligten in der Art einer „Bill of Rights" und legen Sie damit die Ordnung der Beziehungen im Projekt fest!
- Machen Sie klar, daß das Recht des einen das Recht des anderen beschneiden kann und immer Hand in Hand einhergeht mit einer Pflicht! – Recht gebietet, verbietet und gewährt.
- Besser noch: Sorgen Sie mit dafür, daß diese „Bill of Rights" durch Standards für alle Projekte in gleicher Weise verbindlich artikuliert ist!

5.2.2 Die Funktionenhierarchie

Eine Hilfestellung bei der Festlegung von Rechten und Pflichten ist es, für die beteiligten Funktionen eine Hierarchie zu definieren, sie in Durchführung, Management und Projektleitung einzuteilen.

5.2 „Bill of Rights"

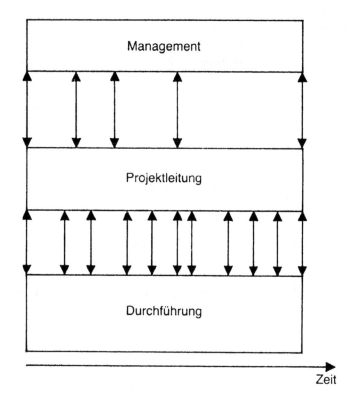

Abbildung 5-2: Die Funktionenhierarchie

Jeder dieser Ebenen sind im Projekt spezielle Aufgaben zugewiesen. Aus diesen können Sie die betreffenden Rechte und Pflichten ableiten.

1. Durchführung

   Tätigkeiten:
   - Den Anforderungskatalog erstellen,
   - Das Konzept einer Lösung erarbeiten,
   - Den Detailentwurf erstellen,
   - Am System bauen,
   - Handbücher (Gebrauchsanweisung) schreiben,
   - Die Benutzer ausbilden u.ä.

   Dies sind – konkret gesprochen – die Handwerker im Projekt.

2. Management

   Aufgaben, die hier wahrgenommen werden sollen, sind beispielsweise
   - Auswahl des Projektleiters,
   - Formulierung des Projektziels,
   - Bereitstellung von Mitarbeitern,

- Definition von Abnahmekriterien,
- Festlegen eines Änderungsverfahrens,
- Entscheidung über Alternativen, z.B. Priorität von Termin oder Systemumfang oder Kosten,
- Freigabe von Phasen.

Auftraggeber, Chefs Ihrer Mitarbeiter vertreten die Managementebene.

3. Projektleitung

Diese Aufgaben kennen Sie bereits.

Aus der konsequenten Beachtung der Dreiteilung der Aufgaben im Projekt und der durch die Pfeile gekennzeichneten Kommunikationswege innerhalb des Projektes werden die Rechte und Pflichten aller abgeleitet, z.B.

- haben Sie als Projektleiter das Recht, die Mitarbeiter auszuwählen, weil Ihre Planungen und Zeitschätzungen nicht zuletzt vom eingesetzten Personal abhängen;
- hat das Management das Recht, über die Realisierung von Änderungswünschen zu befinden (weil das in der Regel eine Zieländerung bedeutet) – aber nur unter Einschaltung Ihrer Person;
- haben Sie, und nicht das Management, die Weisungsbefugnis an die Projektmitarbeiter!

5.2.3 Der Projektausschuß

Zur Realisierung der Funktionenhierarchie sollten Sie als Projektleiter daran mitwirken, daß die Aufgaben, die wir oben der Managementebene zugewiesen haben, auch wahrgenommen werden. Wir wollen diese Ebene ebenfalls als eine Funktion im obigen Sinne ansehen; wir nennen sie den Projektausschuß.

Aufgabe

Es ist die Stelle,

- die Kontrolle über das Projekt ausüben kann – und muß;
- an die Sie über den Projektstatus berichten;
- der Sie Probleme, die Sie nicht lösen können, schildern;
- die Entscheidungen über den Fortgang des Projektes, Wiederholungen von Phasen oder Start der nächsten Phase trifft;
- die allein Zielkorrekturen genehmigen kann;
- die allein die dem Projekt zugrundeliegenden Randbedingungen ändern kann.

Zusammensetzung

Der Projektausschuß stellt die Manifestation der Managementebene in der Funktionenhierarchie dar und umfaßt also die Direktbeteiligten dieser Ebene (Auftraggeber, Chefs der Mitarbeiter und Subunternehmer).

5.2 „Bill of Rights"

Natürlich gehören Sie, der Projektleiter, auch dazu, und zwar als Berichterstatter in Reviews mit diesem Gremium und als Entscheidungsvorbereiter.

Institutionalisierung
Dies eine ist die Argumentation für den Projektausschuß: Es müssen für das Projekt Instanzen existieren oder geschaffen werden, die rasch entscheiden können und wollen!

- Denken Sie als Projektleiter daran:
  - Sie müssen einen Projektausschuß haben.
  - Es ist nicht so wichtig, ob er aus mehreren Personen besteht oder ob er durch eine einzelne Person, nämlich durch den Auftraggeber, repräsentiert wird. Wichtig ist, daß die Funktion wahrgenommen wird.
  - Es ist kein Projekt so klein oder so organisiert, daß nicht ein Projektausschuß existieren könnte und sollte.

Sehen wir die Notwendigkeit eines Projektausschusses ein – seine Aufgaben können wir auf den einfachen Nenner bringen, daß er den Projektleiter kontinuierlich entlastet – so müssen wir uns aber fragen, was wir als Projektleiter tun können, wenn wir ihn nicht vorfinden und zunächst keine Möglichkeit zu einer von oben initiierten Institutionalisierung sehen.

Stehen Sie vor einer derartigen Situation, dann benennen Sie ihn doch einfach, und zwar in schriftlicher Form! Bringen Sie den Mut auf! Dieses darf natürlich nicht an den Haaren herbeigezogen, sondern muß wohldurchdacht und begründet sein.

Sie beantworten sich dazu zuerst die Frage: „Wer hat mir den Auftrag (schriftlich oder mündlich ist dabei unwesentlich) gegeben?" – Die zweite Frage, die Sie sich stellen und beantworten, ist: „Wer wird durch das neue System betroffen (Benutzer) und wer hat die Kompetenz, mir Spezialisten für das Projekt abzustellen (Chefs betroffener Bereiche und Subunternehmer)?" – Drittens: „Wer kann sonst noch kompetente Ansichten über den Projektgegenstand abgeben (Gutachter, Spezialisten)?"

Nun formulieren Sie einen Bericht über den Projektstart, über Projektziel und Randbedingungen, so wie Sie alles verstehen. Definieren Sie sich selbst als Projektleiter und verdeutlichen Sie Ihre persönliche Aufgabe, das Projektziel unter den angegebenen Randbedingungen zu erreichen – natürlich ist das eine Verpflichtung! Definieren Sie die oben gefundenen Personen als Projektausschuß und legen Sie dar, was deren Aufgaben sind.

Sagen Sie nicht, daß das unmöglich ist. Es geht! Es gehört nur ein klein wenig Zivilcourage dazu. Und glauben Sie mir: ist das Projekt für irgend jemanden wichtig, dann finden Sie auch jemanden,

- der die Funktion des Projektausschusses als notwendig ansieht und sie wahrnehmen wird,
- der Ihre Probleme löst,
- der Entscheidungen bei anstehenden Alternativen trifft,
- der Korrekturen an der Zieldefinition oder den Randbedingungen erlaubt.

Ist der Projektausschuß etabliert, dann müssen Sie ihn fortan auch entsprechend einsetzen:

- Erlauben Sie ihm die Kontrolle über Ihr Projekt.
- Berichten Sie ihm regelmäßig über den Projektstatus.
- Schildern Sie ihm die Probleme, die Sie nicht lösen können; warten Sie nicht damit, bis es zu spät ist.
- Treffen Sie die Entscheidungsvorbereitung für ihn.
- Ändern Sie das Projektziel nur, wenn er es genehmigt hat, und formulieren Sie das neue Ziel schriftlich gemeinsam mit ihm.
- Formulieren Sie ebenso eine Änderung der Randbedingungen und lassen Sie sie sich schriftlich durch den Projektausschuß bestätigen.

5.3 Die organisatorische Einbindung des Projektes in die Umgebung

In der Natur eines Projektes gemäß unserer Definition liegt begründet, daß zunächst einmal keine entsprechende Organisationsform besteht. Es umfaßt mehrere existierende Organisationseinheiten, z.B. Abteilungen und Bereiche eines Unternehmens oder gar selbständige Administrationen. Deshalb muß für die Dauer des Projektes eine neue Organisationsform geschaffen werden.

Wir wollen zwei Typen von Projektmanagement-Organisationen vorstellen.

5.3.1 Reines Projektmanagement

Hierbei wird eine Abteilung, ein Bereich oder vielleicht sogar eine eigene Firma eingerichtet, deren Leiter (= der Projektleiter) vom Entwurf bis zur Pflege des neuen Systems den Projektablauf voll verantwortlich steuert; er ist dabei nicht nur für die fachlichen, sondern auch für die personellen Belange innerhalb des Projekt zuständig.

Sinnvoll ist die Einrichtung eines reinen Projektmanagements, wenn das Projekt, zeitlich und personell gesehen, eine bestimmte Größenordnung überschreitet, z.B. bei einem Brücken- oder U-Bahnbau, bei denen über einen Zeitraum von beispielsweise vier Jahren hundert Mitarbeiter zum Einsatz kommen.

Ein ganz wichtiger Punkt im Verantwortungsbereich des Projektleiters ist hierbei die interne Projektorganisation: die Strukturierung des Projektes in Teilprojekte – dies könnte eine zeitliche, wie auch eine funktionelle Aufteilung bedeuten – mit der Berufung entsprechender Teilprojektleiter und deren Kompetenzzuweisung. Er wäre allein nicht in der Lage, in einem derartigen Projekt alle Mitarbeiter über die gesamte Dauer zu steuern, die Berichtsspannen wären zu groß!

5.3 Die organisatorische Einbindung des Projektes in die Umgebung

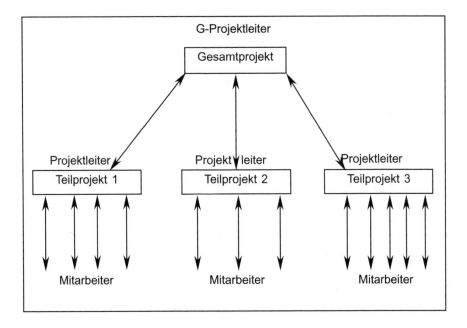

Abbildung 5-3: Aufteilung eines Projektes in Teilprojekte

Die Aufgaben dieses Gesamtprojektleiters und der Teilprojektleiter sind im Grunde genommen die gleichen (Planung, Schätzung, Kontrolle, Steuerung usw.), nur betreffen sie unterschiedliche Objekte! Und zum Thema „Projektausschuß" ist zu sagen, daß für jedes Teilprojekt, wie für das Gesamtprojekt, seine Funktion eingerichtet werden sollte.

Einen Anhaltspunkt für die sinnvolle Größenordnung eines Reinen Projektmanagements bietet die Überlegung, ob man ohne große Probleme die einzelnen Mitarbeiter aus ihrer gewohnten Umgebung herauslösen und sie in eine neue Umgebung, z.B. in eine neue Firma versetzen kann. Die menschliche Seite zu beachten ist hier äußerst wichtig („Was wird aus mir, wenn das Projekt abgeschlossen ist?").

5.3.2 Matrix-Projektmanagement

Zur Organisation von Projekten, bei denen Sie erwarten, daß sie kürzer dauern werden, ist das Matrix-Projektmanagement die geeignete Form. Hierbei werden für die Zeit des gesamten Projektes oder für einzelne Projektphasen Mitarbeiter nach Bedarf aus den Fach- und Stabsabteilungen des eigenen Unternehmens oder von Subunternehmern dem Projektleiter in fachlicher Hinsicht unterstellt. Der Projektleiter ist der Fachvorgesetzte, während die Chefs der zugeordneten Mitarbeiter die Personalvorgesetzten bleiben.

Natürlich hat diese Organisationsform ihre Nachteile: Der Mitarbeiter fühlt sich gleichsam als „Diener zweier Herren". Hier der Chef, der sein Einkommen bestimmt und der seine

Karriere plant, dort der Manager, der ihm fachlich Anweisungen gibt, an den er fachlich berichtet, der ihm sagt, was er zu tun hat. Wie kann der Projektleiter als Fachvorgesetzter den Mitarbeiter in dieser Situation motivieren?

Eine Lösung dieses Dilemmas ist folgende; sie wird häufig in der Praxis gesucht, und sie hat sich bewährt: Personalvorgesetzter und Projektleiter setzen sich regelmäßig (z.B. monatlich) zusammen und suchen gemeinsam eine Beurteilung des Mitarbeiters. Der Personalvorgesetzte benutzt die Informationen des Projektleiters für das Personalgespräch. Das bedeutet aber:

- Sie als Projektleiter müssen in der Lage sein, einen Mitarbeiter gerecht zu beurteilen;
- Sie müssen in der Lage sein, Ihr Urteil glaubhaft zu vertreten und überzeugend zu argumentieren;
- Sie müssen dem Mitarbeiter glaubhaft machen können, daß Ihr Gespräch mit seinem Chef kein „Verpfeifen" irgendwelcher negativer Seiten, sondern ein notwendiges Urteilen ist, notwendig, um die geleistete Arbeit gerecht zu bewerten, um den Projekterfolg zu sichern;
- Versuchen Sie zu motivieren, ohne ausschließlich Geld und Karriere als Motivatoren anzuwenden. Sicherlich geht es bei manchem Mitarbeiter gar nicht anders. Aber denken Sie daran: innere Befriedigung, Ehrgeiz, Erfolg, Selbstbestätigung, Lob, Ruhm sind weitere Motivatoren, die Sie nicht vergessen sollten (siehe auch Kapitel 12: Motivation und Führungsstil, S. 155ff!).

6 Planung und Planungstechniken

Oder: Die Komplexität des Planens

6.1 Planung

Was ist eigentlich ein Plan im Projektablauf? – Das Festlegen einer zeitlichen Reihenfolge? Das Nachdenken über ein mögliches Vorgehen? Das Ziel, das man erreichen will? Ein Vorhaben? Eine Richtlinie?

Bevor wir eine bündige Antwort finden können, müssen wir einige Gedanken darauf verwenden, was z.B. der Projektleiter plant und welche Konsequenzen ein einmal erstellter Plan hat.

6.1.1 Der Plan

Nehmen wir an, Sie haben als Projektleiter überlegt, für die 1. Phase des Projektes drei Spezialisten einzusetzen („Personalplan"). Sie waren der Meinung, außer den zwei im Hause zur Verfügung stehenden Fachleuten, die noch eine ergänzende Weiterbildung benötigen („Ausbildungsplan"), einen dritten extern anmieten zu können („Finanzplan"). Unter dieser Annahme waren Sie zu der Aussage gekommen, am 1. Juli die 1. Phase abschließen, d.h. den Anforderungskatalog vorlegen zu können („Terminplan").

Ist das nun etwas, was man in einem Projekt unter einem Personalplan, einem Ausbildungsplan, einem Finanzplan oder einem Terminplan verstehen kann?

Nein! Zu einem projektbezogenen Plan gehört mehr als nur „die geistige Vorwegnahme eines künftigen Ablaufs oder eines künftigen Ereignisses":

Was ist denn, wenn Sie nicht den externen Spezialisten für Ihr Projekt bekommen? Oder wenn nicht die eigenen zur Verfügung stehen? Oder wenn Sie nur auf einen von ihnen zurückgreifen können? Was ist, wenn keine Ausbildungsmöglichkeit für die Leute aus dem eigenen Unternehmen besteht? – Der Terminplan ist hinfällig, wenn auch nur eine der Voraussetzungen nicht erfüllt ist, d.h. wenn einer der anderen Pläne nicht so realisiert wird, wie Sie es sich vorgestellt haben.

Die Pläne innerhalb des Projektes stehen in komplexem Zusammenhang: Wenn sich ein Plan ändert, müssen sich andere Pläne notgedrungen mit ändern. Deshalb die Folgerung, daß ein Plan erst dann ein Plan ist, wenn das Management oder der Betroffene seine Zustimmung gegeben hat.

Erst dann können Sie weitere Pläne erstellen, die nicht beim leisesten Windstoß wie ein Kartenhaus zusammenfallen.

Wir werden unten Beispiele für die Notwendigkeit der Akzeptanz dieser Bedingung finden.

6.1.2 Plantypen

Sie müssen eine Reihe von Plänen erstellen, z.B. den Personalplan: Wieviel Leute mit welcher Qualifikation werden Sie für eine bestimmte Tätigkeit einsetzen (das wäre die „geistige Vorwegnahme eines künftigen Ereignisses")?

Darüber hinaus aber gehört es zu Ihren Aufgaben, eine Genehmigung für die entsprechende Anzahl einzuholen. Sie dürfen nicht zu anderen Plänen übergehen, solange Sie nicht wissen – und zwar aufgrund einer verbindlichen Zusage des Managements –, ob Sie denn auch mit z.B. drei Leuten rechnen können, ob das angemietete sind oder welche Qualifikation sie haben.

So gehören zu einem Personalplan auch die Zusageschreiben der abgebenden Manager. Damit haben Sie dann aber auch ein Mittel in der Hand, mit dem Sie nachweisen können, daß die Ursache für einen evtl. Projektverzug darin zu sehen ist, daß Ihnen das Personal nicht zur Verfügung stand, für das Sie Ihre weitere Planung vornahmen.

- Was nützt es Ihnen, wenn Sie einen Organisationsplan erstellt, eine Zuordnung von Verantwortlichkeiten zu den Tätigkeiten getroffen haben, wenn die Tätigkeitsträger Ihre Vorstellung nicht akzeptiert haben? – Nichts!
- Was nützt es, wenn Sie der Meinung sind, daß die Geschäftsleitung die Entscheidung über die Reihenfolge von Teilprojekten zu treffen habe, wenn sie in der Tat nicht dazu bereit ist? – Nichts!
- Welche Basis für alle anderen Pläne ist der Ausbildungsplan, in dem Sie die Notwendigkeit einer bestimmten Ausbildung festgestellt und den Besuch von Lehrgängen festgelegt haben, wenn die betreffenden Mitarbeiter zu dem Zeitpunkt Urlaub haben, den sie schon lange mit ihrem Chef vereinbart haben? – Keine, Sie können nicht darauf weiter aufbauen.

So könnten wir Beispiele für jeden Plantyp bringen. Ein Plan ist soviel wert, wie Sie Rückhalt für ihn beim Management finden. Ihre Aufgabe ist es, für diesen Rückhalt zu sorgen.

Welche Pläne sind zu erstellen, welchen Zweck haben sie und wie könnten sie aussehen?

6.1 Planung

Der Projekt-Organisationsplan

Er macht deutlich, welche Tätigkeiten von wem erledigt werden.

Projekt: ISYS-1 Tätigkeiten \ Funktionen	Geschäftsleitung	Vorsitzender des Projekt-	DV-Leitung	Projektleitung	Revision	Fachabteilungen	1. Programmierer	Systemanalytiker		
Prioritäten festlegen	X	O								
Kontaktpersonen ernennen	X	O	O	O		O				
Projektgruppe zusammenstellen			O	X		O				
Planungen u. Zeitschätzungen genehmigen	X			O						
Budget festlegen	X	O		O						
...										
Prüfpunkte festlegen		O		X	O					
...										
Testdaten f. Systemtest festlegen						X				
Abnahmekriterien definieren			O	O	O	X				

X = Verantwortung
O = Beratung   Projektausschuß: _____   Projektleiter: _____

Abbildung 6-1: Organisationsplan

Der Kommunikationsplan

Er legt fest, wer was wann wissen muß. Damit wird das Berichtswesen im Projekt definiert.

Projekt: ISYS-1 Protokolle von Sitzungen ... \ Name	A.B. Schröder	S.J. Wyrwich	J. Fußhöller	H. Koch	H.M. Kopp	M. Greca	H.C. Konradt	F. Frey, IBM	Fr. Neupert, C.c
Projektausschuß	O	O	O	O	O	O	X	O	
Projektgruppe		O	O	O	O	X	O		O
Untergruppe 'Entwurf Lagerhaltungsmodell'			O	X		O	O		

X = Schreibt
O = Erhält   Projektausschuß: _____   Projektleiter: _____

Abbildung 6-2: Teil des Kommunikationsplans

Der Status-Berichtsplan
Er regelt das Informieren aller Beteiligten über den Status des Projektes und aufkommende Probleme. Z.B. legt er den Zeitpunkt und Inhalt von Meilenstein-Reviews und deren Teilnehmer fest.

Der Arbeits- oder Tätigkeitsplan
Was muß getan werden?

Dieser Plan ist der Grundstein des gesamten Projektes.

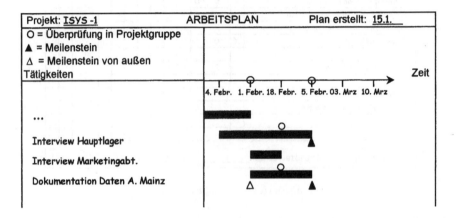

Abbildung 6-3: Arbeitsplan

Der Personalplan
Er stellt sicher, daß das benötigte Personal zur rechten Zeit zur Verfügung steht.

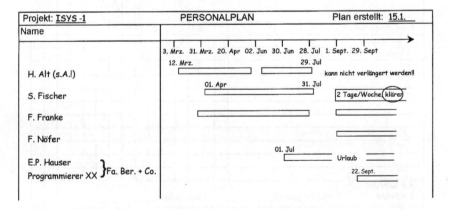

Abbildung 6-4: Personalplan

Rhein-Main-Markt   Frankfurt, 23.01

Herrn
H.C. Konradt

z.K.: Herren A.B. Schröder, Projektausschuß
      A. Walter, Personalleiter
      H. Alt

Beteiligung des Herrn H. Alt am Projekt ISYS

Lieber Herr Konradt,

ich bestätige hiermit, daß sich mein Mitarbeiter Herr H. Alt im Zeitraum vom 12.03. bis 29.07. dieses Jahres einschließlich am Projekt beteiligen wird. Im einzelnen wird er sich mit Analyse und Entwurf des Bestellvorgangs befassen. An den regelmäßig stattfindenden Abteilungsmeetings (jeden Montagnachmittag) wird Herr Alt teilnehmen.

Denken Sie bitte daran, daß er zu Pfingsten eine Woche Urlaub vorgesehen hat.

Mit freundlichen Grüßen

K. Bergmann
Abt.-Leiter Einkauf

Abbildung 6-5: Anlage zum Personalplan

Der Ausbildungsplan
Er stellt sicher, daß das Personal qualifiziert ist, sowohl Projektmitarbeiter als auch die zukünftigen Systembenutzer (Benutzer).

Der Einsatzmittelplan
Welche Ressourcen werden benötigt?

Der Einsatzmittelplan ist bezogen sowohl auf das Projekt, z.B. Planung eines Telefons für den Projektleiter, als auch auf das zukünftige System.

Ein Beispiel seiner Bedeutung für das zukünftige System:

Das Rechenzentrum einer Universität befindet sich im Keller einer Uni-Klinik. Der Computerraum erhielt keine eigene Klimatisierung, sondern wurde an die Haus-Klima-Anlage angeschlossen. Das führte von Panne zu Panne, bis schließlich die Anlage durch Wasserschäden für einen ganzen Monat ausfiel, weil sich Kondenswasser an den Rohrleitungen des computerinternen Kühlsystems niedergeschlagen hatte.

Der Kostenplan
Festlegung von zu erwartenden Kosten oder zur Verfügung gestellten Geldmitteln (Projektbudget).

Dieser Plan ist zur Kostenrechtfertigung und zur Autorisierung des Projektleiters für Ausgaben, z.B. bis zu einer bestimmten Höhe, da.

Der Testplan
An all das müssen Sie dabei denken:

- Festlegen der einzelnen Teststufen
  - Modultest (in dem alle Systemteile individuell von Fehlern bereinigt werden),
  - Integrationstest (in dem die Moduls zusammenwachsend getestet werden),
  - Systemtest (in dem das gesamte neue System von verschiedenen Gesichtspunkten aus getestet wird),
  - Abnahme- oder Übergabetest (in dem nach ganz bestimmten Kriterien getestet wird).
- Was sind die Ziele des Tests?
- Was sind die Erfolgskriterien?
- Wer ist verantwortlich für

- die Testumgebung?
- die Bereitstellung der Testprozedur?
- die Testabwicklung?
- die Analyse der Ergebnisse?
- die Bewertung des Erfolgs?
- die Entscheidung über Modifikationen des Tests?
- die Beseitigung der durch Tests aufgedeckten Fehler?
- die Dokumentation der Ergebnisse?
- Testressourcen
  - Steht die Testumgebung zur Verfügung?
  - Wieviel Zeit brauchen Sie?
  - Wann brauchen Sie sie?
  - Kollidiert der Test nicht mit der laufenden Produktion ...
  - ... oder mit Arbeiten anderer Projekte?
  - Wo wird getestet?
- Sind die Prioritäten geregelt
  - gegenüber anderen Projekten?
  - innerhalb des Projektes?
- Dokumentation
  - Was muß dokumentiert werden?
  - In welcher Form muß dokumentiert werden?

Der Umstellungsplan (bei einer Systemänderung)
- Wollen Sie das alte und das neue System parallel fahren oder direkt ersetzen?
  - Wie sehen die Kriterien dafür aus, daß das alte System durch das neue ersetzt wird?
  - Wer trifft die Übergabeentscheidung?
- Wer ist bei der Umstellung tätig,
  - nur eigenes Personal ...
  - ... oder auch Fremdfirmen?
- Was machen Sie bei einem Systemzusammenbruch?
- Denken Sie an die Ausbildung der Benutzer!

Der Wartungsplan
- Wer hat die Verantwortung für die Wartung und Anpassung ...
  - ... des gesamten neuen Systems?
  - ... der einzelnen Komponenten?
  - Sind das externe oder interne Stellen?
  - Gibt es Verträge dafür?
  - Bis wann gilt das?
- Änderungsverfahren
  - Wer formuliert Änderungsanträge?
  - Welches sind die Kriterien für durchzuführende Änderungen?
  - Wie sieht das Verfahren bei Änderungen aus?
  - Gehört dazu auch ein Kontrollverfahren?

Der Dokumentationsplan
Dokumentationen machen das neue System erst zugänglich. Ein Checklistenbeispiel:

- Anforderungskatalog
- Systementwurf
- Systemhandbuch (allgemeine Beschreibung des gesamten Systems, um kompletten Überblick zu geben – wichtig z.B. für die Wartung)
  - Gesamtsystem
  - Teilsysteme
  - Abgrenzung und Schnittstellen
- Bediener- oder Benutzerhandbuch
  - Bedienung des Systems oder der betreffenden Komponente
  - Fehlerbehandlung
  - Notverfahren
  - Verwendete Methoden, Formeln
- Übernahmeanweisungen für die Inbetriebnahme
- Vorsorgen für die Behandlung von jetzt schon bekannten, aber später erst wirksam werdenden Änderungen.

Die Dokumentation ist projektbegleitend, d.h. sie entsteht fortwährend und nicht erst am Ende des Projekts. Die erstellten Dokumente sind Bestandteil des neuen Systems; dieses ist nicht vollständig, wenn jene nicht komplett vorhanden sind.

Schauen Sie sich die Riesenstein-Anlage von Stonehenge an. Hatte man dort nicht ein großartiges Hilfsmittel zur Kalenderrechnung und Vorhersage von Konstellationen von Sonne und Mond? Konnte man nicht mit ihm die Größe der fünf erdnahen Planeten in einer erstaunlichen Genauigkeit bestimmten?

Wir würden heute ein solches Hilfsmittel eine „Datenverarbeitungsanlage" nennen, und H. Zemanek nennt es auch einen „Steinzeit-Computer" [17]. Bis in jüngster Zeit blieb Stonehenge ein Geheimnis; erst durch umfangreiche Berechnungen auf einem neuzeitlichen Computer kam man diesem Geheimnis auf die Spur.

Warum war es der Menschheit so lange nicht möglich, mit diesem Computer zu arbeiten, ihn zu nutzen, ja ihn überhaupt als solchen zu identifizieren? – Es ist ganz klar: die Dokumentation fehlte, das Benutzer- und das Systemhandbuch waren nicht da!

Das soll für uns heißen: Sie mögen in Ihrem Projekt ein so gutes System erstellt haben, wie man es sich nur denken kann ..., ohne entsprechende Dokumentation ist es unbrauchbar und nutzlos!

Plan zur Qualitätssicherung

Hier werden Methoden, Verfahren und Organisationsformen festgelegt, die von Beginn des Projektes an die Qualität des neuen Systems sicherstellen.

Dies könnte beispielsweise die Planung von wöchentlichen Qualitäts-Reviews sein, in denen alle Systemkomponenten durch ein Spezialistenteam überprüft werden. Darauf werden wir im Kapitel **Projektrewievs** näher eingehen.

Der Änderungsplan

Er legt fest, wie Änderungswünsche, die seitens der betroffenen und mitarbeitenden Benutzer im Verlaufe des Projektes geäußert werden, zu behandeln sind. Dazu könnten beispielsweise ein verbindliches Formular und eine entsprechende Prozedur eingeführt werden, sofern sie nicht schon in den Projektstandards vorgeschrieben sind. Wichtig hierbei ist, daß der Benutzer erfährt, wie teuer sein Änderungswunsch ist!

Projekt: ________________ Änderungsantrag

Ab Systemüberprüfung, __________ , werden Änderungsanträge seitens der Benutzer nur noch bearbeitet, wenn sie auf diesem Formular vollständig dokumentiert und dem Projektleiter übergeben werden.

Antragsteller: ________________

Antrag: ________________

Begründung: ________________

Negative Auswirkung, wenn nicht realisiert: ________________

Datum: Unterschrift:

Projektstatus: ________________

Aufwand für Realisierung - Personal: ________________

- Zeit: ________________

- Kosten: ________________

Empfehlung: ________________

Datum: Projektleiter:

Entscheidung: ________________

Kommentar: ________________

Datum: Auftraggeber:

Abbildung 6-6: Änderungsprozedur nach Systemüberprüfung

6.1.3 Zeitpunkt des Planens

Planen ist kein einmaliger Vorgang. Planen ist ein stetiger Prozeß, er läuft kontinuierlich ab.

Im Grunde muß der Projektleiter immer das gesamte Projekt planen. Die Pläne sind aber nicht statisch, mit Projektfortschritt wachsen die Kenntnisse und Informationen des Projektleiters, und damit muß er seine Pläne aktualisieren, verfeinern, neu fassen, korrigieren oder verwerfen. Man kann sagen:

Projektplanung ist eine Globalschau des Projektes, wobei Sie für eine anstehende Phase bestrebt sein müssen, eine hundertprozentige Vorwegnahme der Zukunft zu erreichen. –

Wann müssen die einzelnen Pläne vorliegen?

Tabelle 6-1: Zeitpunkt der Planvorlage

Plantyp	Zeitpunkt der Vorlage
Rahmenplan mit der Beschreibung des Zieles	Bei Projektstart
Organisationsplan	
Kommunikationsplan	
Statusberichtsplan	
Arbeitsplan	
Personalplan	
Ausbildungsplan	
Ressourcenplan	
Kostenplan	
Dokumentationsplan	
Plan zur Qualitätssicherung	Bei Beginn der Bedarfsanalyse
Änderungsplan	
Testplan	Bei Beginn der Detailorganisation
Umstellungsplan	
Wartungsplan	Bei Beginn der Einführung und Übergabe

Alle Pläne werden mit Projektfortschritt für jede Phase verfeinert und aktualisiert.

6.2 Systematik der Planung

In der Praxis hat es sich bewährt, in folgender Reihenfolge die erforderliche Planung vorzunehmen. Die aufgeführten Pläne sind gleichsam das Skelett, die anderen ranken sich um sie.

6.2.1 Planung des Zieles

Die Basis jeglicher Projektplanung ist die Formulierung des Zieles, das angesteuert wird, das erreicht werden soll. Das soll heißen

- bezogen auf das gesamte Projekt – die Antwort auf die Frage: „Welches Produkt soll geliefert werden?";
- bezogen auf den nächsten Meilenstein, das Ende der nächsten Phase – die Antwort auf die Frage: „Welches Teilprodukt soll damit erstellt werden?"

Die Aufgabe des Projektleiters unter diesem Aspekt ist es, immer wieder das Ziel des Projektes zu formulieren und das nächste Teilziel, d.h. das Ziel der nächsten Phase, zu definieren und sich beide bestätigen zu lassen.

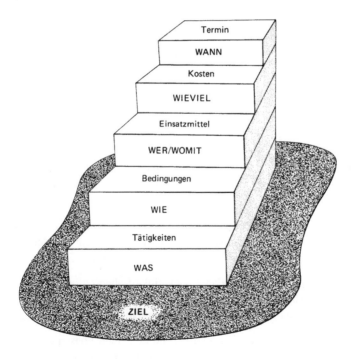

Abbildung 6-7: Die Stufen der Planung

- Die Planung des Ziels ist die erste, die Sie durchführen müssen, und Sie sollten nicht davon ausgehen, daß die Einheitlichkeit der Auffassung über das Ziel selbstverständlich ist.

Welches ist der nächste Schritt? – Die Festlegung des Termins, also die Erstellung des Terminplanes, oder die Artikulierung des Bedarfs von Hilfsmitteln, also die Einsatzmittelplanung?

6.2.2 Planung der Tätigkeiten

Logischerweise ist zu planen, welche **Tätigkeiten** ablaufen müssen, damit das Ziel erreicht wird. Und dies unter der Maxime: Wenn alle Tätigkeiten abgelaufen sind, liegt das Produkt vor, wenn eine Tätigkeit fehlt, ist das Produkt nicht vorhanden oder unvollständig. D.h. keine Tätigkeit ist überflüssig.

Bei der Planung genügt es dabei nicht, grob vorzugehen, z.B. lediglich eine „IST-Aufnahme" oder eine „Recherche" oder ein „Interview" zu planen.

- Sie sollten die Tätigkeiten zunächst so detaillieren, daß sie schließlich jeweils einem einzigen Mitarbeiter zugeordnet werden können.

Dabei muß die Qualifikation der späteren Tätigkeitsträger deutlich werden. Sie berücksichtigen hier noch nicht die Anzahl der Mitarbeiter!

Das sieht dann z.B. in der Phase der Bedarfsanalyse so aus:

- „Beschreibung des Vorganges einer Kreditbearbeitung" (in einem DV-Projekt), oder in der Phase der Systemkonzeption:
- „Feststellung der unterschiedlichen Stufen der Datensicherungsmaßnahmen", oder in der Detailorganisation:
- „Festlegung des Bildschirmaufbaus für die Darstellung eines Adreßsatzes unter Berücksichtigung von Lieferadresse und Rechnungsadresse" (in einem DV-Projekt).

Gewiß, Tätigkeiten jeweils einem Projektmitarbeiter zuzuordnen, ist schwer und vielleicht nicht immer zu realisieren. Aber: diese Maxime zwingt Sie, die Problematik so zu durchdringen, daß sie von ihrer amorphen Anonymität in eine konkrete Form übergeht.

Und noch etwas: Woher wissen Sie, daß eine Tätigkeit abgeschlossen ist? – Daher, daß die für die Tätigkeit geschätzte Zeit aufgebraucht ist oder daher, daß der mit der Durchführung der Aufgabe betraute Mitarbeiter die Fertigstellung meldet? – Das doch sicher nicht!

Deshalb: Was für das gesamte Projekt und für die einzelnen Phasen gefordert ist, gilt auch für jede Tätigkeit: sie muß ein Ziel haben, ein Produkt erstellen, und dieses Produkt muß beschrieben, eindeutig und meßbar sein. Liegt dieses Produkt vor, dann ist die Tätigkeit abgeschlossen. Ist das Produkt nicht da, dann wissen Sie, daß die Tätigkeit nicht zu Ende geführt ist.

- Planen Sie für die Tätigkeiten Endprodukte!

6.2.3 Planung der Bedingungen

Die nächste Stufe in Ihrer Planung ist die Planung der **Bedingungen**: „Wie müssen die Tätigkeiten durchgeführt werden?" Das bedeutet die Planung, welche Methoden oder Verfahren für eine Tätigkeit angewandt werden sollen und müssen, und die Identifikation der Abhängigkeiten der Tätigkeiten.

- Sie teilen die Tätigkeiten in Gruppen A, B, C usw. auf, wobei einerseits die Tätigkeiten in einer Gruppe voneinander abhängig sind und in einer eindeutigen Reihenfolge ablaufen müssen, andererseits keine Abhängigkeiten zwischen den Tätigkeiten unterschiedlicher Gruppen bestehen.

Beispiel (Projekt zum Thema „J. S. Bach"):

1. A:
   - Vorbereitung einer Literaturrecherche in der örtlichen Stadt- und Universitätsbibliothek
   - Durchführung der Literatursuche
   - Dokumentation der Literatursuche
   - Präsentation vor Projektteam

2. B:
   - Vorbereitung einer Musikrecherche im Internet
   - Durchführung der Suche
   - Dokumentation der Ergebnisse
   - Präsentation vor Projektteam

3. C:
   - Vorbereitung einer Recherche in wissenschaftlichen Instituten
   - Emails, Faxe und Briefe verschicken
   - Auswertung der Antworten
   - Präsentation vor Projektteam

Bei einer derartig systematischen Vorgehensweise bekommen Sie jetzt einen Hinweis, wieviel Leute Sie maximal sinnvollerweise einsetzen. Haben Sie nämlich für eine Phase in der ersten Stufe der Tätigkeitsplanung so tief und detailliert geplant, daß jede Tätigkeit einer einzigen Person zugeordnet werden kann, und haben Sie in der zweiten Stufe die Methoden und Verfahren identifiziert und z.B. drei Tätigkeitsgruppen herausgearbeitet, dann wissen Sie, daß maximal drei Leute parallel arbeiten können und ein vierter überflüssig ist.

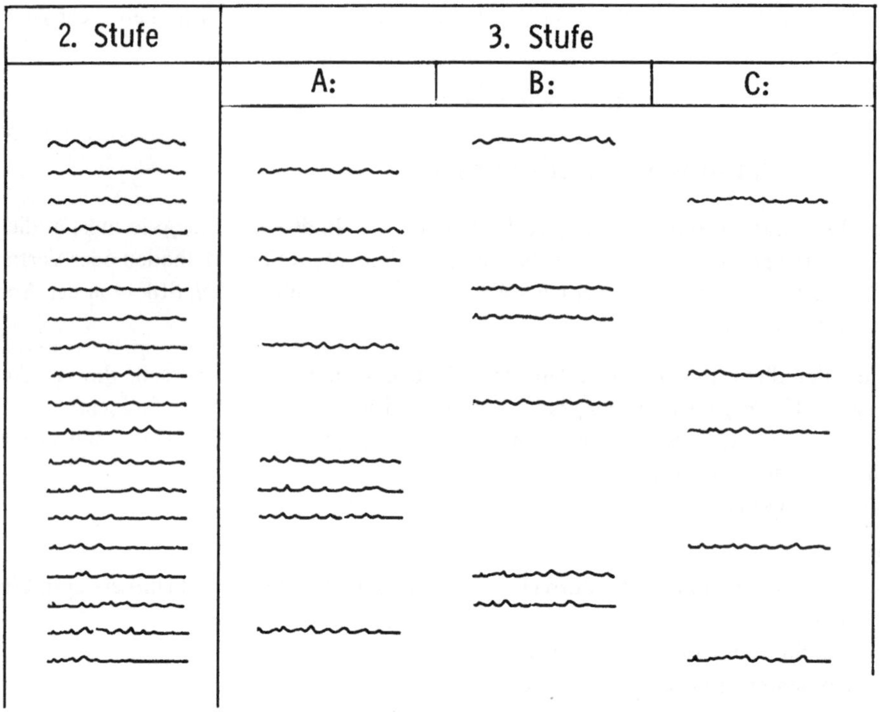

2. Stufe	3. Stufe		
	A:	B:	C:

Abbildung 6-8: Aufteilung aller Tätigkeiten in Tätigkeitsgruppen

6.2.4 Planung der Ressourcen

- Sie fragen nun: „**Wer** soll **Womit** die Tätigkeit durchführen?"
Die Antwort darauf geben **Einsatzmittel-** und **Personalplan.**

Wie wir oben sagten, wird für jede Tätigkeit identifiziert, welche Kenntnisse, Erfahrungen oder Fähigkeiten verlangt werden; damit wird das Anforderungsprofil eines Mitarbeiters beschrieben.

Dieser Personalplan wird hinsichtlich einer bestimmten Person konkretisiert, wobei Fragen wie:

- „Ist es ein Mitarbeiter aus dem eigenen Unternehmen?"
- „Ist er für das Projekt abkömmlich?"
- „Muß er noch ausgebildet werden?"
- „Wann kann eine Ausbildung angeboten werden?"
- „Kann er ersetzt werden?"

beantwortet werden müssen.

6.2 Systematik der Planung

Für bestimmte Tätigkeiten werden auch Einsatzmittel gebraucht, das kann z.B. in dem einen Projekt der PC mit Internet-Zugang, in dem anderen Projekt der Bagger oder ein Kraftfahrzeug zur beschleunigten Realisierung des neuen Systems sein.

- In dieser Stufe der Planung stellen Sie entsprechende Überlegungen zu Ressourcen an.

Jetzt erst geben Sie eine Schätzung ab, wie lange der Mitarbeiter mit diesen Ressourcen für diese Tätigkeit braucht.

An dieser Stelle können Sie das erst halbwegs realistisch. Auch in einem Bauprojekt können Sie erst dann sagen, wie lange der Aushub einer Baugrube dauert, wenn Sie wissen, wer die Arbeit machen wird, und ob er mit dem Spaten (hin und wieder sieht man das noch!) oder mit einem Bagger arbeitet und natürlich, ob er den Bagger führen kann.

6.2.5 Planung der Kosten

- Danach planen Sie die Kosten.

Diese Planung berücksichtigt den Einsatz von Personal und Ressourcen; das Geld ist selbst ein Einsatzmittel, das aufgebraucht wird. Im Projektverlauf müssen Sie sich immer wieder damit auseinandersetzen, weil es ein einheitliches Maß für alle Ressourcen ist und eine Bewertung von Alternativen erlaubt. Das **Wieviel** führt also zum Budget.

Infolge von Restriktionen und Vorgaben (Überschreiten eines Geldlimits) kann es sich in diesem Planungsstadium ergeben, daß wir zurückgehen und alle bisher gewonnenen Pläne ändern, z.B. andere Einsatzmittel, andere qualifizierte Mitarbeiter, andere Verfahren planen müssen.

6.2.6 Planung des Termins

- Jetzt führen Sie die Planung des **Termins** durch.

Die oben geschätzten (Netto-)zeiten werden umgewandelt in Kalenderzeiten, wobei natürlich an Feiertage und Urlaub gedacht werden muß. **Wann** also ist das nächste Teilprodukt fertiggestellt, wann ist die nächste Phase abgeschlossen?

- Den so gewonnenen Termin vergleichen Sie mit dem evtl. vorgegebenen Termin oder Soll-Datum. Zeigt sich dabei, daß Sie den Termin nicht halten werden, dann gehen Sie auf die vorherigen Stufen zurück und ändern den Finanzplan oder den Personal- und Einsatzmittelplan (mehr oder höher qualifizierte Leute), wenn das möglich ist. Danach nehmen Sie eine neue Planung des Termins vor.

Dieses Zurückgehen und Neuplanen wird so lange durchgeführt, bis der Termin akzeptiert wird. Ist dies nicht der Fall, dann müssen Sie bis auf die Basis der Planungstreppe hinuntersteigen und eine neue Formulierung des Ziels versuchen, d.h. eine Minderung des Umfangs des neuen Systems vornehmen (s. Parameter Qualität/Dauer/Aufwand im Kapitel „**Das Schätzen im Projekt**").

Die Wechselbeziehung von Budget und Termin zeigt sich immer wieder. Vor einigen Jahren beispielsweise war für zweieinhalb Monate lang die Rheinbrücke bei Wesel wegen unaufschiebbarer Reparaturarbeiten gesperrt. Die ursprünglich veranschlagte Reparaturzeit wurde um achtzehn Tage unterboten. „Diesen Rekord läßt sich der Landschaftsverband DM 90.000,- kosten", wie es in Pressemeldungen hieß. Die zusätzlichen Kosten fielen an, weil Überstunden geleistet und zusätzliche Schichten gefahren wurden.

6.3 Planungstechniken

Techniken für die Realisierung der Planung in den einzelnen Stufen sind u.a. Balkendiagramm und Netzplantechnik. Zum Balkendiagramm haben wir Beispiele in diesem Kapitel unter „Arbeitsplan" und „Personalplan" und im Kapitel **Projektkontrolle** unter „Statusdarstellung".

6.3.1 Die Netzplantechnik

Wie für die Definition des Projektes gibt es auch für die Netzplantechnik eine DIN-Vorschrift:

> **Netzplantechnik:** Alle Verfahren zur Analyse, Beschreibung, Planung, Steuerung, Überwachung von Abläufen auf der Grundlage der Graphentheorie, wobei Zeit, Kosten, Einsatzmittel und weitere Einflußgrößen berücksichtigt werden können.

Abbildung 6-9: DIN 69900, Netzplantechnik

Netzplantechnik wird in der Projektarbeit sehr häufig überschätzt. Dies hat wohl seine Ursache in den überschwenglich gefeierten Ergebnissen einer mit ihnen unterstützten äußerst komplexen Projektdurchführung, der Entwicklung der Polaris-Raketen und -Unterseeboote in den Fünfziger Jahren.

Sie war eine von vielen Manifestationen einer in den folgenden Jahrzehnten aufgrund der ersten größeren Computereinsätze sich allgemein etablierenden neo-rationalistischen Auffassung, alles – und das im wörtlichen Sinne: alles – mit dem Computer beschreiben und somit in den Griff bekommen zu können.

Diese Überschätzung zeigt sich z.B. darin, daß Spezialisten, die die Netzplantechnik verstanden zu haben glaubten, hergingen und stolz ellenlange Computerlisten mit Netzplanberechnungen zum privaten Hausbau zeigten und daraus euphorisch den Termin des Einzugs ins neue Domizil ableiteten, lange bevor der erste Spatenstich getan war. Mit der Zeit aber wurden diese „Projektleiter" immer kleinlauter, und als sie nach zwei Jahren immer noch in ihrer Mietwohnung lebten, wurde von ihnen die Netzplantechnik nicht mehr erwähnt.

Ein anderes Indiz für eine Fehleinschätzung der Netzplantechnik ist die Aussage eines sogenannten projekterfahrenen Mitarbeiters: „Projektmanagement? Aha, Netzplantechnik!"

Projektmanagement ist aber mehr, sehr viel mehr als Netzplantechnik. Netzplantechnik ist nur eine von vielen Techniken, sie hat ihre Vorteile; wir sollten wissen, in welchem Kontext zur gesamten Palette der Projektsteuerung sie steht. Das wollen wir in einem eigenen Kapitel, im **Bau der Arche Noah,** zeigen.

6.3.2 Hilfsmittel der Planung

Es gibt viele Hilfsmittel der Planung:

- Der PC mit Programmen für Texte, Zeichnungen, Planung/Kontrolle, Kommunikation; aber auch – was man heute fast ganz vergessen zu haben scheint –
- Bleistift und Marker,
- DIN A4-Block, Flipchart, Tafeln, Folien usw.!
- Denken Sie bei der Auswahl einer Technik sorgfältig über Vor- und Nachteile nach!

Ein Plan ist oft von Hand schneller erstellt als mit dem Computer, in dessen Software wir uns erst einmal einarbeiten müssen.

- Erstellen Sie den Plan von Hand, auch wenn er kein Kunstwerk ist: Erstens ist er aktuell und zweitens haben Sie keine Hemmung, ihn zu ändern (weil er so schön ist!), wenn die Projektkontrolle es erforderlich macht.

Wir wollen mit der Projektdokumentation keinen Schönheitspreis gewinnen, sondern effizient arbeiten.

- Wählen Sie das Balkendiagramm, wenn die Daten, die es Ihnen liefert, aussagekräftig genug sind.

Schießen Sie nicht mit Kanonen nach Spatzen; das kann tödlich sein. Schon manches Projekt ist deshalb schiefgelaufen, weil der Projektleiter nicht mit angemessenen Mitteln geplant hat.

- Entscheiden Sie sich für die Netzplantechnik, wenn sie ihre unterstützende Aussagen brauchen. Verwenden Sie dazu ein entsprechendes PC-Programm!
- Wenn Sie die Netzplantechnik einsetzen, dann müssen Sie auch so arbeiten, wie Sie mit ihr geplant haben, und dann müssen Sie auch damit kontrollieren.

Zum Schluß dieses Kapitels einige Fragen, die Sie sich vor dem Einsatz von Netzplanprogrammen stellen sollten und mit denen Sie Entscheidungskriterien für die Auswahl eines bestimmten Programms haben.

Ist das Programm leicht erlernbar?

Welche Netzplanmethode wird verwendet (ereignis- oder tätigkeitsorientiert)?

Führt es nur Terminplanung oder auch Kapazitätsplanung durch?

Wieviele Aktivitäten und Abhängigkeiten können in das Netz aufgenommen werden?

Wieviele unterschiedliche Ressourcenkategorien können bearbeitet werden?

Wird automatischer Kapazitätsausgleich durchgeführt?

Wieviele Kalender werden angeboten (interessant z.B. bei länderübergreifenden Projekten)?

Werden die Daten zentral geführt, was z.B. für eine projektübergreifende Ressourcenplanung notwendig sein kann (Multiprojecting)?

Besteht die Möglichkeit, Datenaustausch mit anderen Programmen, z.B. mit einem Textprogramm, vorzunehmen?

Unterstützt das Programm die Aufteilung und das Unterbrechen von Tätigkeiten (Segmentierung)?

Ist die graphische Erstellung des Netzes möglich (automatisch oder über einen Eingriff)?

Welche Berichte werden geliefert (Tabellen, Sortiermöglichkeiten)?

Gibt es graphische Ausgaben, über welches Medium?

Gibt es eine Zoom-Funktion bei der Netzdarstellung?

Sind **Plan** und **Ist** nebeneinander darstellbar?

Abbildung 6-10: Entscheidungkriterien für Netzplanprogramme

7 Das Schätzen im Projekt

Oder: Die Vorwegnahme zukünftiger Ereignisse

7.1 Der richtige Stellenwert des Schätzens

Versetzen Sie sich in die Lage eines Projektleiters, dessen Projekt gerade offiziell gestartet worden ist. Was will der Auftraggeber als erstes wissen?

Wie man es auch dreht und wendet, ob es sinnvoll ist oder nicht, die Erfahrung bei Projekten solcher Art ist die, daß man „oben" zu allererst wissen will, wie lange das Projekt dauern wird, wann man denn das neue System haben kann. Damit sind wir beim Schätzen.

Nun müssen Sie überlegen, welchen Aufwand Sie erbringen müssen, um zum Ziel zu kommen, und unter „Aufwand" verstehen wir hier Zeit und Personal.

Sie fühlen sich jetzt in eine prekäre Situation hineinversetzt. Entweder Sie sagen: „Ich kann Ihnen nicht sagen, wann wir fertig sind", oder Sie nennen irgendein Datum. Sie sind sicher: Die erste Antwort wird nicht so ohne weiteres vom Auftraggeber akzeptiert – und damit hat er aus seiner Sicht auch recht; die zweite Antwort mag dann zutreffen oder nicht, was allerdings erst die ferne Zukunft zeigen wird. Ob Sie zuviel Aufwand oder zuwenig Aufwand geschätzt haben, Sie haben in jedem Fall falsch geschätzt, und das könnte doch Ihre Qualifikation zum Projektleiter in Frage stellen!

Wäre es nicht das beste für den Projektleiter, für die Mitarbeiter und für den Auftraggeber, eine Punktlandung zu erreichen, genau zum angegebenen Termin das neue System abzuliefern?

Die Ursache für diese unangenehme Situation rührt letztendlich daher, daß der Mensch gerne einen Blick hinter die Kulissen der Zukunft werfen möchte, daß er aber trotz aller Fortschritte in Technik und Wissenschaft nicht in der Lage ist, der Zukunft ihre Geheimnisse zu entreißen (von einigen wenigen Auserwählten abgesehen!). Wie sagte doch Herr Abraham, seinerzeit Vorstand der Deutschen Lufthansa, als er über die geschäftliche Entwicklung seines Unternehmens sprach: „Prognosen sind besonders dann schwierig, wenn sie sich auf die Zukunft beziehen."

Statuieren wir hier als erste Grundregel: **Eine Schätzung ist keine Weissagung**, d.h. sie ist keine verbindliche Voraussage künftiger Ereignisse.

Für Sie als Projektleiter heißt das:

Sie müssen die Schätzung als Schätzung verkaufen, damit niemand erwartet, daß Sie mit der Schätzung ein künftiges Ereignis prophezeit haben.

Schätzen ist kein Prophezeien, **Schätzen ist aber ebensowenig Raten**: In beiden Fällen wird keine Information, keine Erfahrung, kein Vergleich zur Wissenserweiterung herangezogen. In dem einen Fall vertraut man auf eine höhere Eingebung, mit der man die Grenzen der Zeit überspringt, in dem anderen Fall vertraut man darauf, daß die Zukunft sich zufällig so verhält, wie man es erwartet hat.

Schätzen dagegen ist ein Vorhersagen auf der Basis von Informationen, und dieses können Sie erlernen.

- Sie können – und müssen – lernen,
    - die richtigen Informationen auszuwählen,
    - sie richtig auszuwerten,
    - sie richtig zu interpretieren und daraufhin
    - richtig zu reagieren.

In dem Aufsatz „The Time-Estimating Myth – Der Mythos des Zeitschätzens", untersucht T. R. Gildersleeve [7], ob das Problem der akkuraten Zeitschätzung tatsächlich ein größeres Hindernis für ein erfolgreiches Projektmanagement ist. Seine Erkenntnisse besagen:

- Sorgen Sie dafür, daß sich alle Beteiligten mit dem Projekt identifizieren,
- Machen Sie feste Zusagen nur auf der Basis ganz klar formulierter Anforderungen,
- Verlangen Sie die Zustimmung der Benutzer und des Auftraggebers zu den Anforderungen,
- Richten Sie eine Änderungsprozedur ein,
- Verlangen Sie eine Zustimmung von Benutzer und Auftraggeber zum Systementwurf,
- Formulieren Sie zusammen mit Benutzer und Auftraggeber die Abnahmekriterien, bevor Sie mit dem Abnahmetest beginnen,
- Planen Sie sorgfältig, übersehen Sie nicht notwendige Arbeiten und Abhängigkeiten von Arbeiten,
- Verschaffen Sie sich Klarheit über Liefertermine und Dauer von Aufträgen, von denen Ihre Projekttätigkeit abhängig ist,
- Überladen Sie sich nicht selbst mit Detailaufgaben,
- Berücksichtigen Sie in Ihren Plänen Eventualitäten,
- Benutzen Sie Prüfpunkte dazu, den Fortschritt zu messen,
- Sorgen Sie für eine gute Kommunikation,
- Halten Sie die Arbeitsmoral hoch ...

... und Sie können sicher sein, Ihre Zeitschätzung wird nicht ganz danebenliegen!

Lassen Sie es mich ganz deutlich sagen: wenn Projekte scheitern oder schieflaufen, dann nicht, weil der Projektleiter sich verschätzt hat, sondern weil er nicht kontrolliert hat!

7.2 Der Schätzprozeß

Wir sollten also Schätzen als einen Bestandteil der Projektkontrolle ansehen. Schätzen ist damit nicht etwas Einmaliges, Unumstößliches. Verfolgen Sie kontinuierlich Ihre Schätzung und korrigieren Sie sie bei Bedarf, wenn sie überhaupt korrigiert werden muß.

Denn, schauen Sie sich den Projektverlauf an, so stellen Sie fest, daß dabei drei Parameter in bestimmter Abhängigkeit stehen und sich beeinflussen; da ist einmal die Zeit, die **Dauer** des Projektes und damit der Endtermin, dann der **Aufwand** und schließlich die **Qualität** oder der Umfang des Endproduktes, d.h. des neuen Systems.

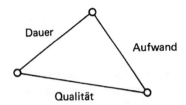

Abbildung 7-1: Die gegenseitig Beeinflussung der drei Parameter im Projekt

Beispiele zur Verdeutlichung dieser gegenseitigen Beeinflussung seien hier gebracht.

1. Beispiel:
Am 1. Oktober soll auf das neue System umgestellt werden (fixer Endtermin); die Projektkontrolle zeigt aber schon im Januar, daß dieser Termin unter den bestehenden Voraussetzungen nicht zu halten ist.

Und dennoch, der Termin ist zu halten, wenn Sie die Voraussetzungen ändern, sei es dadurch, daß Sie Abstriche am Endprodukt vornehmen (indem Sie den Umfang reduzieren oder weniger Rücksicht auf die Qualität nehmen), sei es dadurch, daß Sie den Aufwand erhöhen (indem Sie Überstunden machen lassen oder zusätzliches Personal einbringen).

Natürlich kann man nicht beliebig den Personalbestand für eine Arbeit erhöhen und dann erwarten, daß die Arbeit in entsprechend kürzerer Zeit durchgeführt wird. Das zeigt die „Denksportaufgabe": wenn ein Mann zehn Stunden braucht, einen Garten von 100 qm umzugraben, wie lange brauchen dann eintausend Leute? – Damit nähern wir uns dem ominösen „Mann-Monat", diesem Spuk, dem man schleunigst den Garaus machen sollte. Aber über ihn wollen wir uns an anderer Stelle unterhalten.

2. Beispiel:
Wenn an Qualität und Umfang des Endproduktes keine Abstriche vorgenommen werden dürfen, dann müssen Sie entweder frei sein im Endtermin, oder Sie müssen den zu erbringenden Aufwand erhöhen.

3. Beispiel:
Haben Sie aber nur fünf Mitarbeiter zur Verfügung (fixer Aufwand über der Zeit), dann müssen Sie wieder frei sein in mindestens einem der beiden anderen Parameter Qualität oder Zeit.

Hier liegt eine der Aufgaben des Projektleiters, eine Ihrer Aufgaben hinsichtlich des Schätzens:

- Sie müssen in der Projektkontrolle rechtzeitig feststellen, welcher Parameter konstant sein muß, und welche Parameter Sie dann freihaben.
- Sie müssen die entsprechenden Konsequenzen aufzeigen.
- Sie müssen Genehmigungen und Entscheidungen herbeiführen und natürlich – agieren!

Dazu gehört es u.U. auch, einen abgegebenen Schätzwert später zu korrigieren. Das ist legitim, weil eben neue Erkenntnisse, Erfahrungen vorliegen, weil eben die Basis für die Vorhersage breiter und sicherer geworden ist.

Nichts wäre falscher, als zu einem Zeitpunkt – sagen wir zum Projektstart – eine Schätzung, beispielsweise für das Projektende, abzugeben, dann zu warten, bis dieser Zeitpunkt gekommen ist, und eventuell festzustellen, daß man noch einmal zwölf Monate braucht, um fertig zu werden. Besser ist es, Sie sagen kurz nach Projektstart, daß Ihre erste Schätzung nicht den Voraussetzungen entsprach, Ihre Kenntnisse über die Materie nicht vollständig waren, und daß das Projekt voraussichtlich länger dauern wird.

Natürlich müssen Sie argumentieren können: Welche Voraussetzungen sind das? – Was wissen Sie jetzt mehr? – Warum wußten Sie es vorher nicht? usw.

7.3 Akzeptierbare Abweichungen

Es ist nun einmal so: Beim Projektstart wissen Sie recht wenig hinsichtlich Entwicklungsaufwand und benötigter Zeit. Mit Projektfortschritt wächst aber der Genauigkeitsgrad, bis Sie bei der Beendigung des Projektes alles wissen, weil dann alles eingetreten ist. Macht es deshalb nicht Sinn, auch die Verbindlichkeit der Aussagen zu Aufwand und Zeit abgestuft zu sehen?

Es gibt Unternehmen, die aus diesem Gedanken heraus dem Projektleiter bestimmte Abweichungen von seinen Schätzungen zugestehen und dieses entsprechend in Projektstandards institutionalisiert haben; z.B.

Tabelle 7-1: Erlaubte Abweichungen

Phase	Genauigkeit
1: Bedarfsanalyse	+/- 15%
2: Systemkonzeption	+/- 10%

Voraussetzung für eine vernünftige Anwendung dieses Verfahrens in einem Unternehmen sind die Erfahrungswerte über die Aufwandverteilung und Durchführungsbedingungen (z.B. Qualifikation der Mitarbeiter, Einsatz von Hilfsmitteln) innerhalb von Projekten, natürlich von Projekten des gleichen Typs. Führen wir öfter solche Projekte durch, dann werden auch diese Erfahrungswerte Bestandteil unserer Projektstandards. Sie werden nach jedem gelaufenen Projekt aktualisiert.

An einem Beispiel wollen wir die Methodik erläutern.

Wir gehen davon aus, daß sich die Aufwandverteilung wie folgt darstellt:

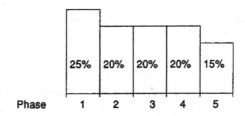

Abbildung 7-2: Prozentuale Aufwandverteilung

Zum Projektstart liegt eine Schätzung der Gesamtkosten (hinter denen sich ein bestimmter Aufwand verbirgt) in Höhe von DM 100.000 vor; aufgrund dessen wurde der Projektstart entschieden. Aus der Aufwandverteilung ergibt sich für die erste Phase eine Kostenmarge – und definierte Aufwandsgrenze – in Höhe von DM 25.000.

Nun hat der Projektleiter ja in seiner Planung der ersten Phase (mit Hilfe der Detaillierung, siehe unten) abschätzen können, ob er damit hinkommt. Wenn er sieht, daß das nicht der Fall ist, muß er dies und mögliche Alternativen dem Auftraggeber deutlich machen (s. Parameter Zeit/Aufwand/Qualität). Die Folge muß sein, das Projekt an dieser Stelle zu überdenken, das ist die konsequente Anwendung der Phasenidee!

Wir nehmen an, der Projektleiter kann den Aufwand, der hinter den DM 25.000 steht, akzeptieren. Dann muß er mit maximal DM 28.750 (DM 25.000 + 15%) auskommen.

Hat er aber in der Phase mehr gebraucht, sagen wir insgesamt DM 35.000, so ergeben sich aus der Aufwandverteilung des Phasenplanes nun geschätzte Gesamtkosten von DM 140.000. Im Phasenreview mit dem Projektausschuß wird die Gretchenfrage gestellt, ob und wie es mit dem Projekt weitergehen soll.

Eine derartige Überschreitung wird sich aber im allgemeinen frühzeitig abzeichnen, und so muß der Projektleiter sofort ein außerordentliches Review einberufen, in dem es um Sein oder Nichtsein des Projektes geht.

Im Falle der DM 28.750 werden die neuen Gesamtkosten auf DM 115.000, die Kosten der 2. Phase auf DM 23.000 festgesetzt. Hier ist wieder eine Überschreitung, nun um 10%, akzeptiert, d.h., jetzt dürfen DM 25.300 ausgegeben werden, und das gesamte Projekt kostet nun voraussichtlich DM 126.500, d.h., insgesamt wird eine Abweichung von 26,5% noch akzeptiert.

Die weitere Anwendung dieses Verfahrens ist nun immer die gleiche: Überprüfung der Einhaltung eines Limits für den Aufwand des ganzen Projektes, daraus Ableitung des Aufwandes für die nächste Phase, und Entscheidung über die Fortführung des Projektes.

7.3 Akzeptierbare Abweichungen

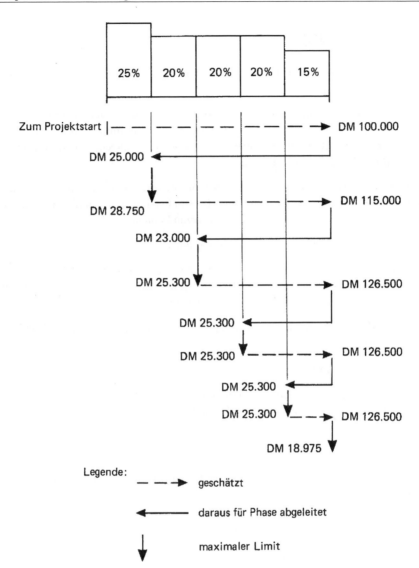

Abbildung 7-3: Akzeptable Abweichungen in einem Beispielprojekt

7.4 Erfahrung

Das oben angeführte Verfahren basiert zum einen auf Erfahrung, zwingt dann aber auch dazu, Erfahrungen zu sammeln.

Dokumentieren Sie ihre Schätzung, die Voraussetzungen und Randbedingungen, die bei der Projektkontrolle gefundenen Abweichungen! So sammeln Sie immer neue Erfahrungen, und je mehr Erfahrung und Kenntnis Sie über einen Gegenstand haben, um so genauer wird in der Zukunft Ihre entsprechende Schätzung.

Sollen Sie beispielsweise eine Schätzung über die in Ihrer Wohnung im nächsten Monat anfallenden Heizkosten abgeben, dann wird Ihre Schätzung nur zufällig richtig, also ein Raten sein, wenn Sie keine Erfahrungswerte einsetzen können.

Erfahrung können Sie auf zweierlei Weise verwerten:

Erstens: Sie haben bisher den Verbrauch überwacht, Sie kennen den Energiepreis, Sie wissen, ob es sich voraussichtlich um einen extrem kalten Monat handeln wird und schließen aus diesen Informationen auf die Kosten des nächsten Monats.

Zweitens: Sie erhalten entsprechende Informationen von einem Bekannten und schließen auf Ihre eigenen Heizkosten.

Machen Sie dasselbe in Ihrem Projekt:

- Sammeln Sie selbst immer neue Erfahrungen.
- Verwerten Sie die Erfahrungen anderer Projektleiter.

Ein Beispiel aus der DV-Praxis:

Eine Gruppe von Programmierern erstellte nacheinander drei Versionen eines bestimmten Programms.

Tabelle 7-2: Verbesserung des Schätzens durch Erfahrung

Version	geschätzt (Monate)	tatsächlich (Monate)	Fehler (%)
1	9	18	100
2	6	9	50
3	3	3,5	17

Aus der Tabelle ist die durch Erfahrung ermöglichte Verbesserung der Schätzung zu sehen.

7.5 Randbedingungen

Schon mehrfach haben wir von Randbedingungen und von Voraussetzungen für eine Schätzung gesprochen; hier wollen wir uns etwas genauer darüber unterhalten.

Es wurden mehreren Personen die Planunterlagen für ein Bauprojekt (privates Wohnhaus) vorgelegt. Sie sollten daraufhin eine Schätzung für das Projekt abgeben.

Schauen Sie sich folgende Tabelle an; sie spiegelt die Schätzungen wider.

Tabelle 7-3: Schätzabweichungen

Status	Minimum (Dauer, normiert auf 1)	Maximum (Vielfaches vom Min.)
Baubeginn	1	5
+ Fertigstellung Rohbau	1	4
+ Fertigstellung Innenausbau	1	6
+ Monate bis Bezugstermin	1	2
Kosten	1	3

D.h., eine Person hat bei „Baubeginn" für die Dauer das Fünffache einer anderen Person geschätzt usw. Diese Unterschiede in den Schätzungen und damit in den daraus resultierenden Angeboten sind eher harmlos, gemessen an den Unterschieden von Schätzungen zueinander oder von Schätzungen und Dauern in der Realität, die bei größeren Projekten auftreten können, s. Regierungsbauten in Berlin, Transrapidstrecken, Weltausstellung Hannover 2000 (soeben beim Schreiben dieses Textes, zwei Monate vor der Eröffnung, wird in der Presse gemeldet, daß die USA ihr Projekt zurückziehen, weil sie keinen Sponsor hätten; oder sollen wir besser sagen: weil sie sich verschätzt haben?) usw.

Doch zurück zu unserer Tabelle. Wer hat Ihrer Meinung nach diese Schätzung abgegeben?

Um es kurz zu machen: die Aussagen wurden von Baufachleuten mit annähernd der gleichen Erfahrung gemacht!

Also: Erfahrung ist zwar notwendig, um eine gute Schätzung zu machen, aber nicht hinreichend. Die Randbedingungen, die jeder der Schätzenden eingesetzt hat, sind der Grund für die Diskrepanzen. Wir wollen einige Randbedingungen und beispielhaft Konsequenzen aus der Realität formulieren:

- Was verstehen Sie z.B. unter „Baubeginn, Rohbau-Fertigstellung, Bezugstermin"?
- Was ist vor Baubeginn noch zu tun? Sind die Pläne schon von der Stadtverwaltung genehmigt? Ist das Geld von der Bank freigegeben? Ist das Gelände erschlossen?
  Mir ist der Fall einer jungen Familie bekannt, die seit nahezu zwei Jahren auf den Baubeginn (!) ihres Wohnhauses wartet, weil irgendein Papier seitens der Behörde fehlt. Der Einzug wurde bei Vertragsabschluß vom Bauunternehmer für das nächste anstehende Weihnachtsfest zugesagt!

- Wie ist der Baugrund, ist irgendeine Gefährdung durch Bedingungen der Umgebung zu erwarten?
  In Mecklenburg war bei der Sanierung eines großen Brauereigeländes geplant, die durch den Abriss der Fundamente und Produktionsstätten entstehenden Gruben mit dem zerkleinerten Baumaterial zu verfüllen. Entsprechende Maschinen wurden eingerichtet. Doch bald stellte man fest, daß der Bauschutt in Folge von Asbestanteilen nicht entsprechend verwendet werden durfte. Einige tausend Kubikmeter Schutt mußten nun per LKW in eine etwa 50 km entfernte Sonderdeponie gebracht und entsorgt werden. Damit war ein großer Teil des Budgets aufgebraucht, und das Projekt, die Sanierung, konnte vorläufig nicht zu Ende geführt werden.

  Für eine andere, in Kostenhinsicht weitaus bedeutendere Randbedingung stehe hier der Fall des Schürmann-Baus in Bonn, bei dem kaum noch von jemandem ein Termin der endgültigen Nutzung angesprochen wird!

- Welche Produktionswerkzeuge werden eingesetzt? Stehen alle Ressourcen (Bagger, Kräne, Materialien, Fachleute) immer zur Verfügung?
- Welche Jahreszeit steht an? Ist mit einer Frost- oder Hochwasserperiode zu rechnen?
- Können Fertigelemente verwendet werden? Welche Auswirkung hat das auf die Kosten?
- Wie schnell arbeiten die eingesetzten Handwerker und Fremdfirmen?
- Sind alle Lieferanten und Subunternehmer zuverlässig? Ist zu erwarten, daß sie zu jedem gewünschten Zeitpunkt liefern können? Ist geklärt, wer Garantie und Verantwortung bei diesen Fremdleistungen übernimmt?
- Sind die Planungsunterlagen eindeutig, richtig, klar und vollständig? Ist zu erwarten, daß der Bauherr bei Baufortschritt neue Anforderungen und Änderungen formuliert?
- Sind Ausfallzeiten (z.B. Krankheiten) wichtiger Mitarbeiter eingerechnet?
- Wie sind die Qualitätsansprüche des Bauherrn (Auftraggeber des Projektes)?

Sie sehen, als Projektleiter müssen Sie sich Gedanken über die Randbedingungen Ihrer Schätzung machen und Sie müssen die von Ihnen angenommenen Randbedingungen dokumentieren. Lediglich eine Zahl als Schätzung für die Dauer einer bestimmten Tätigkeit abzugeben, ist wertlos.

Ihre Schätzung soll nicht nur lauten: „Der Baubeginn ist am 1. Juni und Sie können Weihnachten im eigenen Haus feiern", sondern: „Der Baubeginn (und: Was verstehen Sie darunter?) für Ihr neues Haus kann von meiner Seite aus (darunter fallen eine Menge von Randbedingungen, die Sie für sich selbst durchdacht haben und die Sie dem Bauherrn nicht unbedingt weitergeben müssen!) am 1. Juni sein. Die Voraussetzungen sind: Durch die Stadtverwaltung genehmigter Bauplan, erschlossenes Gelände, von der Bank erstellter Finanzierungsplan usw."

Das Prinzip des Schätzprozesses bedeutet also im Zusammenhang mit den Randbedingungen:

Ändert sich im Verlauf des Projektes eine Randbedingung, dann hat das Auswirkungen, und damit ist Ihre Schätzung hinfällig.

- Sie müssen neu schätzen.

7.6 Zielsetzung und Schätzung

In seinem Buch „The Psychology of Computer Programming – Die Psychologie des Programmierens" schildert G. M. Weinberg [16] ein interessantes Experiment, das ein Schlaglicht auf eine bestimmte Randbedingung des Schätzens wirft, auf die psychologische Seite. Wenn sich auch seit der Durchführung des Experimentes in der Programmiertechnik einiges verändert hat, denke ich, daß ich diesen Fall hier schildern darf, denn die psychologische Seite, auf die es hier ankommt, ist die gleiche geblieben.

Vier Programmierer erhielten Spezifikationen für ein Programm; alle sollten das gleiche Programm erstellen, natürlich fehlerfrei. Zusätzlich erhielten zwei der Programmierer die Zielvorgabe, ihre Programme so zu konzipieren, daß sie möglichst effizient seien, d.h. daß möglichst wenig Computerzeit gebraucht werde.

Für die beiden anderen Programmierer sah die zusätzlich formulierte Zielvorgabe so aus: „Ihr Ziel bei diesem Projekt sollte sein, das voll ausgetestete Programm so schnell wie nur möglich abzuliefern. Leistungsfähigkeit hinsichtlich Laufzeit oder Platzbedarf des Programms ist außer acht zu lassen, insofern diese Faktoren die Fertigstellung des Programms hinauszögern würden."

7.6.1 Auswirkungen von Vorgaben auf das Ergebnis

Keiner der Programmierer wußte während der Arbeit, daß die anderen teilweise mit unterschiedlichen Zielsetzungen arbeiteten. Nach Abschluß des Experimentes ergab sich folgendes Bild:

Diejenigen, die das Programm so schnell wie möglich erstellen sollten, hatten im Mittel noch nicht einmal 1/2 soviel Maschinentestläufe und nur 1/3 der Zeit gebraucht, die die anderen Programmierer aufgewendet hatten. Andererseits waren ihre Programme im Durchschnitt zehnmal langsamer.

Dieses Experiment wiederholte Weinberg mit einer anderen Gruppe von Programmierern und einem anderen Programmtypus. Wieder brauchten die einen im Durchschnitt weniger als die Hälfte an Testläufen und nur einen Teil der Zeit, die von den Programmierern der anderen Gruppe zur Fertigstellung gebraucht wurden. Diese Gruppe erreichte dafür 50 Prozent mehr Geschwindigkeit in ihren Programmen.

Die beiden Versuche zusammengenommen zeigen, daß der Erfolg hinsichtlich Effizienz ganz stark vom Programmtypus (d.h. ob hauptspeicher- oder Ein-/Ausgabeintensiv) abhängt: hier zweifacher, dort zehnfacher Gewinn! Deshalb ist es unmöglich, eine allgemeine Aussage darüber zu treffen, wieviel Aufwand im Hinblick auf Effizienz gerechtfertigt ist, auch dann nicht, wenn man in gleicher Weise an der Effizienz bei allen Problemen interessiert ist.

Fazit: Sie müssen in jedem Projekt untersuchen, ob es sinnvoll ist, eine Zielsetzung hinsichtlich der Effizienz zu formulieren (und damit eine längere Projektzeit in Kauf zu nehmen) oder eine schnelle Erstellung des Produktes zu verlangen, gleichzeitig aber Abstriche bei der Effizienz vornehmen zu müssen!

Die detaillierte Analyse der Ursachen für die Diskrepanzen der Testläufe und Programmierzeiten zeigte, daß ein hohes Maß der Vorgehensweise des Programmierers bei unvorhergesehenen Schwierigkeiten zuzurechnen ist. Wenn es bei den „Schnellen" mit einem Verfahren nicht lief, wurde es einfach fallengelassen und stattdessen ein anderes gewählt. Wenn aber die „Effizienten" Schwierigkeiten hatten, wollten sie unter keinen Umständen ihren Lösungsweg ändern, weil sie damit etwas an Effizienz hätten opfern müssen: Man startete also u.U. mit derselben Methode, führte aber die Entwicklung anders durch und brauchte unterschiedlich viel Zeit.

Dabei ist wichtig zu sagen, daß die Ursache der Schwierigkeiten mehr oder weniger irrelevant für das Ergebnis war. In einem Fall beispielsweise verursachte ein Compilerfehler Schwierigkeiten. Obwohl alle Programmierer über den Fehler stolperten, gaben allein die „schnellen" Programmierer ihren Lösungsweg auf, lange bevor sie herausfanden, daß das ein von ihnen nicht behebbarer Compilerfehler war, während die anderen sich bis zum bitteren Ende abmühten, ihre Idee zu realisieren.

Das ist genau das, was immer wieder passiert, und daran müssen Sie immer denken: „Die objektiv gleiche Tatsache, ein Algorithmus u.ä., kann ein Projekt in verschiedener Weise entsprechend der Zielsetzung des Projektes beeinflussen – auch wenn dies nicht explizit definiert ist (Weinberg)" [16].

In der Praxis bedeutet das, daß die Mitarbeiter möglicherweise auf andere Ziele hinarbeiten als Sie, der Projektleiter, annehmen. D.h.

- Seien Sie nicht überrascht, wenn ein Produkt nicht zum geplanten Zeitpunkt fertig gestellt wird oder weniger effizient ist – es sei denn, Sie treffen Vorsorge, daß eine Übereinstimmung über alle Ziele besteht und bestehen bleibt!

(vgl. auch Kapitel 12: Motivation und Führungsstil, S. 155ff!)

7.6.2 Auswirkungen von Vorgaben auf die Schätzung

In dem geschilderten Experiment hatte Weinberg von allen Mitarbeitern Schätzungen eingeholt. Sie hatten die Anzahl Testläufe und die Anzahl Tage zu schätzen, die sie für die Durchführung der Arbeit benötigten. Der Vergleich der tatsächlichen und geschätzten Fakten ist sehr aufschlußreich:

Diejenigen, die so schnell wie möglich fertig werden sollten, waren zurückhaltender (vorsichtiger, sorgfältiger) bei der Abgabe ihrer Schätzungen des Zeitpunkts der Fertigstellung. Sie waren in der Tat z.T. schneller fertig, als ihre Schätzungen besagten, und auch schneller als die Programmierer der anderen Gruppe, die ihrerseits viel optimistischer (leichtsinniger, oberflächlicher) in ihren Schätzungen gewesen waren.

Obwohl die Anzahl Proben in diesem Experiment für eine bündige statistische Aussage etwas gering ist, sollten Sie in Ihrem Projekt immer dies Ergebnis vor Augen haben, bevor Sie Zielvorgaben formulieren. Wenn ein Ziel ausführlich festgesetzt wird, hat das einige Auswirkungen.

- Denken Sie daran:
  - Ihre Mitarbeiter arbeiten auf dieses Ziel hin, möglicherweise auf Kosten eines anderen Zieles.
  - Ihre Mitarbeiter sind zurückhaltend bei der Abgabe einer Schätzung, wie gut sie das Ziel erreichen.
  - Schätzungen zu Zielen, die nicht ausdrücklich formuliert sind, sind ganz unzuverlässig. Zum einen werden sie nicht sorgfältig gemacht, und zum anderen sind sie nicht so wichtig, als daß sie nicht anderen Zielen geopfert werden.

7.7 Mann-Monat

Häufig, und das gerade bei den sonst so exakt arbeitenden DV-Leuten, werden bei der Abgabe von Schätzungen „Mann-Monate" geliefert, z.B. heißt es: „Den Aufwand für die Durchführung der 2. Phase schätzen wir auf 24 Mann-Monate."

Was heißt das denn? Bedeutet das, daß 1 Mann 2 Jahre an der Arbeit sitzt oder daß 24 Mann nach 1 Monat fertig sind, oder ist diese Phase gar schon nach 2 Wochen abgeschlossen, wenn wir 48 Mann einsetzen können?

Aus der konstruierten Verbindung einer Zahl (24) und eines Begriffes (Mann-Monat) geht das nicht hervor. Der Begriff Mann-Monat ist nicht nur nichtssagend, sondern sogar gefährlich, weil er uns eine vollständige Austauschbarkeit der beiden Parameter Zeit und Personal suggeriert.

Zur Verdeutlichung dieses Sachverhaltes bringe ich im folgenden Erläuterungen aus einem Buch von Brooks [2].

7.7.1 Teilbare Tätigkeiten

Zeit und Personal können wir nur dann austauschen, wenn die betreffende Tätigkeit auf mehrere Tätigkeitsträger aufgeteilt werden kann, ohne daß Kommunikation zwischen ihnen ablaufen muß.

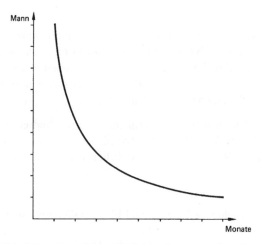

Abbildung 7-4: Aufwand für teilbare Tätigkeiten ohne Aufwand für Kommunikation

7.7.2 Nichtteilbare Tätigkeiten

Wenn eine Tätigkeit nicht aufgeteilt werden kann, können Sie soviel Leute, wie Sie wollen, darauf ansetzen. Es hat absolut keinen Effekt auf die Dauer dieser Tätigkeit.

(Denken Sie daran, daß es neun Monate dauert, ein Kind zur Welt zu bringen, und daß es nicht weniger Zeit in Anspruch nimmt, wenn Sie drei oder zehn Frauen diese Zeit zuweisen!)

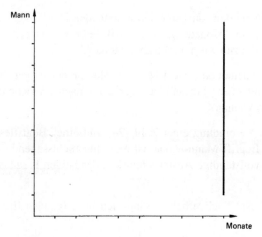

Abbildung 7-5: Aufwand bei nicht teilbaren Tätigkeiten

7.7.3 Kommunikationsaufwendige Tätigkeiten

Bei Tätigkeiten, die zwar aufgeteilt werden können, aber Kommunikation und Absprachen zwischen den einzelnen Tätigkeitsträgern erfordern, müssen Sie Aufwand für die Kommunikation hinzurechnen!

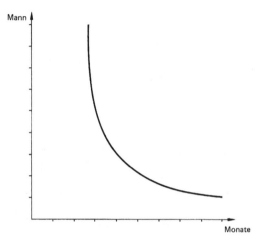

Abbildung 7-6: Aufwand bei teilbaren Tätigkeiten mit Aufwand für Kommunikation

7.7.4 Tätigkeiten in komplexem Zusammenhang

Noch kritischer ist es, wenn Sie Tätigkeiten planen, die komplexe Abhängigkeiten haben, die Kommunikation zwischen allen Partnern erfordern und bei denen die Mitarbeiter in die Problematik der gemeinsamen Arbeit eingeführt und ausgebildet werden müssen.

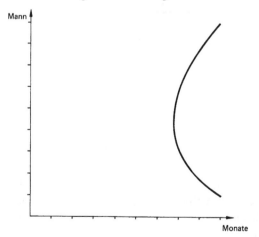

Abbildung 7-7: Aufwand bei Tätigkeiten mit komplexen Abhängigkeiten

- Denken Sie daran:
  - Bei Projekten geht es um die Entwicklung von Systemen, die sehr komplexe Abhängigkeiten und Verbindungen beinhalten können, und sehr schnell ist der Punkt erreicht, wo es sich nicht mehr lohnt, mehr Leute an eine Tätigkeit zu setzen.
  - Die Projektdauer wird u.U. nicht verkürzt, sondern das Projekt dauert sogar länger, wenn Sie mehr Leute hineinstecken!

Wie läuft es aber denn in der Praxis? Liegen wir mit einem Projekt hinter dem Plan, dann schießen wir zusätzliches Personal hinein und beruhigen damit unser Gewissen: „Jetzt holen wir auf!" – In der Mehrzahl der Fälle stimmt das einfach nicht!

7.7.5 Übung

Dazu eine Übung (aus Brooks' Buch [2]): Sie haben eine Tätigkeit in Ihrem Projekt auf 12 Mann-Monate geschätzt und 3 Leute für 4 Monate eingeplant. Es gibt an jedem Monatsende einen Meilenstein A, B, C, D, wobei D der Abgabetermin (kritisch!) des Tätigkeitsproduktes sei.

Der erste Meilenstein wird erst nach 2 Monaten erreicht.

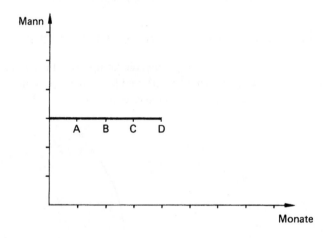

Abbildung 7-8: Mitarbeiter für 4 Monate eingeplant; 12 Mann-Monate

Fragen:

- Welche Alternativen – mehr Mitarbeiter einsetzen oder Termin D hinausschieben – haben Sie als Projektleiter?
- Was würden Sie tun?
- Welche Konsequenzen hätte das?

(Gedanken zur Lösung in Kapitel 7.9)

7.8 Strukturierung und Detaillierung

7.8.1 Der Pötzseil-Case

Führen Sie einmal mit Ihren Bekannten den „Pötzseil-Case" durch – „Pötzseil" ist im Kölner Sprachgut das Seil, an dem in der guten alten Zeit der Eimer in einen Brunnen hinabgelassen wurde. Sie gewinnen mit diesem Experiment Erkenntnisse für Ihre Projektarbeit!

Vorbereitung:
Nehmen Sie ein größeres Seil- oder Kordelstück, sagen wir 7–10 m lang. Teilen Sie es in zwei gleichgroße Stücke A und B. A legen Sie zur Seite und B zerschneiden Sie in 5–8 Stücke zufälliger, unterschiedlicher Größe (B1, B2, ... , B5–B8). Messen Sie die Einzelstücke B1, B2 usw.; die Summe ist natürlich die Länge von A.

Durchführung:
Zeigen Sie das Seilstück A und lassen Sie die Länge des Stücks schätzen. Die Teilnehmer des Spiels tragen ihre Schätzung unter I ein.

Nun zeigen Sie das Einzelstück B1 und lassen die Länge schätzen und in die Tabelle unter II in der 1. Zeile eintragen.

I	II	
	Schätzung	Tatsächl.
	60 B_1	71
	45 B_2	50
	90 B_3	80
	100 B_4	100
	17 B_5	15
	70 B_6	75
	65 B_7	62
A 3.80	4.47	4.53

Abbildung 7-9: Eintragung für Pötzseil-Case

Danach nennen Sie den richtigen Wert, den die Teilnehmer in die 2. Spalte unter II in der 1. Zeile eintragen. Damit haben sie eine Möglichkeit, ihre Schätzung mit dem echten Wert zu vergleichen und ihre weiteren Schätzungen der Wirklichkeit anzupassen.

Sie zeigen das Einzelstück B2, lassen es schätzen und den Wert in die 2. Zeile eintragen. Sie nennen wieder den richtigen Wert, den man aufschreiben kann.

So geht es weiter, bis alle Einzelstücke abgefragt sind.

Jetzt lassen Sie die geschätzten Werte für B1, B2 usw. zusammenzählen und fragen Ihre Mitspieler, wer

- I und II Ergebnisse hat, die sehr stark voneinander abweichen,
- glaubt, daß er bei I richtig liegt, wer, daß er bei II richtig liegt,
- tatsächlich bei I dem Ergebnis am nächsten kommt, wer bei II.

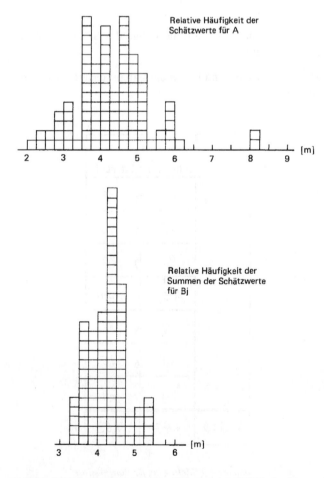

Abbildung 7-10: Auswertung des Pötzseil-Cases (etwa 5000 Beobachtungen)

7.8.2 Vorteile der Detaillierung

Die Auswertung des Spiels (aus etwa 5000 Beobachtungen in unseren Seminaren) zeigt einmal, daß man sich im Fall II i.a. sehr viel sicherer fühlt als im Fall I. Zum anderen zeigt sie, daß die Bandbreite der Schätzungen im ersten Fall sehr viel größer ist als im zweiten. Und vor allem: Der richtige Wert ist bei II statistisch (d.h. ein einzelner aus der Runde kann in I durchaus genauer sein als in II) besser angenähert.

Wir wollen es so formulieren: Die Summe der Schätzungen ist genauer als die Schätzung über die Summe.

Gerade das ist eine Erkenntnis, die Sie sich immer wieder vor Augen halten sollten, immer wieder auch anwenden sollten: Ihre Schätzung über ein Gebiet wird umso genauer, je tiefer Sie das Gebiet strukturieren und detaillieren. Dies ist eine Grundregel für das Schätzen, wenn spezifische Erfahrungswerte fehlen, wie das bei vielen Projekten der Fall ist, weil sie einmalig sind.

Noch etwas können wir aus dem Spiel lernen:

- Sammeln Sie in Ihrem Projekt Erfahrung und verwerten Sie sie sofort.
- Orientieren Sie Ihre zukünftigen Schätzungen an der Güte der früheren.
- Teilen Sie die Gesamtaufgabe in Teilaufgaben (eigentlich hat uns diese Regel ja schon zur Phaseneinteilung geführt).
- Strukturieren Sie die Phasen weiter, bis Sie letztlich zu Tätigkeiten kommen, die Sie einem einzelnen Mitarbeiter zuweisen.
- Schätzen Sie nicht global die Zeit z.B. für die 1. Phase. Überlegen Sie, welche Haupttätigkeiten durchgeführt werden müssen, wie Sie sie weiter strukturieren können.
- Brechen Sie eine Phase so weit auf, bis Sie Tätigkeiten definiert haben, deren Dauer auf eine oder zwei Wochen geschätzt wird, und zwar unter Berücksichtigung des zur Verfügung stehenden Personals.

Sicher, das bedeutet Aufwand, aber der Aufwand macht sich bezahlt durch die damit gewonnene realistische Schätzung.

7.9 Lösung

Wir haben 4 Alternativen.

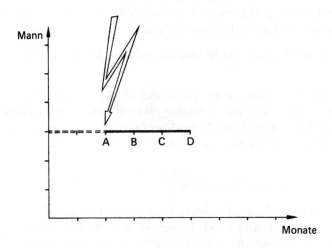

Abbildung 7-11: Meilenstein erst nach 2 Monaten erreicht; nur A falsch geschätzt

Alternative 1: Angenommen, die Arbeit muß termingerecht nach 4 Monaten abgeschlossen sein. War jetzt nur der Zeitpunkt des Meilensteines A falsch geschätzt, dann bleiben 9 Mann-Monate übrig für 2 Zeitmonate, d.h. Sie benötigen 4 1/2 Leute, und Sie planen 2 zusätzliche Leute für die Tätigkeit ein.

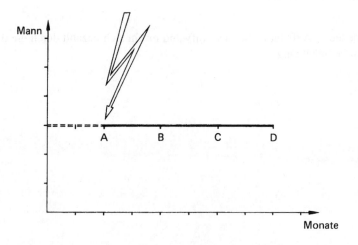

Abbildung 7-12: Meilenstein erst nach 2 Monaten erreicht; alle Meilensteine falsch geschätzt

7.9 Lösung

Alternative 2: Angenommen, die Arbeit muß termingerecht nach 4 Monaten abgeschlossen sein. War jetzt die gesamte Schätzung in gleicher Weise optimistisch, dann bleiben 18 Mann-Monate übrig, wieder für 2 Zeitmonate. Sie brauchen also 9 Mann und Sie planen somit 6 zusätzliche Leute ein.

Diese beiden Alternativen haben eine katastrophale Konsequenz; wir wollen sie uns anhand der ersten Alternative verdeutlichen.

Die zwei neuen Leute müssen in den Problemkreis der Anwendung eingeführt werden, und zwar von einem der anderen Mitarbeiter. Das braucht seine Zeit! Nehmen wir an, es dauert 1 Monat, dann fallen 3 Mann-Monate an, die Sie in Ihrer Schätzung nicht berücksichtigt hatten (also 9 + 3 = 12 Mann-Monate).

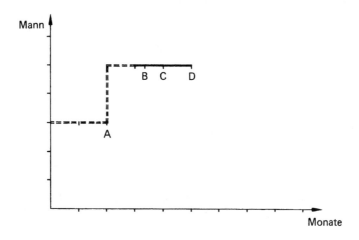

Abbildung 7-13: Zum Zeitpunkt A zusätzlich 2 Mitarbeiter eingebracht

Darüber hinaus muß die Tätigkeit, die vorher für 3 Leute vorgesehen war, nun auf 5 Leute aufgeteilt werden; das bedeutet, daß einiges weggeworfen werden kann und die Integration der 5 Arbeitsergebnisse umfangreicher ist und mehr Aufwand erfordert. Am Ende des dritten Monats braucht die Tätigkeit mithin mehr als 7 Mann-Monate; zur Verfügung haben Sie 5 Leute und nur noch einen Zeitmonat. – Ihr Produkt stellen Sie genauso spät fertig, wie wenn Sie keinen Mann zusätzlich eingebracht hätten!

Um es in 4 Monaten zu schaffen, müßten Sie – unter der Voraussetzung, es ginge bei dem zusätzlichen Aufwand nur um die Ausbildung der neuen Leute und nicht um eine neue Strukturierung der Arbeit und zusätzliche Abstimmung – 4 anstatt 2 Leute am Ende des zweiten Monats einbringen. Um den Aufwand für die Strukturierung und die Abstimmung abzudecken, müßten Sie noch einen Mann haben. Jetzt aber haben Sie ein Team von 7 Mann und nicht von 3!

Am Ende des dritten Monats sieht die Sache sehr bedenklich aus. Der geplante Meilenstein B ist nicht erreicht worden. Die Versuchung ist nun sehr groß, noch mehr Leute hinzuzufügen. Hüten Sie sich davor; es bringt nichts!

Spielen Sie selber einmal die andere Alternative durch. Die Aussage ist entsprechend.

Brooks formuliert diese Erkenntnis in einem „Gesetz": „Bringe zusätzliche Leute in ein in Verzug geratenes Projekt – und Du verzögerst es noch mehr!" [2]

Alternative 3: Sie planen und schätzen sorgfältig den Zeitbedarf neu. Nehmen Sie sich Zeit für die Planung!

Alternative 4: Sie stecken das Ziel zurück und beschneiden die Aufgabe!

Das passiert sowieso, wenn einmal Ihre Mitarbeiter merken, daß sie in Verzug geraten. Ihre einzigen Alternativen sind, das Projekt formell und sorgfältig zu beschneiden oder stillschweigend eine mindere Qualität zu akzeptieren. Wie Sie an dem dritten Parameter (Qualität des Produktes) drehen, das sollte selbstverständlich sein!

Und deshalb, liebe DV-Leute,

- Halten Sie sich diese Überlegungen immer vor Augen! Lernen Sie aus anderen Projekten, z.B. aus Bauprojekten!
  - Haben Sie von Ihrem Architekten gehört, daß „der Bau Ihres Einfamilienhauses 100 Mann-Monate benötigt"?
  - Haben Sie schon einmal in der Zeitung gelesen, daß „die Erstellung eines Rathauses 560 Mann-Monate erfordert"?
  - Ist im Landtag schon einmal über einen Geldbetrag für den Bau einer neuen Straße debattiert worden, der „einen Aufwand von 1.500 Mann-Monaten bedeutet"?

  Nein! – Das gibt es nicht. Aber bei DV-Projekten spricht man davon.

- Vergessen Sie den „Mann-Monat"!
- Planen Sie individuell und konkret und schätzen Sie die Dauer einer Tätigkeit immer personenbezogen:
  - Wer führt die Arbeit durch?
  - Wie lange dauert es in dem Fall?
  - Kann ich mehr Leute einsetzen?
  - Was erfordert das an zusätzlichem Aufwand?
  - Was bringt es an Vorteil?

8 Projektkontrolle

Oder: Die andere Seite des Planes

„Projektkontrolle", so sagen manche, „beginnt damit, daß ich den Projektzustand, d.h. das **Ist**, mit dem vergleiche, was eigentlich sein müßte, also mit dem **Plan**!"

Stimmt das? Wann aber sollen Sie diesen Vergleich durchführen? Dann, wenn etwas schiefläuft, oder in regelmäßigen Zeitabständen, sagen wir „alle vier Wochen"?

Wie wollen Sie feststellen, daß etwas schiefläuft, wenn nicht durch die Projektkontrolle selbst, die Sie aber erst dann anwenden, wenn etwas schiefläuft? Was für einen Effekt bringt es in dem anderen Fall, wenn Sie feststellen, daß schon vor über drei Wochen abzusehen war, daß Ihr Plan nicht einzuhalten gewesen wäre?

8.1 Voraussetzungen für die Kontrolle

Projektkontrolle ist in zweifacher Weise unlöslich mit der Projektplanung verbunden:

- Auch die Kontrolle ist von Ihnen zu planen, und zwar in mannigfacher Hinsicht.
  - Welche Pläne wollen Sie später mit dem Ist-Zustand vergleichen? Hierhin gehören im besonderen der **Terminplan** (nämlich die Überwachung der Beendigungen der einzelnen Tätigkeiten), der **Kostenplan** (d.h. die Frage nach dem Budget des Projektes) und der **Plan** zur **Qualitätskontrolle**, der gewährleisten soll, daß Sie das Produkt auch in der geforderten Qualität und im gewünschten Umfang erstellen.
  - Wie wollen Sie diesen geforderten Vergleich anstellen, und wie ist gewährleistet, daß er brauchbar ist?
  - Wann wollen Sie immer den Vergleich machen?
- Die Pläne müssen so erstellt werden, daß mit ihnen Projektkontrolle durchgeführt werden kann; das bedeutet, daß ein und dasselbe Hilfsmittel bei Planung und Kontrolle zum Einsatz kommen soll.

Aus der Sicht der Projektkontrolle müssen Sie daher unbedingt Anforderungen an die Pläne stellen:

- Bei der Planung einer Tätigkeit sind Kriterien für ihre Beendigung festzulegen, d.h. jede Tätigkeit ergibt ein eindeutiges Produkt. Die Tätigkeit ist abgeschlossen, wenn das Produkt vorliegt, sie ist nicht abgeschlossen, wenn das Produkt nicht fertiggestellt ist, z.B. im DV-Projekt ein ausgetestetes, dokumentiertes Programm (wobei festgelegt sein muß, welche Dokumente in welcher Form verlangt sind), im Bauprojekt ein vom Bauherrn abgezeichneter Detailentwurf des Badezimmers oder bei einem Multimedia-Projekt eine dokumentierte Bildschirmfolge: Meßbarkeit einer Tätigkeit müssen Sie anstreben!

- Tätigkeiten sind so zu definieren, daß sie in kurzer Zeit „ihr" Produkt liefern;
wenn möglich, sollten Sie – als Faustregel – die Dauer einer Tätigkeit in der Zeitplanung auf eine Woche beschränken. Nach einer Woche schon erhalten Sie konkrete Hinweise über den Status dieser Tätigkeit, ohne über die vagen und nichtssagenden „Prozente fertig/nicht fertig" nachdenken und diskutieren zu müssen.

Diese Faustregel aber hängt von der Gesamtdauer des Projektes, vom Projekttyp und von der zu planenden Phase ab. Bei einem größeren Straßenbauprojekt z.B., das über 3 – 4 Jahre läuft, sind in den ersten Phasen 4-Wochen-Einheiten und bei einem Multimedia-Projekt in der letzten Phase 1-Tages-Einheiten angebracht.

Wie oft passiert es dem Projektleiter, daß er Informationen erhält wie: „Die Tätigkeit A ist zu 40 Prozent fertig." Sie merken erst, wie nutzlos das eigentlich ist, wenn Sie über Wochen hinweg einen Fertigstellungsstatus von 95 Prozent gemeldet bekommen. Das liegt an der Problematik des Schätzens; der Prozentsatz muß nämlich geschätzt werden, und es spielt alles das wieder hinein, was wir über das Schätzen diskutiert haben.

Deshalb unsere Empfehlung, eine Tätigkeit selbst weitgehend zu beschränken, um ihre Dauer minimieren zu können, und dokumentieren Sie alle Voraussetzungen, die in Ihre Schätzungen bei der Planung eingeflossen sind. Stellen Sie dann immer fest, ob diese Voraussetzungen erfüllt sind (z.B. Qualifikation von Personal oder Möglichkeit zum sorgfältigen Testen)!

- Sie müssen also auch planen, wann Sie Vergleiche zwischen dem, was sein soll, und dem, was ist, anstellen.

Es hat keinen Zweck, im Verlauf des Projektes auf gut Glück nachzuschauen, wie der Status ist, ebenso wenig wie zu einem Zeitpunkt des geplanten Abschlusses einer langlaufenden Tätigkeit, denn dann könnte es zu spät sein!

Eine sinnvolle Zeitspanne, nach der Sie immer einen Vergleich von **Ist** und **Soll** für die Tätigkeiten anstellen, ist eine Woche. Dies ist auf der einen Seite ein nicht zu langer Zeitraum, als daß Sie keine Korrektur im Projektablauf vornehmen könnten, auf der anderen Seite ist aber irgendeine Tätigkeit zum Abschluß gekommen oder ein Ereignis eingetreten, auf das Sie reagieren oder das Sie mindestens zur Kenntnis nehmen müssen.

Durch dieses regelmäßige Beobachten der Situation schaffen Sie sich die Voraussetzungen, das Projekt in der Hand zu halten und zu steuern, wie der Kapitän, der regelmäßig zu den Sternen schaute, Messungen anstellte, dadurch Kursänderungen schon im Ansatz feststellen und das Schiff wieder auf den richtigen Kurs bringen konnte. Natürlich ist das mit Aufwand verbunden; aber ob das wenig oder unangemessen viel ist, hängt davon ab, wie Sie die Kontrolle organisiert haben.

Daß wir uns recht verstehen: Kontrolle soll nicht zum Selbstzweck werden! Auch der Kapitän führte seine Kursbestimmung nicht jede Minute durch, er hätte nichts anderes mehr tun können.

8.2 Die Informationssammlung

Wie stellen Sie den Vergleich an?

Zahlen hinsichtlich Zeiten, die für das Projekt aufgewendet wurden, sind relativ leicht zusammenzutragen. Das könnte z.B. in einer wöchentlichen Besprechung mit den Projektmitarbeitern (periodisches Review) gemacht werden. Das könnte auch durch Ihren Mitarbeiter in einem schriftlichen (am besten PC gestützten) Tätigkeitsbericht geschehen. Darin werden, auf die einzelnen Tätigkeiten bezogen, von jedem Mitarbeiter die aufgewendeten Zeiten eingetragen. Ein derartiger Tätigkeitsbericht steht Ihnen wöchentlich zur Verfügung und dient Ihnen als Basis der Projektkontrolle.

Bevor wir uns darüber unterhalten, was Sie als Projektleiter dazu beitragen können, daß ein solcher Tätigkeitsbericht nicht zu einem „Lügenbericht" – und damit eigentlich unbrauchbar – wird, wollen wir zusammentragen, was an Informationen damit anfallen soll und kann.

8.2.1 Die Aussagen des Tätigkeitsberichtes

Wichtig sind die Informationen über den zeitlichen Aufwand für *alle* Tätigkeiten, an denen Ihr Mitarbeiter gesessen hat. In der Praxis arbeitet ein Mitarbeiter nicht immer an einer einzigen, der ihm von Ihnen zugewiesenen, Tätigkeit, sondern im Verlauf der Woche wird an unterschiedlichen Tätigkeiten gearbeitet, z.B. in einem DV-Projekt

- codiert ein Mitarbeiter den Programm-Modul Z,
- testet er den Modul Y,
- ist er als Reviewer bei einem Qualitätsreview tätig,
- muß er mit einem Sachbearbeiter des Einkaufs ein Interview zur Klarstellung eines Sachverhaltes im Anwendungsprogramm X führen,
- hat er Wartungsarbeiten durchzuführen und und und ...

Lassen Sie dabei auch Überstunden registrieren! – Versuchen Sie auch hier, eine möglichst detaillierte Aufschlüsselung zu erreichen; denn dann erhalten Sie Zahlen, konkrete Zahlen für Ihre zukünftigen Schätzungen. Sie sehen auf einmal, wie groß doch eigentlich die Verlustzeiten in einem Projekt sind. Es wird z.B. quantitativ nachgewiesen, daß eine Arbeitswoche zwar vierzig tariflich vereinbarte Stunden hat, daß aber Ihr Mitarbeiter fünfzig Stunden gearbeitet hat und nur vierundzwanzig Stunden für das Projekt tätig war.

Sagen Sie nicht, daß solche Diskrepanzen unrealistisch sind! Mancher Betriebsrat wurde wegen der zusätzlichen zehn Stunden aktiv, und mancher Projektleiter hat nie verstanden, warum da sechzehn Stunden fehlten.

Sie stellen plötzlich fest, wo die Zeit geblieben ist, und haben – wenn Sie das alles zahlenmäßig dokumentiert haben – eine Basis für Ihre Schätzung; Ihre nächste Schätzung wird realistischer: Sie können Ihrem Auftraggeber, Ihren Mitarbeitern und natürlich sich selbst nachweisen, daß beispielsweise zu der reinen Projekttätigkeit in der Phase der Realisierung Zuschläge hinzukommen:

1. solche für notwendige Interpretationen und Wiederholungen, wie
   - Erläuterungen und Ergänzungen der Anforderungen,
   - Korrektur von Entwurfsfehlern,
   - Anpassung an technische Möglichkeiten usw.

Das macht 10 bis 20 Prozent der Zeit für die Realisierung!

2. Verlustzeiten „innerhalb des Projektes", die hervorgerufen werden durch
   - Warten auf den Benutzer als Gesprächspartner,
   - notwendige, aber nicht zur Verfügung stehende Ressourcen beim Testen (z.B. vorübergehend blockierter Internetzugang),
   - für das Projekt notwendige Schulung,
- unvorhersehbare Entwurfsänderungen u.ä.

5 bis 10 Prozent Aufschlag.

3. Verlustzeiten „außerhalb des Projektes"; sie rühren her aus
   - Krankheit,
   - außerplanmäßigen Spezialaufgaben,
   - Sonderurlaub usw.

Die Erfahrung zeigt, daß das in der Größenordnung von 20 bis 35 Prozent liegen kann.

Verwenden Sie diese Zahlen bei der nächsten Schätzung!

Fordern Sie weiter im Tätigkeitsbericht die Information „Noch benötigte Tage bis zur Fertigstellung". Lassen Sie Ihren Mitarbeiter damit eine Schätzung abgeben, wie lange er noch bis zum Abschluß der Tätigkeit brauchen wird. Das ist eine äußerst nützliche Information für Sie: Die Kontrolle wird damit nicht nur auf die Vergangenheit ausgeübt, sondern auch auf die Zukunft erstreckt, wie wir am **Zeitdiagramm** (s.u.) verdeutlichen werden. Sie haben damit eine Meßsonde, um festzustellen, ob die Tätigkeit abgeschlossen ist. Sie ist nämlich dann abgeschlossen, wenn „0" erreicht ist.

Die mit dem Tätigkeitsbericht Ihrer Mitarbeiter gelieferten „Basis"-Informationen werden von Ihnen nach den einzelnen Positionen aussagekräftig zusammengefaßt, z.B.

- Summe der Zeit, die *alle* Mitarbeiter für eine Tätigkeit aufgewendet haben,
- Summe der Überstunden,
- Summe der Schulungszeiten.

8.2 Die Informationssammlung

Sie ziehen Schlüsse daraus, und diese können in einem „Projekt-Fortschrittsbericht" konkretisiert sein.

8.2.2 Die Brauchbarkeit des Tätigkeitsberichtes

Sinnvoll und nützlich ist also ein derartiger Tätigkeitsbericht. Nur, wird er unter Insidern nicht häufig als „Produkt der Projekt-Märchenstunde" bezeichnet?

Was können Sie tun, damit es möglichst nicht soweit kommt?

- Versuchen Sie nicht in pingeliger Akkuratesse Informationen z.B. über 1/10 Stunde, d.h. 6-Minuten-Einheiten, zu erhalten.

Das ist erstens für die Projektkontrolle nicht notwendig, und zweitens frustriert es Ihre Mitarbeiter.

Nehmen Sie angemessene Zeiteinheiten: 1/2 Tag oder höchstens 1 Stunde, wenn es um kritische Tätigkeiten geht! (Aber auch das hängt wieder vom Projekttyp und anderen Einflußgrößen ab, wie oben angeführt.)

- Erinnern Sie sich immer der Tatsache, daß ein Mensch nur sechs Stunden am Tag produktiv sein kann; das ist – zumindest für geistige Tätigkeiten – nachgewiesen.

Er kann nicht ununterbrochen seine acht Arbeitsstunden am Tag aufbringen. Er muß auch einmal – wenn auch kurz – abschalten; er muß auch einmal mit seinen Kollegen über das letzte Fußballspiel diskutieren; er kommt auch mal zu Ihnen und will sich über seine Urlaubspläne unterhalten; er sucht auch mal Gesprächspartner für seine Gartenprobleme; er möchte auch einmal eine Tasse Kaffee trinken, ohne an sein Projekt zu denken.

Sechs Stunden produktive Arbeit ...
- Denken Sie bei der Projektkontrolle daran – aber auch bei der Abgabe von Schätzungen.
- Machen Sie Ihren Mitarbeitern klar, daß Sie derartige Tätigkeitsberichte brauchen, um das *Projekt* zu kontrollieren und nicht, um *sie* zu kontrollieren.

Kontrollieren Sie sie aber auch nicht! Verwenden Sie die Informationen aus den Berichten nie, um Urteile über Ihre Mitarbeiter zu fällen. Nehmen Sie nie den Tätigkeitsbericht zum Anlaß, Vorwürfe zu erheben. Bauen Sie eine Basis des Vertrauens auf! Vertrauen Sie Ihren Mitarbeitern; dann wird auch jeder Mitarbeiter Ihnen vertrauen.

Sprechen Sie mit dem Mitarbeiter, dessen Tätigkeitsbericht Ihnen ungereimt erscheint. Sagen Sie, daß Sie z.B. nicht verstehen, warum er in der letzten Woche fünfzehn Stunden Literaturstudium betreiben mußte. Fragen Sie ihn, warum er – wie in der vorherigen Woche bereits – noch immer zehn Tage bis zum Abschluß der Tätigkeit benötigt. Suchen Sie gemeinsam mit ihm Lösungen eventueller Schwierigkeiten!

Und vor allem:

- Motivieren Sie durch Information!

Wie das gemeint ist, wurde oben schon klar. Sagen Sie, was mit den Informationen geschieht. Damit meinen wir: Wozu Sie sie brauchen, was Sie damit machen, was Sie daraus schließen können für das Projekt, z.B. daß besondere Schwierigkeiten bei einer bestimmten Tätigkeit vorlagen und daß Sie Ausbildung für ihre Mitarbeiter planen müssen, daß bestimmte Ressourcen beschafft werden müssen, um unnötigen Aufwand, der sich andeutet, abzufangen, daß ein Mitarbeiter nicht in vier Projekten gleichzeitig mitarbeiten kann, weil allein die geistige Umstellung einen hohen Zeitaufwand bedeutet ... da gibt es viele Beispiele von Schlußfolgerungen!

Besprechen Sie darüber hinaus mit Ihrem Mitarbeiter, welche Aktionen Sie einleiten können, sollen und werden; machen Sie mit ihm neue Pläne! Er muß sehen, daß seine Informationen von höchster Bedeutung für das Projekt – aber auch für ihn – sind, daß sie in Ihre Planung eingehen, daß das eine Voraussetzung für das Gelingen des Projektes und für seinen Erfolg ist und daß ein erfolgreiches Projekt auch in seinem Sinne ist.

8.3 Visualisierung

Der erste Schritt der Projektkontrolle ist also das Zusammentragen der Informationen, wie wir es oben beschrieben haben. Ihr zweiter Schritt muß sein, die Abweichung zwischen **Ist** und **Plan** bzw. den Fortschritt sichtbar zu machen; „sichtbar" im wahrsten Sinne des Wortes.

Damit meinen wir, daß es nicht genügt, Zahlen zusammenzutragen und gegenüberzustellen, sondern Sie sollen durch eine angemessene Darstellung des gefundenen Sachverhaltes die Situation des Projektes schlagartig beleuchten. Jeder, der einen Blick darauf wirft, muß erfassen können, wie es um das Projekt steht!

„Jeder", d.h. sowohl jeder Mitarbeiter aus Ihrer Projektgruppe als auch das Management, das am Entscheidungsprozeß beteiligt ist, sollte Zugang zu diesen Status-Informationen haben. Es gibt eine Reihe von Möglichkeiten, den Fortschritt des Projektes darzustellen.

8.3.1 Das Balkendiagramm

Nehmen Sie ein Balkendiagramm, das Sie selbst zeichnen, eine Planungstafel o.ä.

- Der eine Balken stellt den Plan für die Tätigkeit dar, der andere den Zustand. – Nehmen Sie zur Darstellung unterschiedliche Farben!
- Eine Datumslinie weist das heutige Datum aus.
- Ein auf dem Kopf stehendes Dreieck repräsentiert den Fertigstellungsgrad des Produktes, das mit dieser Tätigkeit erstellt wird. Natürlich ist dies eine Schätzung und deshalb mit Unwägbarkeiten versehen. Denken Sie an unsere Regeln für das Schätzen!
- Die schwarzen Dreiecke weisen auf Meilensteine (besonders kritische Zeitpunkte) hin.

8.3 Visualisierung

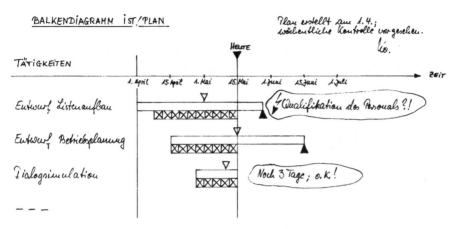

Abbildung 8-1: Beispiel einer Statusdarstellung durch Balkendiagramm

8.3.2 Das Vergleichsdiagramm

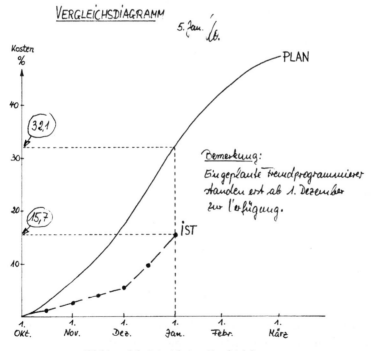

Abbildung 8-2: Beispiel eines Vergleichdiagramms

Das Vergleichsdiagramm zeigt den Grad der Fertigstellung oder den Anteil der aufgebrauchten Ressourcen, und zwar für die geplanten wie auch für die aktuellen Daten.

8.3.3 Das Zeitdiagramm

Das Zeitdiagramm ist ein sehr nützliches Hilfsmittel für die Projektkontrolle. Es hat zwei Zeitachsen; die horizontale Achse stellt die geplante Zeit dar, und auf der vertikalen lesen wir die tatsächliche Zeit ab.

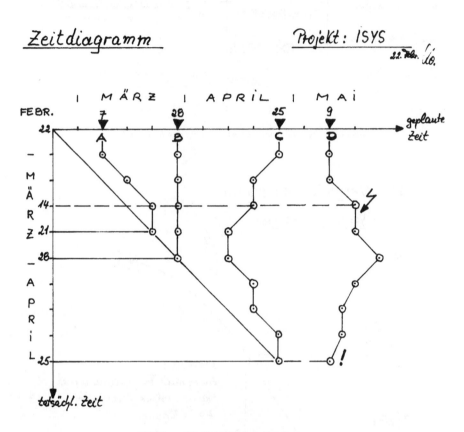

Abbildung 8-3: Beispiel eines Zeitdiagramms

Am 22. Februar z.B. wird geschätzt, wann die Meilensteine A, B, C und D erreicht sein werden. Sie tragen diese Zeitpunkte auf der horizontalen Achse ab. A also wird der Schätzung gemäß am 7. März, B am 28. März, C am 25. April und D am 9. Mai erreicht.

Jede Woche überprüfen Sie die Schätzungen (z.B. aufgrund der „Nochzeiten", die Ihnen Ihr Mitarbeiter gegeben hat), und u.U. revidieren Sie sie, bis die Tätigkeit abgeschlossen ist. Äußerst nützlich ist dieses Hilfsmittel, um Tätigkeiten von Leuten zu kontrollieren, auf deren Schätzungen Sie angewiesen sind: Sie finden heraus, wie zuverlässig die Schätzungen sind. In unserem Beispiel ist A unzuverlässig, jede Woche schätzt er, daß er für seine Arbeit eine weitere Woche benötigt. B könnte man als den idealen Mitarbeiter im Projekt ansehen; aber denken Sie daran, er könnte auch von vornherein sehr vorsichtig mit sehr viel Puffer geschätzt haben, und er ist vielleicht vor dem 28. März fertig! C wird unterwegs optimistisch, endet jedoch zum geplanten Zeitpunkt. D bekommt Schwierigkeiten (am 14. März registriert); Sie können ihm zusätzliche Ressourcen geben und stellen fest, daß Sie damit Erfolg haben: am 25. April ist er wieder beim ursprünglich geplanten Termin.

8.3.4 Die Dringlichkeitsliste

Machen Sie für Ihr Projekt eine Dringlichkeitsliste! Manche nennen sie auch die „Die Hotlist" (= da brennt etwas an). Deutlich schreiben Sie auf einer Liste („Sichtbarkeit" soll dabei gewahrt sein!) die Tätigkeiten und Fakten auf, die zwar u.U. bis zu einem bestimmten Zeitpunkt erledigt sein müssen, die man aber nicht exakt in ein Balkendiagramm oder auf eine Zeitachse bringen kann.

- Gehen Sie jeden Tag die Dringlichkeitsliste durch.
- Formulieren Sie die Priorität der aufgeführten Fakten.
- Haken Sie nach, wenn etwas fehlt oder gemacht werden muß.
- Haken Sie Erledigtes ab!

8.3.5 Der Netzplan

Auch die Netzplan-Programme erlauben eine „Sichtbarmachung" des Projektstatus, und Sie sollten ihre Vorteile für die Projektkontrolle wahrnehmen, wenn Sie mit ihnen Projektplanung betrieben haben. Dazu geben Sie die zusammengetragenen Daten in die Programme ein.

Unabhängig davon, ob Sie ein Netzplan-Programm einsetzen oder nicht, ist es häufig unerläßlich, oben aufgeführte manuelle Techniken anzuwenden. Unsere Maxime war ja, den Projektstatus zu visualisieren.

8.3.6 Der Effekt der Visualisierung

Welchen Effekt die Visualisierung haben kann, möchte ich Ihnen an zwei kleinen Beispielen aus der Praxis zeigen.

Beispiel 1:
In einem sehr kleinen Projekt, nämlich der „Entwicklung eines Lehrgangs", hat der Projektleiter an der Wand des Projekt-Arbeitszimmers auf Flipcharts einen Zeitplan für die Realisierung in Form eines Balkendiagramms sichtbar gemacht.

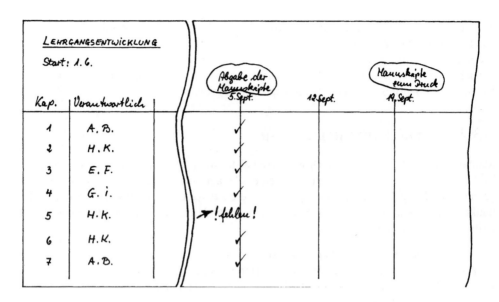

Abbildung 8-4: Beispiel der Visualisierung des Projektstatus zur Motivation

Zu jeder Tätigkeit, und damit ist hier die Entwicklung eines einzelnen Kapitels – Lernziele, Inhalt, Einteilung, Methode, Dauer, Übungen etc. – gemeint, ist ein Verantwortlicher bestimmt. Für Freitag, den 05.09. ist die Abgabe der Manuskripte an das Schreibbüro geplant. Am Montag, dem 08.09. kommt Herr K., der für das Kapitel 5 zuständig ist, will lang und breit über sein Wochenende mit Tennis und Fußball diskutieren, sieht den Projektstatus, wo in roter Farbe steht, daß „Herr K. die Unterlagen zu seinem Kapitel noch nicht abgegeben hat", und er macht sich an die Arbeit!

Beispiel 2:
Da kommt der Chef des Chefs zu A.D.: „Sie sind ein Spezialist für folgendes Problem ...", und er erläutert ihm den Sachverhalt. „Sie sind der geeignete Mann dazu, die Aufgabe zu übernehmen, sie muß in drei Monaten abgeschlossen sein!" A.D. versucht einen Einwand: „Ich stehe mitten in einem Projekt, das geht nicht." Aber der Chef-Chef hat ihn schon an der richtigen Stelle gepackt, wenn er sagt: „Sie sind der einzige, und das geht schon; ich spreche mit Ihrem Chef."

A.D. setzt seinen Chef von der Aufgabe in Kenntnis; dieser sagt: „Prima für Sie, aber zuerst kommt unser Projekt!" – Wer hat so etwas nicht schon erlebt?! – A.D. nimmt in einer freien Stunde eine sorgfältige Aufwandschätzung vor, geht zum Chef-Chef zurück und sagt: „Ich brauche für die Erledigung der Aufgabe drei Monate Zeit! Mein normaler, längst feststehender Arbeitsplan sieht aber vor, daß ich in den nächsten drei Monaten nur zwei Wochen für diese neue Arbeit hätte. Es geht also nicht!" Den Chef-Chef beeindruckt das nicht: „Fangen Sie schon einmal an! Ich mache das schon. Und denken Sie daran, Sie sind der einzige ..."

8.4 Gründe für Abweichungen

Es passiert nichts. Allmählich wird A.D. unruhig, und er erinnert sich einer Grundregel für das Projektmanagement: Der Projektleiter hat die Aufgabe, seine Anforderungen dem Auftraggeber deutlich zu machen!

Er formuliert eine Aktennotiz, erinnert an seine Aufgabe, weist deutlich auf die Verantwortung des Chef-Chefs als Auftraggeber hin, erstellt eine Grafik, eine Zeitachse, kennzeichnet alle Tage mit roter Farbe, an denen er für seine primäre Projektarbeit nach Plan tätig ist und stellt damit deutlich heraus, daß bis zum geforderten Termin nur zwei Wochen übrigbleiben. Er versieht den Wunschtermin mit einem dicken Pfeil und schiebt die Verantwortung für eine Entscheidung über die Prioritäten des Einsatzes von A.D. dem Chef-Chef zu.

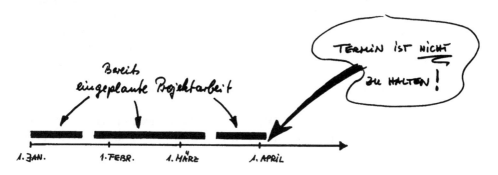

Abbildung 8-5: Beispiel der Visualisierung des Projektstatus zur Entscheidungsvorbereitung

Was passiert?

Innerhalb von zwei Tagen wird erreicht, daß
- A.D.'s Chef mit ihm einen neuen Einsatzplan für das ursprüngliche Projekt macht,
- der Chef-Chef den gewünschten Endtermin verschiebt,
- Abstriche am Umfang der neuen Aufgabe vorgenommen werden.

Diese Beispiele aus der Praxis können Sie in vielen Varianten erleben; der Grund: Ein Bild sagt mehr als tausend Worte!

8.4 Gründe für Abweichungen

Informationssammlung, Vergleich von Plan und Zustand, Sichtbarmachung einer evtl. bestehenden Differenz waren bisher die Stufen der Projektkontrolle. Aber jetzt kommt eigentlich erst der Punkt, wo der Projektleiter gefordert, wo er aktiv wird, wo deutlich wird, daß er das Projekt steuert, es also im Griff hat und nicht umgekehrt!

Er muß agieren, Pläne ändern, Genehmigungen einholen, Schätzungen über Aufwand und Zeit der neuen Lage anpassen, Entscheidungen vorbereiten, Alternativen durchspielen, Konsequenzen aufzeigen, Mitarbeiter und Vorgesetzte überzeugen – und dabei nicht das Ziel aus den Augen verlieren.

„Pläne ändern", sagten wir. Pläne ändern kann der Projektleiter aber nur, wenn er weiß, an welchem Parameter zu drehen sinnvoll, erfolgreich und effektvoll ist. – Ist es sinnvoll, beim Verzug einer Tätigkeit Personal dafür anzufordern, also den Personalplan zu ändern? Oder ist es eher zu empfehlen, den Terminplan neu zu überdenken? Oder liegt der einzige Ausweg darin, das Ziel neu zu formulieren?

Die Antwort darauf kann der Projektleiter nur dann finden, wenn er die Gründe für die Abweichungen zwischen Plan und Zustand in Erfahrung gebracht hat. Sonst bringt die Änderung des falschen Plans gar nichts oder verschlimmert gar die ganze Situation, wie wir im Kapitel **Das Schätzen im Projekt** zeigten. Er muß also beispielsweise Antworten suchen auf die Fragen:

- Warum hinken wir bei der Tätigkeit „Entwurf Bildschirmdialog" so weit hinter unserem Plan zurück?
- Woran liegt die stetige Korrektur zur Verlängerung der Tätigkeitsdauer für A? War der Mitarbeiter A krank? – Hatte er private Schwierigkeiten? – War er überfordert? – Fehlten bestimmte Ressourcen?

Wir wollen nun nicht so tun, als ob Abweichungen zwischen **Plan** und **Ist** immer nur auf der negativen Seite zu finden wären! Man sollte sie auch nicht übersehen, wenn es einmal Korrekturen hin zum Positiven gibt. Man will sie oft aus Zweckpessimismus nicht wahrhaben: wird doch dadurch unsere abgegebene Schätzung in Frage gestellt! Erwartet nämlich nicht der Auftraggeber von uns beim nächstenmal auch eine Unterschreitung des „zugesagten" Termins?

Solche Gedanken und Vorstellungen dürfen Sie nicht aufkommen lassen, nicht beim Auftraggeber und nicht bei sich selbst. Denken Sie daran: Eine Schätzung bleibt eine Schätzung, nicht mehr und nicht weniger, und immer wieder müssen Sie sie als eine solche verkaufen!

Suchen Sie auch die Ursachen für positive Entwicklungen, die sich abzeichnen, denn dann können Sie Ihre Pläne vielleicht so ändern, daß der positive Trend beibehalten wird. Sie sollten also nicht tatenlos zusehen, wenn beispielsweise eine Interviewserie bei zukünftigen Benutzern, für die Sie drei Wochen eingeplant hatten, nach anderthalb Wochen abgeschlossen ist.

- Suchen Sie zu ergründen, woran es liegt!
  - Waren die Interviewer solche „Profis"?
  - Waren die Interviewten sehr gut vorbereitet?
  - Drückte den Interviewten gerade der Schuh, d.h. hatten wir den richtigen Augenblick abgepaßt?
  - War die Anzahl der zu Interviewenden kleiner als angenommen?

Aus der Antwort der Frage nach dem **Warum** finden Sie Hinweise, wie Sie beim nächsten Interview vorgehen sollten und – welche Schätzungen Sie dann abgeben werden: In dem einen Fall werden Sie versuchen, wieder Profis einzuplanen. In dem anderen Fall werden Sie den Auftraggeber einschalten, der die zu Interviewenden auf die Bedeutung und Konsequenzen des Interviews vorbereitet!

8.5 Änderung der Pläne

- Stellen Sie fest, warum Abweichungen zwischen Plan und Zustand vorliegen.
- Dokumentieren Sie die Gründe dafür.
- Ziehen Sie Konsequenzen, und das heißt schlicht und einfach: Planen Sie neu.
- Justieren (oder korrigieren) Sie den entsprechenden Plan.
- Lassen Sie ihn sich genehmigen, wenn mit seiner Realisierung Ihre Kompetenzen überschritten werden.
- Handeln Sie!

Artikulieren Sie sich also gegebenenfalls auch dem Auftraggeber gegenüber, wie es der Projektleiter des CNM-Projektes machte, als er erkannte, daß einiges nicht nach Plan lief.

(Zur folgenden Statusbeschreibung, die für sich spricht, ist zu ergänzen, daß auch auf diesen Appell hin seitens der Geschäftsleitung nichts passierte. Der Projektleiter legte daraufhin die Verantwortung für dieses Projekt nieder! Niemand regte sich darüber auf, so daß klar wurde, daß eigentlich auch niemand hinter dem Projekt stand und daß sich aus dem Verhalten der Geschäftsleitung dafür schon frühzeitig ein Indiz ableiten ließ.)

Rufen wir uns noch einmal in Erinnerung, was wir unter Planen verstehen: Blick in die Zukunft – „so könnte etwas sein oder laufen" – und Genehmigung durch das Management – „so soll es sein!"

So sind wir wieder beim Planen, das sich damit als stetiger Prozeß im Projektverlauf herausstellt. Der stetige Prozeß, durch den kontinuierlich die Pläne modifiziert werden, bis sie in der Realisierung des Zieles ihre Erfüllung finden und Vergangenheit sind.

Herrn
Direktor Hesse
Geschäftsleitung

CNM-Statusbericht v. 18.10.

Im Meeting zum Projektstart am 18.08. waren u.a. folgende Punkte verabschiedet worden (Soll). Der heutige Status stellt sich wie folgt dar (Ist).

1. Projektziel

Das damals formulierte und verabschiedete Ziel, Etablierung eines Managementsystems und einer neuen organisatorischen Einheit im Unternehmen, erlaubt es nicht, an der Geschäftsleitung vorbei zu operieren. Dies geschieht aber, wenn Sie der Projektleitung nicht zur Verfügung stehen.

2. Projektausschuß

Soll: Alle relevanten Entscheidungen im Projekt werden von diesem Gremium getroffen.
Ist: Tatsächlich geschieht dies nicht.

3. Projektleiter

Soll: Jegliche projektrelevante Kommunikation läuft über ihn; er kann bis zur Geschäftsleitung eskalieren.
Ist: Es werden Besprechungen zum Projekt, von denen der Projektleiter nichts weiß, vom Management angesetzt. Es werden Entscheidungen getroffen, ohne daß der Projektleiter informiert wird.

4. Organisation

Soll: An der Projektarbeit werden drei Mitarbeiter des Unternehmens, Frau Berger und die Herren Schumann und Solbach, beteiligt, die Beraterfirmer Datsav unterstützt.
Ist: Die betreffenden Mitarbeiter sind nicht freigestellt, sondern stehen nur sporadisch zur Verfügung; der Projektleiter hat infolge interner Querelen nicht die Möglichkeit, qualifizierte Mitarbeiter zu gewinnen.

5. Phasen

Soll: Es wurde ein bestimmter Phasenplan verabschiedet.
Ist: Das Management initiiert (am Projektleiter vorbei!) Tätigkeiten, die erst in späteren Phasen zur Ausführung kommen können.

6. Hauptaktion

Soll: Als dringlichste Aktion wurde ein Meeting mit Ihnen angesehen. In einem Schreiben v. 16.09. wurde Ihnen dies bereits einmal in 5 Punkten konkretisiert.
Ist: Bisher ist dieses Meeting nicht zustande gekommen.

Ich möchte hiermit eindringlich betonen, daß bei diesem Projekt kein brauchbares Ergebnis zu erwarten ist, und daß die Behebung der Ursachen dafür außerhalb meiner Kompetenz liegt.
Deshalb bitte ich noch einmal um Ihre Teilnahme an einem Meeting mit dem Projektausschuß, damit o.a. Probleme ausgeräumt werden können. Es kann nicht im Sinne unseres Unternehmens sein, hier sinnlos Ressourcen einzusetzen.

gez. Projektleiter CNM

Abbildung 8-6: Brief an die Geschäftsleitung

9 Bau der Arche Noah

Oder: Der Stellenwert der Netzplantechnik im Projekt

9.1 Projektstart

Im 1. Buch Mose 6, 14 ff. heißt es:

> Mach dir einen Kasten von Tannenholz und mache Kammern darin und verpiche ihn mit Pech inwendig und auswendig. Und mach ihn also: Dreihundert Ellen sei die Länge, fünfzig Ellen die Weite und dreißig Ellen die Höhe. Ein Fenster sollst du daran machen obenan, eine Elle groß. Die Tür sollst du mitten in seiner Seite setzen. Und er soll drei Boden haben: einen unten, den anderen in der Mitte, den dritten in der Höhe ...

9.2 Netzplantechnik bei der Planung des Projekts

„Da ist also der Auftrag und das Ziel: Bau eines Schiffes einer bestimmten Länge, einer bestimmten Breite, einer bestimmten Höhe. Bau eines Schiffes, das eine bestimmte Aufgabe erfüllen soll.

Ein klares Ziel also. Aber: Wie lange brauche ich für so etwas, welches Material nehme ich, wieviele Leute müssen mitarbeiten, wie sehen die Einzelheiten aus ...?"

Noah eilte gedankenvoll nach Hause. Er rief seine Söhne zu sich und begann:

„Nun ist es soweit! Wir haben ja schon lange damit gerechnet. Jetzt haben wir den Auftrag erhalten. Ein Schiff, ein riesiges Schiff sollen wir bauen. Ich weiß nicht, wie wir so etwas anfangen sollen; wir haben so etwas noch nie gemacht. Das einzige, was ich weiß, ist, daß wir nachher in das Schiff einsteigen müssen, wenn es fertig ist. Ja, und Tiere sollen wir mitnehmen."

9.2.1 Strukturanalyse

Planung der Tätigkeiten

Er erläuterte ihnen, was er bereits wußte; das war nicht allzuviel, aber immerhin.

„Sem, hast du eine Ahnung, wie das alles laufen könnte?"

Sem trat vor, und bedächtig hub er an: „Wenn das so ist – mit dem Wasser meine ich – dann müssen wir auf jeden Fall das Holz mit Teer bestreichen, sonst dringt das Wasser durch die Fugen." Sem war schon immer praktisch veranlagt.

Und Ham hatte auch einen Vorschlag: „Wir müssen die Tiere fangen; darf ich schon damit beginnen?" Das war nämlich was für Ham; wenn seine Mutter ihn zu Hause brauchte, wußte sie immer, wo er zu finden war: beim Kaninchenfang am Hügel hinter dem kleinen Wald.

Noah bremste ihn: „Noch nicht. – Japheth, was meinst du?"

Bevor Japheth antworten konnte, tauchte Noahs Frau auf. „Was steht ihr hier wieder so müßig herum; ich rackere mich allein im Haushalt ab. Da könntet ihr mithelfen!" Sie wußte ja nicht, daß Noah mit seinen Söhnen eine derart wichtige Angelegenheit zu diskutieren hatte.

„Ja", rief Japheth Noah zu, „den Hausrat müssen wir verpacken, bevor wir einsteigen können; denn ihn brauchen wir auf dem Schiff."

Tabelle 9-1: Vorläufige Liste der Tätigkeiten

Ident	Tätigkeit
T1	Je 1 Paar unreine Tiere fangen
T2	Je ein paar reine Tiere fangen
T3	Teer vorbereiten
T4	Vorrat beschaffen
T5	Vorrat im 1. Stock unterbringen
T6	Haushalt verpacken
T7	Haushalt im 2. Stock unterbringen
T8	Bäume fällen
T9	Holz bearbeiten
T10	Gerüst erstellen
T11	1. Stock bauen
T12	2. Stock bauen
T13	3. Stock bauen
T14	Dach bauen
T15	1. Stock teeren
T16	2. Stock teeren
T17	3. Stock teeren
T18	Dach teeren
T19	Kleinmaterial besorgen
T20	Einziehen
T21	Bäume fällen, 1. Tag

Damit waren Noah und die Seinen schon mitten in der Planung. Einer beschrieb die Tätigkeit, von der er meinte, daß sie getan werden müßte, der andere ergänzte die Beschreibung oder verwarf sie, und in einer lebhaften Diskussion trugen sie alle wesentlichen Tätigkeiten für den Bau der Arche zusammen. Nach zwei Tagen hatten sie eine Liste, von der Noah stolz sagte, daß sie vollständig sei.

Und Noah, Sem, Ham und Japheth waren guter Dinge, denn das Projekt lief offensichtlich gut an.

9.2 Netzplantechnik bei der Planung des Projekts

Planung der Abhängigkeiten

Am nächsten Tag saß Noah wieder mit seinen Söhnen zusammen.

„Wir haben nun eine Liste aller Tätigkeiten, und mir drängen sich eine Reihe von Fragen auf: Wie müssen Start- und Endtermine der einzelnen Tätigkeiten festgelegt werden, damit wir möglichst schnell fertig werden? – Oder: Um welche Zeit kann eine bestimmte Tätigkeit, z.B. das Fangen der unreinen Tiere hinausgeschoben werden, ohne die Gesamtdauer zu beeinträchtigen? – Und: Führt die Beschleunigung einer Tätigkeit, z.B. der Beschaffung des Vorrats, um eine bestimmte Zeitdauer zur gleichgroßen Verringerung der Gesamtdauer? – Was meint Ihr?"

Ham antwortete als erster: „Dazu, glaube ich, müssen wir sicherlich schätzen und vorhersagen, wie lange die einzelnen Tätigkeiten dauern."

Und Japheth: „Richtig, aber dazu müssen wir erst überlegen, wer oder wie viele Leute die Tätigkeiten auszuführen haben; denn davon hängt ganz klar die Dauer ab."

Nun meldete sich auch Sem: „Wichtig ist für uns auch die Beantwortung der Frage, wie wir die zur Verfügung stehenden Leute und Arbeitsmittel einsetzen, damit keine oder nur minimale Verzögerungen eintreten."

Noah war noch nicht zufrieden und sagte: „Hört mal; was mir eben auffällt, ist, daß wir erst das Dach bauen können, wenn wir den 3. Stock gebaut haben und ..."

Er wurde sofort von Japheth unterbrochen: „Das ist doch klar; ebenso kann der 3. Stock erst gebaut werden, wenn der 2. Stock fertig ist, und der 2. Stock erst dann, wenn der 1. gebaut ist."

Sem griff den Gedanken auf: „Aber während das Dach gebaut wird, kann der 3. Stock geteert werden."

Und Ham meinte, daß beides unabhängig vom Fangen sowohl der reinen als auch der unreinen Tiere sei, sofern nur Leute in genügender Anzahl zur Verfügung stünden.

So untersuchten sie die zwischen den einzelnen Tätigkeiten bestehenden Abhängigkeiten, die organisatorisch, verfahrenstechnisch oder sonst wie bedingt waren, und das stellte sich als eine ziemlich aufwendige Arbeit heraus. Nicht nur hinsichtlich des Umfangs, sondern auch hinsichtlich der Schwierigkeit; denn zu ermitteln, was vor und was parallel zu einer Tätigkeit ablaufen kann oder muß, verlangt eine tiefe Einsicht in die Struktur des Problems.

Zum Beispiel diskutierten Noah, Sem, Ham und Japheth lange alleine darüber, wie die Tätigkeiten „Bäume fällen" und „Holz bearbeiten" einander zuzuordnen seien. Sollte die letztere erst dann gestartet werden, wenn alle benötigten Bäume gefällt seien, oder könnten nicht beide parallel ablaufen? – Schließlich einigten sie sich darauf, daß von der Tätigkeit „Bäume fällen" ein Tag durchgeführt werden müßte, bevor die Tätigkeit der Holzbearbeitung in Angriff genommen werden könnte.

So waren sie gezwungen, tief in die Problematik einzusteigen. Aber nach drei Tagen hatten Noah und seine Söhne die Arbeit getan und das Ergebnis dokumentiert.

Tabelle 9-2: Liste der Tätigkeiten und ihrer direkten Vorgänger

Ident	Tätigkeit	Direkte Vorgänger
T1	Je 1 Paar unreine Tiere fangen	–
T2	Je ein paar reine Tiere fangen	–
T3	Teer vorbereiten	–
T4	Vorrat beschaffen	–
T5	Vorrat im 1. Stock unterbringen	T4, T15
T6	Haushalt verpacken	–
T7	Haushalt im 2. Stock unterbringen	T6, T16
T8	Bäume fällen	T21
T9	Holz bearbeiten	T21
T10	Gerüst erstellen	T8
T11	1. Stock bauen	T19, T10, T9
T12	2. Stock bauen	T11
T13	3. Stock bauen	T12
T14	Dach bauen	T13
T15	1. Stock teeren	T3, T11
T16	2. Stock teeren	T12, T15
T17	3. Stock teeren	T13, T16
T18	Dach teeren	T14, T17
T19	Kleinmaterial besorgen	–
T20	Einziehen	T7, T5, T18, T1, T2
T21	Bäume fällen, 1. Tag	–

9.2.2 Zeitanalyse

Schätzung der Dauer der Tätigkeiten

Noah schien es, als ob sie überhaupt nicht weiterkämen. Immer noch wußte er nicht, wann sie frühestens die Arbeiten abgeschlossen hätten; immer noch nicht konnte er sagen, wann denn spätestens der Vorrat zusammengetragen sein mußte. Und ein klein wenig machte sich bei ihm und seinen Söhnen Resignation breit. Aber später sollte sich zeigen, daß es nur von Vorteil war, daß sie so vorgegangen waren.

So saßen sie lange schweigend zusammen. Plötzlich nahm Ham seine Gedanken von früher wieder auf: „Ich glaube, wir müssen jetzt schätzen und vorhersagen, wieviel Tage die einzelnen Tätigkeiten brauchen, z.B. müssen wir bestimmen, wie lange es dauert, von allen Tieren ein Paar zu fangen."

„Gut", sagte Noah, „können wir das denn? Das haben wir doch noch nie gemacht. Gewiß können wir schätzen, wie lange es dauert, einen Hasen zu fangen. Aber ein Hasenpaar? Oder ein Vogelpaar? Oder ein Gazellenpaar?"

9.2 Netzplantechnik bei der Planung des Projekts

Japheth meinte: „Und die Dauer hängt davon ab, wieviel Leute alle die Tiere fangen sollen. Ich bin also der Meinung, daß die Frage nach der Dauer Hand in Hand einhergeht mit der Frage, wer die Tätigkeit ausübt."

„Wenn ich", warf Sem ein, „eine Schätzung über die Dauer des Tierfanges abgeben sollte, so fühle ich mich überfordert. Darin habe ich keinerlei Erfahrung, und mein Schätzen würde nur ein Raten sein. Sollte ich aber etwas über das Fällen der Bäume und die Bauarbeiten selbst sagen, so glaube ich, daß ich eine gute Aussage treffen würde." Er schaute die anderen erwartungsvoll an.

„Das ist vernünftig;" Hoffnung strahlte nun die Stimme Noahs aus. „Machen wir es so: Sem versucht, die Zeitdauer für die Holzarbeiten, vom Fällen der Bäume bis zum Bau des Daches, zu bestimmen, und zwar in Tagen; Ham kümmert sich um das Fangen der Tiere, und du, Japheth, schaust, ob du in dieser Weise mit den Teerarbeiten klarkommst. Eure Mutter müßte am besten in der Lage sein, zu sagen, wie viele Tage das Verpacken des Haushalts, sein Verstauen im Schiff und die Beschaffung des Vorrats dauert."

Noahs Frau freute sich, daß sie damit an der Vorbereitung des gewaltigen Unternehmens teilnehmen konnte, und gab sich große Mühe, die Zeiten realistisch zu schätzen.

Tabelle 9-3: Vollständige Tätigkeitsliste

Ident	Tätigkeit	Direkte Vorgänger	Dauer (Tage)
T1	Je 1 Paar unreine Tiere fangen	–	64
T2	Je ein paar reine Tiere fangen	–	86
T3	Teer vorbereiten	–	20
T4	Vorrat beschaffen	–	30
T5	Vorrat im 1. Stock unterbringen	T4, T15	7
T6	Haushalt verpacken	–	25
T7	Haushalt im 2. Stock unterbringen	T6, T16	7
T8	Bäume fällen	T21	28
T9	Holz bearbeiten	T21	36
T10	Gerüst erstellen	T8	23
T11	1. Stock bauen	T19, T10, T9	20
T12	2. Stock bauen	T11	14
T13	3. Stock bauen	T12	15
T14	Dach bauen	T13	12
T15	1. Stock teeren	T3, T11	9
T16	2. Stock teeren	T12, T15	7
T17	3. Stock teeren	T13, T16	7
T18	Dach teeren	T14, T17	6
T19	Kleinmaterial besorgen	–	30
T20	Einziehen	T7, T5, T18, T1, T2	1
T21	Bäume fällen, 1. Tag	–	1

Ham überlegte, wie lange es denn dauern könnte, ein Hasenpaar zu fangen und schloß dann auf die Dauer der gesamten Tätigkeit, indem er die Zahl der ihm bekannten Tierarten berücksichtigte. – Sem schloß aus der geforderten Größe des Schiffes auf die Anzahl der benötigten Bretter, bestimmte daraus wieder die Anzahl der zu fällenden Bäume und kam so, wie er meinte, zu einer vernünftigen Aussage. – Ähnlich ging Japheth vor.

Alle aber setzten in ihren Überlegungen immer eine ganz bestimmte Anzahl von Leuten voraus, die tätig werden würden; dabei dachten sie selbstverständlich nicht nur an sich und ihre Frauen und Kinder, sondern auch an die Knechte und Mägde, die später natürlich auch mit in das Schiff kommen sollten.

Noah koordinierte alles und verstand es, mit seinen kritischen Fragen zu den Schätzwerten die Zustimmung aller zu den abgegebenen Schätzungen herbeizuführen. Das war nach drei weiteren Tagen der Fall.

Bestimmung der Termine

Dabei allerdings ließ Noah es nicht bewenden. Er hieß seine Söhne für jede Tätigkeit den frühestmöglichen Start und das frühestmögliche Ende zu bestimmen. Dazu einigten sie sich

Tabelle 9-4: Ergebnis des Vorwärtsrechnens

Ident	Tätigkeit	Direkte Vorgänger	Dauer (Tage)	Früh. Start	Früh. Ende
T1	Je 1 Paar unreine Tiere fangen	–	64	15Mär	28Mai
T2	Je ein paar reine Tiere fangen	–	86	15Mär	23Jun
T3	Teer vorbereiten	–	20	15Mär	07Apr
T4	Vorrat beschaffen	–	30	15Mär	19Apr
T5	Vorrat im 1. Stock unterbringen	T4, T15	7	17Jun	25Jun
T6	Haushalt verpacken	–	25	15Mär	13Apr
T7	Haushalt im 2. Stock unterbringen	T6, T16	7	01Jul	09Jul
T8	Bäume fällen	T21	28	16Mär	17Apr
T9	Holz bearbeiten	T21	36	16Mär	27Apr
T10	Gerüst erstellen	T8	23	17Apr	14Mai
T11	1. Stock bauen	T19, T10, T9	20	14Mai	07Jun
T12	2. Stock bauen	T11	14	07Jun	23Jun
T13	3. Stock bauen	T12	15	23Jun	10Jul
T14	Dach bauen	T13	12	10Jul	24Jul
T15	1. Stock teeren	T3, T11	9	07Jun	17Jun
T16	2. Stock teeren	T12, T15	7	23Jun	01Jul
T17	3. Stock teeren	T13, T16	7	10Jul	19Jul
T18	Dach teeren	T14, T17	6	24Jul	31Jul
T19	Kleinmaterial besorgen	–	30	15Mär	19Apr
T20	Einziehen	T7, T5, T18, T1, T2	1	31Jul	02Aug
T21	Bäume fällen, 1. Tag	–	1	15Mär	16Mär

darauf, daß der Start der Arbeiten am 15. Tag des dritten Monats sein solle und daß sie an sechs Tagen jeder Woche arbeiten wollten.

9.2 Netzplantechnik bei der Planung des Projekts

So stellte sich z.B. dar, daß die Bäume ab diesem Tag gefällt werden könnten, daß ab dem 16. Tag desselben Monats die Holzbearbeitung durchgeführt werden könnte, daß entsprechend der vollständigen Tätigkeitsliste ab dem 17. Tag des vierten Monats das Gerüst gebaut werden könnte usw., und daß der Einzug frühestens am Abend des 31. Tages des siebten Monats beendet sein würde.

Dieses Errechnen von frühestmöglichem Start und Ende jeder Tätigkeit und des gesamten Projektes nannte Noah *Vorwärtsrechnen*. Japheth meinte daraufhin, wenn es ein Vorwärtsrechnen gäbe, dann sollte man auch ein *Rückwärtsrechnen* durchführen.

Tabelle 9-5: Ergebnis aller Schritte bis zum Rückwärtsrechnen (* = kritische Tätigkeiten)

Ident	Tätigkeit	Direkte Vorgänger	Dauer (Tage)	Früh. Start	Früh. Ende	Spät. Start	Spät. Ende	Puffer (Tage)
T1	Je 1 Paar unreine Tiere fangen	–	64	15Mär	28Mai	18Mai	31Jul	55
T2	Je ein paar reine Tiere fangen	–	86	15Mär	23Jun	22Apr	31Jul	33
T3	Teer vorbereiten	–	20	15Mär	07Apr	04Jun	28Jun	70
T4	Vorrat beschaffen	–	30	15Mär	19Apr	18Jun	23Jul	82
T5	Vorrat im 1. Stock unterbringen	T4, T15	7	17Jun	25Jun	23Jul	31Jul	31
T6	Haushalt verpacken	–	25	15Mär	13Apr	24Jun	23Jul	87
T7	Haushalt im 2. Stock unterbringen	T6, T16	7	01Jul	09Jul	23Jul	31Jul	19
T8	Bäume fällen	T21	28	16Mär	17Apr	16Mär	17Apr	0*
T9	Holz bearbeiten	T21	36	16Mär	27Apr	02Apr	14Mai	15
T10	Gerüst erstellen	T8	23	17Apr	14Mai	17Apr	14Mai	0*
T11	1. Stock bauen	T19, T10, T9	20	14Mai	07Jun	14Mai	07Jun	0*
T12	2. Stock bauen	T11	14	07Jun	23Jun	07Jun	23Jun	0*
T13	3. Stock bauen	T12	15	23Jun	10Jul	23Jun	10Jul	0*
T14	Dach bauen	T13	12	10Jul	24Jul	10Jul	24Jul	0*
T15	1. Stock teeren	T3, T11	9	07Jun	17Jun	28Jun	08Jul	18
T16	2. Stock teeren	T12, T15	7	23Jun	01Jul	08Jul	16Jul	13
T17	3. Stock teeren	T13, T16	7	10Jul	19Jul	16Jul	24Jul	5
T18	Dach teeren	T14, T17	6	24Jul	31Jul	24Jul	31Jul	0*
T19	Kleinmaterial besorgen	–	30	15Mär	19Apr	09Apr	14Mai	22
T20	Einziehen	T1, T2, T5, T7, T18	1	31Jul	02Aug	31Jul	02Aug	0*
T21	Bäume fällen, 1. Tag	–	1	15Mär	16Mär	15Mär	16Mär	0*

„Das ist durchaus nicht ironisch gemeint," fügte er hinzu, als die anderen ihn mit großen Augen ansahen. „Seht, wo wir nun wissen, wann der Einzug, also das gesamte Projekt, beendet ist, errechnen wir für jede Tätigkeit das Datum, zu dem spätestens jeweils die Tätigkeit gestartet bzw. beendet sein muß, damit der von uns bestimmte Endtermin nicht überschritten wird. Und was ist das anders als ein Rückwärtsrechnen vom Endtermin aus?"

Sie taten es und sahen, daß beispielsweise die Tätigkeit „Hausrat verpacken" spätestens am 23. Tag des siebten Monats beendet sein mußte oder die reinen Tiere spätestens am Abend des 30. Tages dieses Monats gefangen sein mußten. Noah einigte sich mit seinen Söhnen darauf, die Spanne zwischen frühestmöglichem und spätestzulässigem Ende *Pufferzeit* zu nennen; sie gestanden aber Ham zu, daß er auch vom *Schlupf* sprechen durfte.

Noah und seine Söhne stellten natürlich fest, daß es Tätigkeiten gab, die keine Pufferzeit hatten. Sie nannten diese Tätigkeiten *kritisch*. Diese waren nämlich kritisch in dem Sinne, daß ihre Dauer die Dauer des gesamten Projektes beeinflußten. Wenn z.B. die Holzbearbeitung auch nur einen einzigen Tag länger dauern würde als geplant, dann würde der errechnete Endtermin hinausgeschoben. Wollte man auf der anderen Seite das Projekt beschleunigen, dann konnte man das nur dadurch, daß man kritische Tätigkeiten beschleunigt.

Die hintereinander laufenden kritischen Tätigkeiten nannten sie den *kritischen Weg* des Projektes.

9.2.3 Kapazitätsplanung

Nun sahen sie aber plötzlich ein Problem. Da sie nur eine beschränkte Anzahl von Arbeitern zur Verfügung haben würden, könnten einige Tätigkeiten gar nicht, wie angenommen, nebeneinander ablaufen. Was sollten sie tun?

Sie versuchten zunächst, im Rahmen der Pufferzeiten die Tätigkeiten zu verschieben. Das reichte nicht aus, und so war eine Verlängerung der Gesamtdauer des Projektes unumgänglich. Um diese Verlängerung der Gesamtdauer möglichst gering zu halten, ordneten sie die Tätigkeiten so an, daß deren Sortierung in aufsteigender Reihenfolge nach frühestmöglichen Startterminen, innerhalb gleicher Startterminen nach den Pufferzeiten berücksichtigt wurde.

9.2.4 Graphische Darstellung

Damit waren Noah und seine Familie ein gutes Stück in der Planung des Projektes „Bau der Arche" weitergekommen. Doch Noah war nicht ganz glücklich.

Wäre es nicht sinnvoll, so überlegte er, das gesamte Projekt, so wie es sich jetzt zeigte, in eine bildliche Darstellung zu bringen?

Diese müßte allerdings zwei wichtige Anforderungen erfüllen, nämlich: sie mußte zum ersten die Beziehungen zwischen den Tätigkeiten eindeutig wiedergeben und zum zweiten zeitunabhängig sein, um bei zeitlichen Abweichungen, die doch später zu erwarten wären, ein Neuerstellen des Bildes zu vermeiden. Noah war sich darüber im klaren, daß letzteres zur Folge haben würde, daß Zeitaussagen direkt, d.h. anhand des Bildes nicht mehr möglich wären.

„Wie können wir so etwas machen?" fragte er seine Söhne, als er ihnen seine Überlegungen vorgestellt hatte. „Wie kommen wir aus der Klemme?"

9.2 Netzplantechnik bei der Planung des Projekts

„Ich habe schon eine Idee," hub Sem langsam an; „aber wenn du das so sagst, dann hat es ja keinen Zweck, wenn wir uns eine Linie ziehen, die dem Zeitablauf entspricht, und darüber dann entsprechende Balken zeichnen, die je einer Tätigkeit entsprechen. Z.B.: der 1. Balken stellt die Tätigkeit „Bäumefällen" dar, der 2. Balken „Unreine Tiere fangen" usw. Wir sehen zwar das mögliche zeitliche Nach- und Nebeneinander aller Tätigkeiten und können auch sehen, wann eine bestimmte Tätigkeit beginnt oder endet, oder wie lange das Projekt dauert. Aber die Abhängigkeiten der einzelnen Tätigkeiten sind nicht eindeutig erkennbar. So ist beispielsweise nicht erkennbar, ob „Vorrat im 1. Stock unterbringen" den Abschluß der Tätigkeit „Teer vorbereiten" auch dann voraussetzt, wenn diese länger als die Beschaffung des Vorrats dauert."

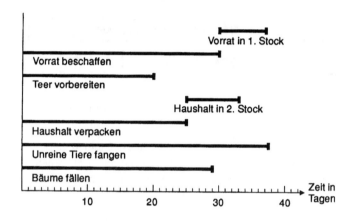

Abbildung 9-1: Balkendiagramm zur Darstellung des zeitlichen Verlaufs

„Ja," ergänzte Noah, „aus deinem *Balkendiagramm* ist nicht zu ersehen, welche Tätigkeiten verschoben werden können, ohne die Gesamtdauer zu verlängern."

„Und noch etwas," meinte Ham, „wenn jetzt das Fangen der unreinen Tiere länger dauert als geschätzt – und damit müssen wir rechnen – dann muß die Zeichnung unweigerlich neu erstellt werden, um auch dann noch zutreffende Zeitangaben zu haben."

Japheth sagte: „Leider also unbrauchbar. – Aber was haltet ihr davon, mit Balken nur Tätigkeiten und deren Abhängigkeiten abzubilden, ich meine, nicht mehr auf die Dauer Rücksicht zu nehmen?"

Und Ham: „Richtig; und mit Pfeilen könnten wir die Abhängigkeiten am besten darstellen."

Hin und her ging es; eine Weile dauerte es, dann hatten sie sich darauf festgelegt, daß ihre bildliche Darstellung des Projektes ein *Netz* war, das aus Pfeilen und Punkten bestand. Die Pfeile symbolisierten die Tätigkeiten, ihre Richtung bestimmte die Abhängigkeit, die Länge allerdings bot keinen Anhaltspunkt über ihre Dauer. Eine Tätigkeit begann mit einem Ereignis (Punkt) und endete mit einem Ereignis; sie nannten diese *Vor-* bzw. *Nachereignisse*. Die Ereignisse, z.B. „Beginn Bau des 1. Stocks", wurden durch eben diese Kreise dargestellt.

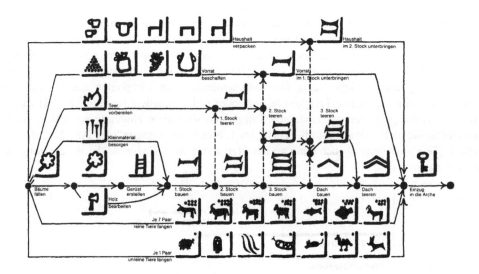

Abbildung 9-2: Graphische Darstellung des Netzplanes [11]

Noah faßte zusammen: „Für ein Ereignis können frühester und spätestzulässiger Zeitpunkt errechnet werden. Ein Ereignis gilt als eingetreten, wenn alle Tätigkeiten, die zum Ereignis führen, abgeschlossen sind. Eine Tätigkeit kann frühestens dann gestartet werden, wenn ihr Vorereignis eingetreten ist. Wollen wir es so haben?"

Sie hatten lange darüber diskutiert; sie waren froh, daß sie ein Ergebnis hatten, und nickten.

Nur Ham wußte noch nicht so recht, was er von den gestrichelten Pfeilen halten sollte, und Noah sagte: „Sie sagen dir, daß hier von uns Tätigkeiten eingeführt worden sind, die die Dauer 0 haben, die also nur zum Schein ablaufen. Wir müssen sie einführen, um mitunter Abhängigkeiten eindeutig darzustellen. Denk mal über diese *Scheintätigkeiten* nach!"

Ham wollte nicht weiter darüber reden und versprach es; einmal war er viel zu begierig, endlich auf Tierfang zu gehen, und zum anderen dachte er – wie seine Brüder und Noah – daran, daß sie doch bald mit der eigentlichen Arbeit beginnen müßten: es nahte der 15. Tag des dritten Monats.

9.3 Netzplantechnik beim Ablauf des Projekts

Gemäß der Erkenntnis über den kritischen Weg ordnete Noah an, daß man zuerst mit der Tätigkeit „Fällen der Bäume" beginnen sollte, wozu er Sem mit den Seinen, die er in der abgegebenen Schätzung berücksichtigt hatte, bestimmte.

Am 15. Tag des dritten Monats erklang das Schlagen der Äxte, das Surren der Sägen und das Rauschen und Krachen der niederfallenden Baumriesen; laute Befehle von Sem unterbrachen die aufmunternden Rufe seiner Arbeiter, und die Vögel stimmten ein ängstliches, klagendes Fragen an.

Ham rief seine Leute zusammen, ließ Netze zum Fangen der Tiere, groß und klein, erstellen und besprach mit seinen Knechten das weitere Vorgehen, das Material, die Form und Größe der Käfige. Er entschied, daß sie vorerst alle die reinen Tiere fangen sollten, weil diese Tätigkeit einen kleineren Puffer (33 Tage) als die des Eintreibens der unreinen Tiere (55 Tage) hatte. Später dann sollte die gesamte Mannschaft in zwei Trupps aufgeteilt werden, deren größerer sich weiter um die reinen, deren kleinerer sich aber um die unreinen Tiere kümmern sollte. Er schätzte aus dem Puffer und den spätesten Startterminen, daß dieses etwa am 1. Tag des fünften Monats sein müßte.

Wohlgerüstet und frohen Mutes begaben sie sich am 29. Tag des dritten Monats auf den Weg.

Noahs Frau startete zuerst einmal das Verpacken des Hausrats. Zwar hatte diese Tätigkeit einen Puffer von 87 Tagen gegenüber einem Puffer von 82 Tagen für die Beschaffung des Vorrats. Aber sie dachte daran, daß bei langem Lagern von bestimmten Speisen unter Umständen diese verdorben würden und das Zusammentragen des Vorrats deshalb möglichst weit aufgeschoben werden müßte.

Japheth ließ seine Leute viele Gefäße bauen in vielerlei Form. Dann zogen sie übers Land, um Erdharz zu suchen, aus dem sie Teer machen wollten. Das war am 22. Tag des dritten Monats.

Noah aber sah, daß der Start der Tätigkeiten gelungen war, und er war froh und sich eines erfolgreichen Endes sicher.

Nachbarn kamen nun, ihn zu besuchen und zu fragen, was er denn da mit den Seinen mache. Noah erzählte vom Auftrag und vom Schiff, und verursachte damit ein ratloses Kopfschütteln seiner Besucher. Er war ihnen immer als ehrenwerter Mann erschienen, und sie glaubten durchaus nicht, daß er einen Scherz mit ihnen trieb. Um so mehr empfanden sie Mitleid mit diesem „alten Mann!" Dies verstärkte sich noch mehr, als Noah ihnen seine Arbeit erläuterte, daß sie also eigentlich schon so lange Zeit an diesem Projekt saßen, indem sie die Vorgehensweise, alle Einzeltätigkeiten und deren Abhängigkeiten, die Mitarbeiter und die Termine geplant hatten.

Die Nachbarn sahen überhaupt nicht ein, daß man für eine derart vage Sache eine derart aufwendige Vorbereitung treffen müsse. Man solle doch alles „einmal auf sich zukommen lassen, dann sieht man ja, was zu tun ist", wie einer von ihnen sich ausdrückte.

Noah schwieg; er vertraute auf den HERRN, und die Projektplanung, wie er sie angegangen war, gab ihm das Gefühl, bisher alles Notwendige in der richtigen Weise getan zu haben.

9.3.1 Berichtswesen

So lief das Projekt. Noah wurden stetig Berichte übergeben, die davon zeugten, daß wieder eine Arbeit begonnen oder eine andere beendet worden war, und wie lange wieviele Leute mit welchen Kenntnissen und Qualifikationen sie vollbracht hatten. Diese Berichte abzugeben, hatte er mit seinen Söhnen und seiner Frau vereinbart, und er achtete mit kritischen Augen darauf, daß sie sorgfältig, regelmäßig und aktuell abgegeben wurden.

9.3.2 Ablaufkontrolle

An dem Netzplan und den erstellten Tabellen verfolgte Noah das Geschehen, verglich die Planung mit den realen Vorgängen, änderte entsprechend die Tabellen, indem er Start- und Endtermine neu berechnete, forschte bei Abweichungen nach deren Ursachen, griff ein, wenn er es für notwendig erachtete, indem er aus der einen Tätigkeit Leute abzog und mit an eine andere, in Verzug geratene, Tätigkeit setzte oder eine Schätzung korrigierte.

Und hier stellte sich endgültig der Nutzen ihres sorgfältigen, methodischen Vorgehens bei der Planung dar: Der Netzplan zeigte ihnen stets den kritischen Weg, der sich bisweilen schon einmal änderte. Ihn stellte Noah durch eine auffällige Farbe dar, und sofort war es ihm möglich, mit einem Blick zu übersehen, welche Tätigkeiten er von nun an besonders zu beobachten hatte, und sie wußten immer, was für Konsequenzen ein Beschleunigen oder Verlangsamen oder Aufschieben einer Tätigkeit für das gesamte Projekt bedeutete. Dies war von unbezahlbarem Vorteil, beispielsweise, als Noah vom HERRN den Termin für den Abschluß des Projektes erhielt.

Am 4. Tag des achten Monats ragte das Schiff hoch und weit über die Felder, die Knechte zimmerten das Dach oder arbeiteten emsig im Inneren der Arche. Teergeruch erfüllte die Luft, und fröhliche Rufe gingen hinüber zu den Mägden, die in der Nähe die zum Haushalt und zum Vorrat gehörigen Waren zusammentrugen und im Schiff verstauten.

Das Fauchen eines Löwen in einem Käfig, das Blöken eines Schafes, das Schreien eines Esels, das Trompeten eines Elefanten aus dem nahegelegenen Wald waren Anzeichen dafür, daß Ham eine gute Arbeit geleistet hatte.

Und Noah sprach zu Sem, Ham und Japheth: „Noch 15 Tage haben wir, dann müssen wir einziehen. Wie ich sehe, schaffen wir das auch leicht. Nur bin ich nicht sicher," Noah schaute sich um, „ob wir alle mit all diesen Tieren an einem einzigen Tag einziehen können, wie wir es geschätzt haben. Ich schlage vor, daß wir versuchen sollten, schneller mit den anderen Arbeiten zu sein, so daß wir für den Einzug zwei Tage zur Verfügung haben.

„Ham sagte: „Ich bin soweit mit meinen Arbeiten, daß ich einige meiner Knechte Sem abtreten könnte, damit es bei ihm schneller geht. Nur einige Leute brauche ich noch, die diese Tiere versorgen und beaufsichtigen müssen."

Japheth deutete an, daß er keine Schwierigkeiten habe, schneller fertig zu werden.

Auch Sem äußerte sich: „Der Bau des Daches liegt auf dem kritischen Weg; wenn ich noch zwei oder drei Leute mehr erhalte, wie von Ham zugesagt, dann kann ich durch eine schnellere Durchführung den Termin des Projektabschlusses vorziehen."

So taten sie. Die anderen Tätigkeiten blieben unbeeinflußt. Und am 14. Tag nach dieser Unterredung zogen sie allesamt, Noah und seine Kinder und deren Kinder, die Knechte und Mägde und alle Tiere in die Arche.

Der Zugang wurde verschlossen, und sie warteten auf den Regen.

9.4   Projektende

1. Buch Mose 7, 17 ff.:

> Da kam die Sintflut vierzig Tage auf Erden, und die Wasser wuchsen und hoben den Kasten auf und trugen ihn empor über die Erde ...

10 Projektreviews

Oder: Das Vieraugen-Prinzip

Die Kommunikation zwischen den Ebenen der Funktionenhierarchie (s.o.) wird durch Reviews (= Projektuntersuchungen, -überprüfungen, -besprechungen) abgesichert. Sie ergänzen andere Management- und Kontrollverfahren, indem ein Überblick über das gesamte Projekt gegeben wird, wie er auf andere Weise kaum erreicht werden kann. Von besonderer Bedeutung kann die Einladung von (projekt-)unabhängigen Beratern als Reviewer (= Prüfer) sein. Jeder Überprüfte wird durch die Vorbereitung zur Vorstellung seiner Aufgaben beim Prüfer zu einem aufgefrischten, tieferen Verständnis seiner Arbeit geführt.

Es ist deshalb unumgänglich, daß Sie als Projektleiter in Ihrer Projektplanung solche Reviews vorsehen. Das sind zum einen Reviews, die Sie als Projektleiter mit Ihrem Team durchführen und damit die Kommunikation nach innen gewährleisten, und zum anderen Reviews des Managements mit Ihnen, durch die die Kommunikation nach außen sichergestellt wird.

In dem einen Fall sind Sie der Prüfer, die Projektmitarbeiter die Überprüften. In dem anderen Fall sind Sie der Überprüfte, das Management oder die unabhängigen Berater, die vom Management delegiert oder von Ihnen, dem Projektleiter, ausgewählt wurden (= Reviewteam) die Prüfer.

Seltsamerweise versäumen viele Projektleiter, die Vorteile des Review-Verfahrens zur Verbesserung ihrer Erfolgschancen in Anspruch zu nehmen: Sie würden von ihrer täglichen Arbeit zu sehr belegt und könnten sie nicht für ein Review unterbrechen, oder sie seien in Zeitverzug und wollten keine Unterbrechung durch ein Review. Ein gewisser Mangel an Selbstvertrauen und eine Scheu, ihr Projekt den kritischen Augen eines Reviewteams offenzulegen, kann hinzukommen.

Gerade diese Projektleiter haben tatsächlich Schwierigkeiten, und gerade sie benötigen die Hilfen, die ein gutes Review bietet!

10.1 Reviewtypen

Sie als Projektleiter planen Reviews für Termine oder Anlässe, die Sie für das Projektmanagement als sinnvoll ansehen.

10.1.1 Periodische Reviews

Solche Reviews finden in gleichen Zeitabständen statt. Z.B. könnte sich das Projektteam wöchentlich zusammensetzen, wobei jeder Ihrer Mitarbeiter über den Status seiner Aufgaben und eventuelle Probleme informiert. Sie sind hierbei der Reviewer. Es sind kurze Meetings, in denen die Problematik der Schnittstellen zwischen Ihren Mitarbeitern und die gegenseitigen Anforderungen zur Sprache kommen. Sie dienen also in starkem Maße der Kommunikation unter Ihren Teammitgliedern und der Kommunikation mit Ihnen.

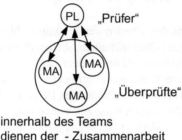

innerhalb des Teams
dienen der - Zusammenarbeit
            - Kommunikation
z.B. wöchentlich

Abbildung 10-1: Periodische Reviews innerhalb der Projektgruppe

Ebenso könnten monatlich Sie und der Projektausschuß (unter Umständen mit Ihren Spezialisten) zusammentreffen, wobei Sie über den Status des Projektes und eventuelle Probleme berichten und wobei Entscheidungen getroffen werden, die anstehen und Ihre Kompetenzen überschreiten (z.B. Erhöhung des Budgets). Diese Reviews dienen in erster Linie der Kommunikation des Projektes nach außen.

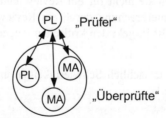

mit Projektausschuß
dienen der - Zusammenarbeit
            - Information des Managements
z.B. monatlich

Abbildung 10-2: Periodische Reviews zwischen Projektleiter und Projektausschuß

10.1.2 Meilenstein-Reviews

Meilenstein-Reviews erfassen nicht nur den augenblicklichen Status, sondern legen vor allem auch fest, was jetzt getan werden soll. Der Meilenstein im Projekt ist ein Punkt, an dem entschieden wird, wie die Pläne den augenblicklichen Ergebnissen angepaßt werden.

Diese Meilensteine werden zwar von Ihnen, dem Projektleiter, geplant, sollten aber – wie auch die Regeln zur gesunden Basis, zur Dokumentation usw. – für ein Unternehmen in Standards festgelegt werden, und zwar durch den zu verwendenden Phasenplan (s.o.). Dadurch kann jeder Betroffene sicher sein, daß Meilensteine im Projekt enthalten und alle Teilnehmer an den entsprechenden Reviews vorbereitet sind.

- markante Zeitpunkte/Phasen
- Produkte
- Aufwand/Termin/Systemumfang

„Prüfer"
„Überprüfter"

dienen der Entscheidung
- weitermachen
- modifizieren
- abbrechen, d.h.

der Freigabe
- fachlich
- sachlich
- finanziell

Abbildung 10-3: Meilenstein-Reviews

Da in diesen Reviews vom Management, dem Projektausschuß, für die anstehende Phase alle Pläne, z.B. das Phasenprodukt, das Budget, der anzusteuernde Termin usw., freigegeben, genehmigt werden, sprechen wir auch vom **Phasenfreigabe-Review**.

10.1.3 Fachliche Reviews

Die Produkte aller Tätigkeiten in einem Projekt werden einem detaillierten Review unterzogen. Die Prüfung kann sich sowohl auf die projektbezogenen (z.B. detaillierte Untersuchung der von Ihnen abgegebenen Schätzung) als auch auf die systembezogenen Tätigkeitsergebnisse (z.B. detaillierte Überprüfung des Detailentwurfs bei einer Multimediaentwicklung oder der Größe und Lokation eines vorgesehenen Fensters in einem Bauprojekt) beziehen. In einem solchen Fall sprechen wir auch von einem **Qualitätsreview.**

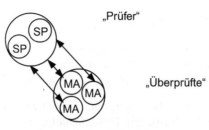

dienen der Qualitätssicherung;
z.B. – sachliche Freigabe
vor Meilenstein-Reviews

Abbildung 10-4: Qualitätsreviews

Es leuchtet ein, daß die Reviewer zur Projektbeurteilung qualifiziert sein müssen. Dahinter steckt die Idee, Reviewer einzubeziehen, die wenigstens dieselbe Qualifikation wie ihr Projektteam haben, oder gar die Reviewtechnik wechselseitig von Projektteam-Mitgliedern anwenden zu lassen, d.h., die Technik wird zum Teil als ein Selbstreview benutzt. Denen gegenüber müssen die Dokumente (= die Produkte) vertreten werden. Gemäß dem Motto „vier Augen sehen mehr als zwei" werden mit diesem Verfahren Lücken aufgedeckt und Unstimmigkeiten ausgemacht.

Unter Zeitdruck kann sich das Projektteam nämlich ganz gewaltig irren und sich vom Kern der Sache, vom Projektziel, entfernen. Die Fragen der Reviewer im fachlichen Review machen bewußt, was vorgeht. Dadurch wird eine Fehlererkennung ermöglicht.

10.1.4   Audit, Revision

Während alle oben genannten Reviewtypen von Ihnen, dem Projektleiter, geplant werden, werden Audits von irgend jemand außerhalb des Projekts verlangt. In manchen Unternehmen ist es einfacher, für die Durchführung von bestimmten Reviews Standardverfahren zu haben, sie als Audits zu definieren (z.B. das **Start-Audit**; sein Ziel ist es sicherzustellen, daß das Projekt begonnen werden kann).

10.1 Reviewtypen

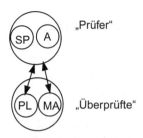

Abbildung 10-5: Audit

Ist das Projekt einmal angelaufen, sind Audits normalerweise nicht mehr Routine. Ab diesem Zeitpunkt ist ein Audit zumeist ein **Dringlichkeits-Review**, das (z.B. vom Auftraggeber) einberufen wird, wenn das Projekt außer Kontrolle zu geraten scheint. (Sie merken selten selbst, daß Sie die Kontrolle verloren haben!)

Die Reviewer sind (projekt-)unabhängige Experten, die dem Projektleiter zur Seite gestellt werden. Sie sind berechtigt, alles zu überprüfen – ob das Projektteam es nun gerne sieht oder nicht. Diese Freiheit – zusammen mit dem Anspruch der Dringlichkeit – kann zu einer gespannten Lage führen. Wenn dann noch das Audit bestätigt, daß es um das Projekt nicht zum besten steht, werden einige dafür verantwortlich zu machen sein. Diese versuchen, sofern sie ihre Lage erkennen, Nebel über das Projekt zu legen oder Potemkinsche Dörfer zu errichten, was dann erst wieder das Reviewteam erkennen muß.

Normalerweise ist ein Review für das Projektteam ein großer Motivator. Audits können dies auch sein; vielfach aber frustrieren sie. Audits können auch Ihre, des Projektleiters, Autorität untergraben, was zur Entfremdung im Team und zur Schwächung des Selbstvertrauens führen kann. Deshalb:

- Machen Sie sich und Ihrem Projektteam das Leben leichter und organisieren Sie routinemäßige Reviews! Dadurch erkennen Sie potentielle Probleme früh genug, und der Auftraggeber wird nicht auf Audits zurückgreifen.

Nachtrag: Das in der Einleitung zitierte Schieflaufen des Projekts ICE-Trasse ist aufgrund eines solches Audits deutlich gemacht worden. Die Untersuchung des Projektstatus durch die Wirtschaftsprüfer wurde auf Veranlassung des Bahnchefs vorgenommen.

10.2 Vorbereitung und Durchführung von Reviews

Vorbereitung, Durchführung und Tiefgang eines wöchentlichen Reviews innerhalb des Projektteams oder eines Qualitätsreviews ist anders als bei einem Freigabereview. Im ersten Fall mag sich eine zwanglose Vorgehensweise eingespielt haben, in ihnen interessieren unter Umständen noch die einzelnen Punkte einer Entwurfszeichnung. Im zweiten Fall soll das aktuelle Review eine bestimmte Form haben, bei dem bestimmte Dokumente (Standards) vorgeschrieben sind und bei denen vielleicht in erster Linie die Kosten oder die Termine diskutiert werden.

Die Form des Reviews ist eine Präsentation durch den Überprüften, auf die Fragen des Reviewers zur sachlichen Klärung und zur Problemfindung folgen.

Dies ist im Fall des wöchentlichen Reviews ein direkter Informationsaustausch. Alle ihre Teammitglieder haben Einsicht in den Entwicklungsplan (sollten sie zumindest haben!), der zeigt, was in der letzten Woche vorgefallen ist, so daß die Präsentation auf Berichte über Ausnahmen begrenzt werden kann.

Im Fall des Freigabereviews bezieht die Präsentation (durch Sie, den Projektleiter) alle Grundlagen ein, die für das Verständnis des gegenwärtigen Status und die Entscheidungsfindung nötig sind, und Sie sollten davon ausgehen, daß das Reviewteam vor dem eigentlichen Review einige Unterlagen lesen muß, um die Situation kennenzulernen.

Zudem kann sich aus dem Umfang der zu überprüfenden Fakten ein sehr viel längerer Zeitraum für die Durchführung als bei einem periodischen Review ergeben.

- Planen sie abhängig vom Reviewtyp, d.h. vom Ziel des Reviews (z.B. Phasenfreigabe oder Qualitätsüberprüfung), Teilnehmer, Vorbereitung, Durchführung und Tiefgang des Reviews.

Schauen wir uns etwas näher einige Aspekte für ein **Meilenstein-Review** an.

Der Projektausschuß nimmt als Reviewteam teil, das unter Umständen um Spezialisten erweitert wird. Weiter nehmen bei größeren Projekten Chefs aus Schlüsselpositionen innerhalb des Projektes, Mitarbeiter, deren Tätigkeiten überprüft werden, und natürlich Sie, der Projektleiter, teil.

Sie sollten anstreben, daß möglichst wenig Personen anwesend sind; andererseits sollten möglichst viele Personen von einem Review profitieren können. Dies können sie dadurch erreichen, daß nur die Mitarbeiter der jeweils überprüften Aufgabe anwesend zu sein brauchen. Die verantwortlichen Chefs (und Sie) sind während des gesamten Reviews anwesend, um die Zusammenhänge zu erläutern.

Ein Mitglied des Reviewteams sollte den Vorsitz führen, ein anderes das Protokoll schreiben (aber nicht Sie, Sie müssen sich auf die Sache, das Projekt, konzentrieren!). Eine umfassende Niederschrift ist nicht nötig, wenn die Präsentation gut vorbereitet ist, so daß man beispielsweise die benutzten Folien auf Papier oder PC-Präsentationen auf Diskette kopieren oder über das Netz verteilen kann.

Damit ein Review effektiv abläuft, sollten Sie folgende Punkte beachten:

- Bereiten Sie durch sorgfältige Information die Reviewer und die Überprüften vor; senden Sie ihnen dazu rechtzeitig alle wichtigen Dokumente zu.
- Planen Sie rechtzeitig Ort, Zeitpunkt, Dauer(!) des Reviews, die Form der Präsentation und der benötigten Ressourcen (z.B. Tageslichtprojektor oder PC mit großem Monitor).
- Bestimmen Sie die Meetings-Leitung und deren Form (z.B. Moderation).
- Planen Sie das Meeting entsprechend der folgenden Schritte und führen Sie es auch genauso durch:
  – Präsentieren Sie den Status.
  – Stellen Sie den zugrundeliegenden Plan vor.
  – Verdeutlichen Sie eventuelle Abweichungen.
  – Zeigen Sie alternative Möglichkeiten für die Zukunft und entsprechende Konsequenzen auf.
  – Das Reviewteam entscheidet, was nun getan werden soll, d.h., ein Aktionsplan wird von allen erarbeitet und dokumentiert.

10.3 Checklisten

Der letzte Punkt, die Entscheidung, wird vorbereitet durch eine Befragung der Überprüften durch die Reviewer. Dadurch werden Sachverhalte klargestellt und Probleme und deren Ursachen herausgefunden. Erst wenn sie gefunden sind, können sie gelöst werden. Bei der Suche nach möglichen Problemen vergleichen Sie das, was tatsächlich ist, mit dem, was eigentlich sein müßte, und wenn Sie Standards zu berücksichtigen haben, suchen Sie nach Abweichungen von Standards.

Zu Beginn des Projekts stellen sich die Standards in der Forderung zur **gesunden Basis** dar (s.o.). Im Projektfortschritt werden diese Standards um die laufenden Pläne und die zu liefernden Produkte erweitert.

Natürlich können Abweichungen von den Standards akzeptabel – ja sogar sinnvoll – sein, solange sie nur erkannt und kontrolliert werden; normalerweise gibt es immer solche Abweichungen. Probleme nennen wir Abweichungen, die nicht mehr akzeptiert werden können.

Wenn ein Problem gefunden wurde, muß

- seine Ursache identifiziert,
- seine Größe kalkuliert,
- sein Einfluß auf den zukünftigen Projektablauf abgeschätzt,
- die Dringlichkeit von Gegenmaßnahmen bewertet werden,

und dann kann es an die Lösung des Problems gehen.

Achtung: Der Reviewer ist zwar mit verantwortlich für Problemfindung, Ursachenforschung und Empfehlung von Problemlösungen; in Ihrer, des Projektleiters, Verantwortung aber liegt die Problemlösung selbst.

10.3.1 Planreviews

Jedes Projektreview beinhaltet ein Planreview. Zu Beginn des Projekts sind die Pläne der alleinige Gegenstand eines Reviews; denn die technische Arbeit ist noch nicht begonnen worden.

(+ = positives Indiz, – = negatives Indiz, **0** = indifferent, | = mit nächster Frage weiter, | **20** = mit Frage 20 weiter.)

Tabelle 10-1: Existieren die Pläne

	Wenn ja	Wenn nein
Sind alle Plantypen dokumentiert?	+	–
Sind die Pläne in Übereinstimmung mit den eingeführten Standards dokumentiert?	+	–

Denken Sie daran: Nur ein niedergeschriebener Plan ist ein Plan!

Tabelle 10-2: Sind die Pläne gesund?

	Wenn ja	Wenn nein
Vollständig?		
– Decken Tätigkeits- und Personalplan eine Phase in ihrer Gesamtheit ab?	+	–
– Machen sie für jeden Mitarbeiter den genauen Einsatz deutlich?	+	–
– Wird dazu vom Projektleiter ein Netzplan verwendet? (Der Reviewer sollte ihn fordern; er macht deutlich, für wen welche Tätigkeiten geplant sind, welche parallel oder sequentiell laufen können, welche kritisch sind und welche Produkte zu welchem Zeitpunkt vorliegen werden).	+	–
Sind die Pläne konsistent?		
– Zeigen die Pläne Widersprüche?	–	+
– Haben Tätigkeitsplan, Personalplan und Projektplan dieselben Termine und Personalaufwände?	+	–
– Stimmt die Projektorganisation mit den Netzplandaten überein?	+	–
– Sind die Verantwortlichkeiten eindeutig geregelt?	+	–
Sind die Pläne praktikabel?		
– Geht der Projektleiter davon aus, daß die Projektmitarbeiter die volle Zeit für das Projekt tätig sind?	–	+

10.3 Checklisten

	Wenn ja	Wenn nein
– Wurde daran gedacht, daß Krankheit, Urlaub, Meetings, Ausbildung, Mitarbeit an anderen Aufgaben usw. ihren Tribut fordern?	+	–
– Wurden Erfahrungen aus anderen Projekten den Schätzungen für Aufwände und Zeit zugrunde gelegt (z.B. die prozentuale Aufwandverteilung über die einzelnen Phasen)?	+	–

Tabelle 10-3 Sind die Pläne Dokumente, mit denen Sie arbeiten?

	Wenn ja	Wenn nein
Erhalten Sie als Reviewer schnell die angeforderten Pläne?	+	–
Sind die Pläne mit spontanen Notizen oder Berechnungen versehen?	+	–
Zeigen sie Zeichen der Benutzung?	+	–
Sind die Pläne jedem Projektmitarbeiter zugänglich?	+	–
Hängen die Pläne offen an einer Wand?	+	–
Bieten die Pläne Raum für Aktualisierungen?	+	–
Durch Interviews mit den Mitarbeitern erhalten Sie weitere Hinweise auf die Effektivität der Pläne:		
– Kennen die Mitarbeiter ihre Aufgaben?	+	–
– Können Sie sie im Netzplan identifizieren?	+	–
– Kennt jeder den Aktualisierungszyklus der Pläne?	+	–
– Berichten die Mitarbeiter an den Projektleiter?	+	–
– Können Sie einen solchen Bericht sehen?	+	–

10.3.2 Fallgruben der Projektarbeit

Trotz detaillierter Planung können Projekte noch viele Probleme in sich bergen. So gibt es Fallgruben im Projekt selbst, in der Mitarbeit der Benutzer und im Zusammenhang mit dem Personal. Der Reviewer hat sie ausfindig zu machen – sollte der Projektleiter sie übersehen haben!

Tabelle 10-4: Fallgruben im Projekt – Projektleiter

		Wenn ja	Wenn nein
1	Ist er der richtige Mann?	+	–
2	Hat er Erfahrung im Prozeß des Projektgegenstandes?	+	–
3	War das bei einem erfolgreichen Projekt?	+	l
4	Hat er dazu gelernt?	0	–
5	Ist dies sein erstes Projekt?	0	l
6	War es ein erfolgreiches Projekt?	+	–

7	Hat er Zeit, seine Pläne zu überarbeiten?	+	–
8	Hat er Zeit, Projektreviews durchzuführen oder durchführen zu lassen?	+	–
10	Nimmt er seine Aufgaben wahr (plant, organisiert er, erarbeitet er sorgfältige Schätzungen, kontrolliert, koordiniert, informiert er nach innen und außen, leitet er das Team etc)?	+	–
11	Führt er die Aufgaben anderer durch?	–	0
12	Ist er exzellent in einem Fachgebiet?	–	0
13	Hat er das gesamte Projekt im Auge?	+	–
14	Sieht er nur Teile des Projektes?	–	+
15	Wird er vom Management unter Druck gesetzt?	I	I 21
16	Wie reagiert er unter Druck?		
	– Er gerät in Panik?	–	+
	– Er reagiert gelassen?	+	–
	– Er kann seinen Standpunkt artikulieren?	+	–
	– Er wirft schnell die Flinte ins Korn?	–	+
21	Ist das Management am Projekt interessiert?	+	–

Tabelle 10-5: Fallgruben im Projekt – Projektgröße

	Wenn ja	Wenn nein
Ist das Projekt entsprechend der Größe organisiert (Berichtsspannen max. 7-10)?	+	–
Ist Aufwand für Koordination, Kommunikation und Kontrolle eingeplant?	+	–
Ist die geplante oder reale Dauer des Projektes angemessen?	+	–
Wird das Produkt nach Projektende noch aktuell sein?	+	–

Tabelle 10-6: Fallgruben im Projekt – Schätzungen

	Wenn ja	Wenn nein
Beruhen die Schätzungen auf Erfahrungswerten?	+	–
Wurden verschiedene Schätzmethoden angewendet?	+	–
Geht man phasenorientiert vor?	+	–
Werden Schätzungen mit Erreichen einer neuen Phase überprüft?	+	–
Wagt niemand den Endtermin oder das Budget in Frage zu stellen?	–	+
Werden Schätzungen vom Management als Schätzungen akzeptiert?	+	–
Werden Schätzungen vom Management als verbindliche Vorgaben angesehen?	–	+
Beruhen die Schätzungen auf ungültigen Annahmen oder unvollständigen Informationen?	–	+

10.3 Checklisten

Sind Schätzwerte „exakt" (z.B. „Endtermin 12. April 2001")?	−	0
Ist die Basis für die Schätzungen ein durchdachter Netzplan?	+	0
Beruhen die Schätzungen auf Intuition oder Vermutung?	−	0
Wurde bei der Schätzung der schnellste Mitarbeiter zugrunde gelegt?	−	+
Ist angenommen worden, daß alles beim ersten Mal richtig gemacht wird?	−	+
Liegen permanent Unter- oder Überschätzungen vor?	−	0

Tabelle 10-7: Fallgruben im Projekt – Änderungsverfahren

	Wenn ja	Wenn nein
Gibt es eine und nur eine Schnittstelle zwischen zukünftigen Benutzern und Projektteam?	+	−
Kennen die Projektmitarbeiter ihre eigene Verantwortung in diesem Zusammenhang?	+	−
Wissen Mitarbeiter und zukünftige Benutzer, wie Änderungsanträge initiiert werden müssen?	+	−
Wird die eingeführte Änderungsprozedur befolgt?	!	−
Auch vom Auftraggeber???	+	−
Sind die Mitarbeiter im Projekt ständig über die anstehenden Änderungsanträge unterrichtet?	+	−
Sind sie über die endgültige Disposition aller Änderungsanträge informiert?	+	−
Berücksichtigt die ursprüngliche Schätzung die Behandlung von Änderungsanträgen?	+	−
Wird die Zeit für die Bearbeitung der Änderungsanträge berichtet?	+	−
Werden die Änderungsaktivitäten dem Auftraggeber gemeldet?	+	−
Werden dem Antragsteller der Änderung die entsprechenden Kosten belastet?	+	−
Dauert es lange (d.h. wird dadurch die Projektarbeit verzögert), bis eine Entscheidung hinsichtlich Ablehnung/Realisierung eines Änderungswunsches gefallen ist?	−	+
Gibt es viele Änderungen?	−	!
Sind alle Betroffenen interessiert?	+	−
Gibt es gar keine dokumentierte Änderungen?	−	+

Tabelle 10-8: Fallgruben im Projekt – Qualität des Produktes

	Wenn ja	Wenn nein
Entsprechen die Zwischen- (= Phasen-) Produkte den vereinbarten oder vorgegebenen Standards nach Form, Inhalt, Detaillierungsgrad?	+	−
Sind Qualitätsüberprüfungen gemacht worden?	!	−

Sind Qualitätsüberprüfungen von kompetenten Mitarbeitern gemacht worden?	+	–
Sind zugelassene Änderungen berücksichtigt worden?	+	–
Können Sie unautorisierte Änderungen identifizieren?	–	+

Tabelle 10-9: Fallgruben im Projekt – Berichtswesen

	Wenn ja	Wenn nein
Wird das Berichtssystem von den Projektmitarbeitern als Belastung angesehen?	–	+
Ist das Berichtssystem der Projektgröße angemessen?	+	–
Analysiert jemand die Information (wer, wozu)?	+	–
Gibt es ein Feedback an die Mitarbeiter?	+	–
Sind die individuellen Aufgaben zu groß geplant (z.B. 1 Monat Dauer)?	–	|
Oder zu klein (z.B. 1 Stunde Dauer)?	–	+

Tabelle 10-10: Fallgruben bei der Mitarbeit der Benutzer

	Wenn ja	Wenn nein
Ist eine funktionale (s. Organisation des Projektes) Mitarbeit der Benutzer organisiert?	+	–
Werden Anforderungen der zukünftigen Benutzer in das Projekt eingebracht?	+	–
Gibt es eine Kontaktperson oder einen Vertreter des Benutzers im Projekt?	+	0
Hat diese Person entsprechende Kompetenzen?	+	–
Weiß der Benutzer, daß er die Kosten zu tragen hat, sowohl für das Projekt als auch für das System?	+	–
Gibt es eine verbindliche Vorschrift, wie sich ausschließende Anforderungen verschiedener Benutzer behandelt werden?	+	–
Wird sie beachtet?	+	–
Sind die Anforderungen klar und eindeutig definiert?	+	–
Gibt es eine funktionale (!) Mitarbeit des Benutzers		
– Bei der Auswahl der Testfälle?	+	–
– Bei der Bewertung der Testergebnisse?	+	–
– Bei der Erstellung des Benutzerhandbuchs (der Gebrauchsanweisung)?	+	–
– Bei der Ausbildung?	+	–

10.3 Checklisten

Tabelle 10-11: Fallgruben beim Personal – Besetzung

		Wenn ja	Wenn nein
1	Welche Organisationsform wurde für das Projekt gewählt ? (Jeweilige Vor- und Nachteile beachten.)		
2	Wurde die Funktionenhierarchie beachtet?	I 4	–
3	Wurden Kompetenzen festgelegt?	+	–
4	Sind die Kompetenzen angemessen?	+	–
5	Sind die benötigten Skills eingeplant und verfügbar?	+	–
6	Wie stellt sich die Teamgröße von Phase zu Phase dar?		
	– Immer gleich groß?	–	0
	– Sprunghaft ansteigend/abnehmend?	–	0
7	Sind alle Mitarbeiter gleich ausgelastet?	+	–
8	Wie groß ist die Berichtsspanne?		
	– Berichten z.B. mehr als 10 Mitarbeiter an einen Leiter?	–	+

Tabelle 10-12: Fallgruben beim Personal – „Teilzeit-Arbeit"

	Wenn ja	Wenn nein
Gibt es, um eine bestimmte Tätigkeit durchzuführen, nur die Möglichkeit, daß „Teilzeit-Arbeiter" aktiv werden?	–	0
Sind viele solcher Mitarbeiter im Projekt tätig?	–	0
Ist sichergestellt, daß sie dann zur Verfügung stehen, wenn sie gebraucht werden?	+	–
Identifizieren sie sich mit dem Projekt?	+	–

Tabelle 10-13: Fallgruben beim Personal – Ständiges Hinzufügen von Mitarbeitern

	Wenn ja	Wenn nein
Ist es überhaupt sinnvoll, mehr Mitarbeiter in das Projekt zu stecken?	+	–
Ist die Aufgabe überhaupt so weit teilbar?	+	–
Ist der Aufwand für die zusätzliche Kommunikation berücksichtigt worden?	+	–
Ist der zusätzliche Aufwand für Koordination und Kontrolle berücksichtigt worden?	+	–
Werden mehr Leute in das Projekt genommen, weil		
– Sich der Projektumfang geändert hat?	+	I
– Die ursprüngliche Schätzung unrealistisch war?	+	–

Tabelle 10-14: Fallgruben beim Personal – Änderung in Schlüsselpositionen

	Wenn ja	Wenn nein
Welche Auswirkungen haben Personalveränderungen?		
Ist festgelegt, wer die Arbeiten der weggehenden Person übernimmt?	+	−
Hat der neue Mitarbeiter die entsprechende Qualifikation?	+	−
Ist berücksichtigt, daß der neue Mitarbeiter sich einarbeiten muß?	+	−
Ist die Fluktuationsrate im Projekt hoch?	−	+
Wo liegen die Gründe dafür?		
Müssen infolge des Wechsels Arbeiten wiederholt werden?	−	+
Müssen Tätigkeiten hinzugeplant werden?	0	+
Ist die Lernkurve der neuen Mitarbeiter berücksichtigt?	I	−
Sind die Schätzungen überarbeitet worden?	+	−

Tabelle 10-15: Fallgruben beim Personal – Überstunden

	Wenn ja	Wenn nein
Fallen Überstunden übermäßig an?	−	+
Werden sie als normaler Weg angesehen, unrealistische Termine zu halten?	−	+
Werden sie schon bei der Planung berücksichtigt?	−	+
Werden Überstunden vom Projektleiter dokumentiert?	+	−
Sind Überstunden wirklich notwendig?	0	−
Sind sie überhaupt produktiv?	0	−
Haben sie negative Auswirkungen auf die Moral des Projektteams?	−	+

Tabelle 10-16: Fallgruben beim Personaleinsatz – Gestaffelter Personaleinsatz (z.B. beim Matrix-Management)

	Wenn ja	Wenn nein
Ist ein gestaffelter Einsatz des Personals überhaupt notwendig?	0	−
Gibt es keine Alternativen dafür?	−	0
Sind die verstärkt auftretenden Kommunikationsprobleme berücksichtigt?	+	−
Ist die Erschwerung der Koordination und der Abstimmungsvorgänge zwischen den Teammitgliedern erkannt und berücksichtigt?	+	−
Sind die unweigerlich auftretenden Verzögerungen eingeplant?	+	−
Hat der Projektleiter zusätzlichen Aufwand für Projektkontrolle eingeplant?	+	−

10.3 Checklisten

Tabelle 10-17: Fallgruben beim Personal – Tätigkeitsberichte

	Wenn ja	Wenn nein
Werden anfallende Überstunden korrekt berichtet und dem Projekt belastet?	+	–
Wird der Zusammenhang mit den entsprechenden Tätigkeiten klar, wenn „Mannstunden" berichtet werden?	+	–
Werden „Mannstunden" dem Projekt belastet, die nicht in direktem Zusammenhang mit dem Projekt stehen?	–	+
Gibt es innerhalb des Projektes Tätigkeitsschlüssel für nicht-projektbezogene Tätigkeiten?	+	–
Ist sichergestellt, daß Belastung für Tätigkeiten nach ihrem Abschluß anfallen?	+	–
Gibt es Kriterien für den Abschluß der Tätigkeiten?	+	–
Wer hat den Abschluß anerkannt?		

Tabelle 10-18: Fallgruben beim Personal – Kommunikation

	Wenn ja	Wenn nein
Läuft Kommunikation im Projekt nur verbal und informell?	–	+
Setzen sich Projektteam und Benutzer regelmäßig zusammen?	+	0
Ändert sich häufig die Form des Statusberichts durch den Projektleiter?	–	+
Liegen im Statusbericht nicht quantifizierbare Angaben vor (z.B. „die Arbeit XYZ ist zu 90% abgeschlossen")?	–	+
Wird der Status einer Tätigkeit als proportional zum bisher geleisteten Aufwand angesehen?	–	+
Hat jeder Projektbericht einen optimistischen Anstrich?	–	+
Wird jede Abweichung vom Plan als unbedeutend hingestellt?	–	+
Geben alle Teammitglieder inhaltlich übereinstimmende Berichte ab?	+	–
Werden Probleme in den Berichten bis zu ihrer Lösung verfolgt	+	–
oder werden sie einmal berichtet und dann vergessen?	–	+
Wird der „wahre" Status berichtet?	+	–
Erhält der Auftraggeber regelmäßig Statusberichte?	+	–

Tabelle 10-19: Fallgruben beim Personal – Motivation

	Wenn ja	Wenn nein
Hat das Projektteam ein gutes Image in den Augen der Benutzer und des Auftraggebers?	+	–
Hat das Team schon erfolgreich Projekte durchgeführt	+	–
Oder hat es Mißerfolge zu verzeichnen?	–	+
Gibt es persönliche Differenzen zwischen Teammitgliedern?	–	+
Sind Machtkämpfe zu bemerken?	–	+
Wurde während des Projektes die Projektleitung ausgetauscht?	–	+
Hat es bedeutende Änderungen gegeben im Projektziel	–	+
Oder im Projektnamen?	–	+

Diese Checklisten sind nicht nur für die Reviewer, sondern auch für Sie von Wert; denken Sie aber immer daran, daß Sie zum einen nicht immer vollständig, zum anderen nicht immer verbindlich sind, d.h. an die augenblickliche Situation angepaßt werden müssen.

10.4 Die Art der Fragestellung

Es ist klar, daß in der Anwendung dieser Checklisten bei der Befragung eine kritische Stelle des Reviews liegt, denn durch das **Wie** der Fragen kann der Befragte in leichter Weise bloßgestellt, abgewertet, diffamiert und entmutigt werden.

Abbildung 10-6: Die Art der Fragestellung, Beispiel 1

Sie als Prüfer sollten z.B. nicht so fragen: „Haben Sie etwa keine Randbedingungen in Ihre Schätzung einfließen lassen?" Sondern Ihre Frage sollte vielleicht so lauten: „Haben Sie daran gedacht, daß der eingeplante Mitarbeiter noch einen Lernprozeß durchlaufen muß?"

10.4 Die Art der Fragestellung

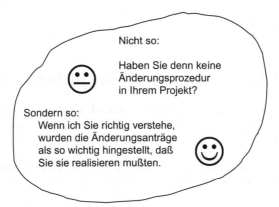

Abbildung 10-7: Die Art der Befragung, Beispiel 2

Sollten Sie einmal Prüfer sein, so sollten Sie nicht fragen: „Haben Sie denn keine Änderungsprozedur im Projekt?" Sondern so: „Wenn ich Sie richtig verstehe, wurden die Änderungsanträge als so wichtig hingestellt, daß Sie sie realisieren mußten?"

Abbildung 10-8: Die Art der Fragestellung, Beispiel 3

Und nicht so: „Wieso haben Sie den Personalplan nicht aktualisiert?" Sondern so: „Ich schlage vor, daß wir uns noch einmal dem Personalplan zuwenden, da ist mir noch etwas nicht klar!"

Immer gilt die Maxime: Ein Review soll dem Überprüften eine Hilfe sein und damit dem Projekt eine Basis zur erfolgreichen Beendigung legen.

10.5 Beispiele

10.5.1 Ergebnis eines Reviews (beim Meilenstein-Review)

Ein Projektleiter meldet in seinem Statusbericht am Ende der ersten Phase, daß 3 Mitarbeiter 3 Monate für das Projekt tätig waren. Den Restaufwand schätzt er auf 60 Mannmonate; er hat also 13% für die Phase 1 aufgewendet.

Das Reviewteam schätzt aufgrund von Erfahrungswerten bei Projekten der gleichen Art (20% Aufwand für die erste Phase) einen Gesamtaufwand von 45 Mannmonaten und steht vor folgenden Fragen:

- Wurde der Restaufwand vom Projektleiter verschätzt?
- Wurde die erste Phase nicht sorgfältig genug durchgeführt?
- Gibt es für dieses Projekt besondere Umständen, so daß die prozentuale Aufwandverteilung nicht zutrifft?

Aufgrund der spontan nicht zu beantwortenden Fragen wird ein Qualitätsreview empfohlen. In ihm wird zutage gefördert, daß die Qualität der bisher erstellten Produkte nicht den Standards entspricht.

Die Ursache wird erkannt: Die Anforderungen des zukünftigen Benutzers waren nicht sorgfältig evaluiert worden, und für den weiteren Ablauf des Projektes war die Funktion des Benutzers auch nicht eingeplant. Rechtzeitig können in dieser Richtung Korrekturmaßnahmen eingeleitet werden.

10.5.2 Information der Geschäftsführung

Sollten Sie als Beobachter eines Projektes vom Auftraggeber gebeten werden, einen Statusbericht abzugeben, so machen Sie das in aller Klarheit und zeigen Sie alle Konsequenzen auf! Wie so etwas aussehen könnte, mag das folgende Schreiben verdeutlichen, das aus der Praxis stammt. Es wurde von einem Reviewer an die Geschäftsleitung des betreffenden Unternehmens gerichtet.

Das Ziel des Projektes war die Einführung von Projektstandards, also für sämtliche Bereiche und Abteilungen verbindliche Richtlinien zur Durchführung zukünftiger Projekte.

10.5 Beispiele

Herrn Gerhardt

Review des Projektes STD

Am 07.09. fand in Düsseldorf ein Meeting der Projektgruppe STD statt, an dem ich auf Ihre Veranlassung hin teilnahm.

Ich mußte feststellen, daß die Standards für die Phasen Bedarfsanalyse und Systemkonzeption wieder einmal geändert worden sind.

Grund für die Änderung ist, daß „sich die Mitarbeiter der Abt. 1 und Abt. 2 unter der Anführung des Herrn Heim stark gemacht und gesagt haben, sie würden und könnten später mit den so zu erwartenden Standards nicht arbeiten. Sie hätten es meistens nur mit kleineren Projekten zu tun und sie wüßten sowieso, wie dann die Arbeit ablaufen könnte, und sowieso mache bei der Durchführung von Projekten die Abt. 1 kaum etwas und die Abt.2 arbeite sowieso alles nach. Daraufhin definierten die Mitarbeiter selber neue Standards" (Zitat des Projektleiters Weiß).

Im Meeting war man allseits der Meinung, daß nun die Standards endgültig stehen und volle Akzeptanz haben, da es ja von den Praktikern erarbeitet sei. Zitat von Herrn Zerner, dem Projektausschuß-Vorsitzenden: „Ich bin wirklich zufrieden!"

Wieder einmal sind Entscheidungen über den Haufen geworfen worden: Zuerst werden durch den Projektausschuß getroffene Entscheidungen nach Monaten durch ein einziges Mitglied aufgehoben (durch Herrn Voberg im Oktober letzten Jahres), nach einem halben Jahr wieder verändert (2 Alternativen für die ersten beiden Phasen) und nun dieses wieder.

Von Projektsteuerung kann überhaupt keine Rede mehr sein, es geht im Projektmanagement (incl. Herrn Zerner) nur noch um Verwalten und Realisieren spontaner Anforderungen aus dem Unternehmen, um Jonglieren zwischen Abteilungen, Bereichen, Führungs- und operierenden Ebenen, um Taktieren: nur nirgendwo anecken, keinem auf die Füße treten, nur nicht Flagge zeigen!

Der Projektstatus ist für mich in dichtestem Nebel gehüllt, und ich bin sicher, daß niemand mehr weiß, was alles getan werden muß; es wird nur noch reagiert. Planung und Kontrolle der einzelnen Aktivitäten (wie von mir mit Netzplantechnik exerziert und immer wieder dem Projektleiter vorgeschlagen) laufen nicht.

Obwohl alle großen Optimismus zeigen, bin ich der festen Überzeugung, daß bei diesem Management diese Änderung nicht die letzte war und das Projekt nie zu einem Ende kommen wird.

gez. Der Reviewer

Abbildung 10-9: Beispielbrief an die Geschäftsleitung

Ihnen mag vielleicht der Brief zu konkret und zu hart formuliert sein. Aber bei aller Verbindlichkeit müssen wir daran denken, was hier für das Unternehmen auf dem Spiel steht, und daß es absolut nichts bringt, in dieser Situation zu beschönigen. Vor allem dadurch wird der Ton, der aus dem Brief herausklingt, deutlich, daß der Reviewer schon mehrfach den Projektstatus als bedenklich hingestellt hatte, worauf aber nie etwas wesentliches geschehen war.

Bemerkenswert an der Situation war, daß in dem Projekt zwar ein Projektausschuß etabliert worden war, daß aber der Vorsitzende wie auch der Projektleiter eine äußerst schwache Persönlichkeit darstellte.

Im übrigen: Dieses Projekt ist nie zu einem sinnvollen Ende gebracht worden!

10.5.3 Übung

Machen wir noch eine kleine Übung. Sie bezieht sich zwar auf ein DV-Projekt; ich denke aber, daß es niemandem Schwierigkeiten bereitet, Schwachstellen im Projektverlauf herauszufinden.

In einem Review mit dem Projektleiter sagt dieser unter anderem zu Ihnen:

„... ich konnte den Statusbericht nicht komplett erstellen, da ich bei der Programmierung mitmachen mußte ...

... Von den 15 Programmierern sind nämlich 3 zur Ausbildung weg, und 4 mußten in den letzten 3 Wochen Wartungsarbeiten durchführen ...

... Aber wir sind in 14 Tagen fertig; morgen beginnen wir mit dem Systemtest. Was meinen Sie, was ich froh bin: wir sitzen ja schon 2 Jahre am Projekt ..."

Nach Verlassen des Meetings hören Sie vom Ersten Programmierer John, daß dieser seinen Kollegen letzten Montag eine neue Methode zur Programmstrukturierung vorgestellt hat; sie soll im Projekt von allen Mitarbeitern angewendet werden.

Frage: Wie stellt sich Ihnen der Projektstatus dar, und was empfehlen Sie? (Kommentar am Ende des Kapitels.)

10.6 Zusammenfassung, Nutzen von Reviews

Ein erfolgreiches Projekt ist nach allgemeiner Auffassung eines, das zum vorgegebenen Termin, innerhalb des vorgegebenen Budgets ein vom Benutzer akzeptiertes Produkt liefert. Die Analyse der Gründe für das Scheitern von Projekten zeigt, daß die wenigsten aus technischen Gründen schieflaufen. Vielmehr liegen die Gründe im Zusammenbruch des Projektmanagement-Systems, das dem Entwicklungsprozeß zugrunde liegt, d.h. an der mangelhaften Wahrnehmung seiner Aufgaben durch den Projektleiter. Er hat für die gesunde Basis zu sorgen, er führt die Planung (von Personen, Ressourcen, Terminen) und die entsprechende Kontrolle durch, er ist für die Organisation einer angemessenen Mitarbeit des Managements verantwortlich.

Reviews sind ein notwendiges Mittel, den Erfolg eines Projekts sicherer zu machen. Durch sie werden viele Probleme vermieden oder so frühzeitig erkannt, daß Gegenmaßnahmen noch ihre Wirkung zeigen können.

Alle ziehen Nutzen aus ihnen:

- Der Auftraggeber und das Management, die letzten Endes die Verantwortung für die Zielformulierung haben durch
  - Vermeidung von ineffektiver Projektarbeit,
  - Transparenz der Tätigkeit des Projektleiters (die für Sie als Projektleiter absolut keinen Nachteil bedeutet),
  - Motivation des Projektleiters (d.h. Ihre!), sein Projekt optimal zu leiten,
  - Überprüfung und Verbesserung der Standards für die Projektarbeit und damit Verbreitung von Projekterfahrung im Unternehmen.
- Der Benutzer, der für das Projekt zahlt, durch
  - Kommunikation mit dem Projektteam (über Sie, den Projektleiter),
  - wirtschaftlichen Einsatz der Ressourcen (z.B. Geldmittel),
  - ein benutzerfreundliches System zur rechten Zeit.
- Sie, der Projektleiter, von dem alles abhängt, durch
  - Sichere Planung und Kontrolle,
  - Austausch von Meinungen, Beobachtungen und Erfahrungen, die andere gemacht haben,
  - höhere Motivation aller Beteiligten,
  - problemlose Durchführung von Aktionen, da gemeinsam getroffene Entscheidungen zugrunde liegen,
  - Training in Projektarbeit,
  - Entlastung auf dem beschwerlichen Projektweg.

Soll in diesem Sinn ein Review erfolgreich und nutzbringend sein, dann darf es nicht passieren, daß es zu einer Suche nach dem Schuldigen und zum „Schwarzen-Peter-Spiel" ausartet.

Kein Verhör dritten Grades!

Keine Suche nach dem Schuldigen!

Abbildung 10-10: Die Grundeinstellung bei Reviews

Es ist gänzlich verfehlt, das Review in ein „Verhör dritten Grades", wie es einmal ein entsprechend geschädigter Projektleiter formulierte, umzufunktionieren. Der Überprüfte wird sich verteidigen, wird blockieren, verschleiern, verschönern, Gegenangriffe führen; es geht ums Überleben! Ein derartiges Review bringt das Projekt keinen Zentimeter dem Erfolg näher, eher einen Kilometer weiter weg.

Ein Team
und
Ein Ziel:

„Das Produkt soll laufen!"

Abbildung 10-11: Die Grundvoraussetzung für den Erfolg von Reviews

Eine Grundvoraussetzung für ein erfolgreiches Review (und damit für ein Projekt) ist, daß beide Seiten, Prüfer und Überprüfte, sich dabei als ein Team verstehen. Beide müssen am Erfolg des Projektes interessiert sein und sich mit allen Kräften dafür einsetzen.

10.7   Lösungsansatz zur Übung

Folgende Indizien für einen kritischen Projektstatus haben Sie sicher gefunden:

- Der Projektleiter ist als Programmierer tätig und vernachlässigt dabei seine eigentliche Aufgabe.
- Das Projekt ist, was die Mitarbeiteranzahl angeht, zu groß.
- Ausbildung wurde nicht geplant, d.h. nicht verbindlich mit den Chefs abgestimmt.
- Die Dauer ist für ein DV-Projekt zu lang.
- Für ein Projekt mit der vorliegenden Laufzeit sind 14 Tage für den Systemtest viel zu wenig.
- Der Einsatz einer neuen Methode bringt zusätzlichen Aufwand in das Projekt.
- John arbeitet am Projektleiter vorbei, oder der Projektleiter hat uns etwas verschwiegen.
- In welcher Phase bewegt sich das Projekt? Entweder kommt der Einsatz der Methode zu spät oder der Systemtest zu früh.
- Aus allen Punkten zusammen spricht, daß es mit der Motivation der Mitarbeiter nicht zum besten sein kann.

Insgesamt also ein höchst kritischer Zustand!

Empfehlung: Legen Sie dem Projektleiter nahe, sich unverzüglich mit Ihnen zusammenzusetzen. Weisen Sie ihn dabei auf obige Punkte hin und lassen Sie sich alle Pläne, Tätigkeitsergebnisse und Phasenfreigaben zeigen. Kann er das nicht, so muß er den Projektausschuß darüber informieren, daß das Projekt schiefläuft und ein Produkt liefert, das in jeder Hinsicht qualitativ minderwertig ist.

11 Der Projektausschuß tagt

Die Weströhren AG und ihr Projekt

Kürzlich schlossen sich die **Weströhren AG** und der **Niederrhein-Stahlbau** zusammen und bildeten damit eine der größten Röhrenfirmen am Niederrhein. Die Abteilungen wurden neu organisiert, und ein neues Verfahren zur Gehaltsabrechnung (in kooperativer Verarbeitung mit PCs und zentralem Rechner) wurde entwickelt; der Betriebsrat war aktiv beteiligt. Der Projektplan dazu wurde genau eingehalten.

11.1 Die Mitglieder des Projektausschusses

Heute ist der 4. Mai, Termin der letzten regulären Projektbesprechung mit Dr. Beck, dem Leiter der Planungsabteilung. Die Herren, die an dieser Sitzung teilnehmen, versammeln sich. Es sind:

- Bert Braun, geboren und aufgewachsen in Duisburg. Er ist sechzig Jahre alt; während der letzten vierzig Jahre war er in der Gehaltsabrechnung von **Weströhren**. Er ist Hauptbuchhalter in der Gehaltsabteilung. Von den Leuten erwartet er, daß sie bei Arbeitsbeginn und -ende stempeln und ihre Arbeit registrieren. Er stimmt dem „verflixten neuen System" nicht zu und steht damit im Gegensatz zu Willy Schmidt.

- Willy Schmidt, ist Leiter der Gehaltsabteilung. Er war Hauptbuchhalter in der Verwaltung von **Niederrhein-Stahlbau**. Jetzt ist er für alle Lohnvorgänge verantwortlich, d.h. für die Berechnung und Überweisung sowohl der monatlichen Gehälter wie der anderen anfallenden Löhne.
- Helmut Arnheim, ist der Projektleiter. Er studierte Maschinenbau an der Technischen Hochschule Aachen und war bereits als Werkstudent bei **Niederrhein-Stahlbau**. Er wurde nach Abschluß seines Studiums (Note 1!) in der Programmierabteilung der DV-Abteilung dieses Unternehmens eingestellt, und nach zwei Jahren kam er in die Systemanalyse. Jetzt ist er einunddreißig. Er muß und will seine Sache gut machen, um das Vertrauen, das Dr. Beck in ihn gesetzt hat, zu rechtfertigen. Von Gehaltsabrechnung in einem Industriebetrieb versteht er nicht viel.
- Karl Graumann, Leiter der technischen Abteilung im DV-Bereich, hat eine zehnjährige Erfahrung als Leiter der Arbeitsvorbereitung bei **Weströhren;** danach war er sechs Monate als Leiter des Rechenzentrums tätig, ehe die Fusion stattfand. Er ist der Meinung, er habe diesen Posten erhalten, weil er mit seinen Aufgaben immer rechtzeitig fertig wird. Für die Leute aus der Anwendungsentwicklung ist er „ein harter Brocken". Dort weiß man genau, daß Systemanalytiker und Programmierer nur als notwendiges Übel geduldet werden, um die Bediener durch sie unterstützen und beraten zu können. Trotzdem glaubt er an Zusammenarbeit.
- Josef Glaser, der DV-Leiter. Nach dem Zusammenschluß gab es natürlich Personalprobleme, die unvermeidbar und zu erwarten waren. Er glaubt, daß er diesen Job bekam, weil man ihm am ehesten zutraute, mit diesen Schwierigkeiten fertigzuwerden. Zahlen sind nicht seine Stärke, wie er gerne selber zugibt; aber er erkennt, wie er sagt, einen fähigen Mann auf den ersten Blick, besonders wenn es sich um technische Dinge dreht. Er hat einige Bedenken zu dem neuen Verfahren der Gehaltsabrechnung, hat ihm aber auf Anraten seiner Spezialisten zugestimmt. Diese Bedenken werden nicht von Dr. Beck und seinen Freunden in der Geschäftsleitung geteilt.
- Dr. Beck wird allgemein als fähiger Kopf angesehen. Er kam kurze Zeit nach seinem Studium der Wirtschaftswissenschaft zu **Niederrhein-Stahlbau**. Die Unternehmensleitung schätzt ihn wegen seiner Erfahrung und Entscheidungsfreudigkeit. Er war der erste Anwärter für den Posten als Leiter der Planungsabteilung, den er heute noch innehat. Beim erfolgreichen Abschluß des Projektes könnte für ihn, so glaubt man, eine Direktorenstelle herausspringen, und dann könnte er Stellvertreter des Generaldirektors werden.

11.2 Die Sitzung vor der Umstellung

Soeben kommt Dr. Beck in das Besprechungszimmer, in dem die anderen Herren schon sitzen und miteinander reden. Dr. Beck sehr forsch, noch bevor er an seinem Platz angekommen ist: „Ruhe bitte, wir wollen anfangen! –

Meine Herren, Sie wissen, dies ist unsere letzte reguläre monatliche Besprechung vor der Umstellung des Systems am 18. Mai; am 27. Mai ist der Gehaltslauf mit dem neuen System.

Herr Arnheim, übernehmen Sie das Protokoll. Zuvor noch einmal die Punkte, die vom letzten Meeting her offen sind."

Arnheim: „Ja, meine Herren; da ging es erstens um die Kompatibilität der Stammdateien, die sequentielle und die direkte. Es war das Hauptproblem, alle Stammdaten, wie gefordert, in einer relationalen Datenbank zu organisieren. Wir haben es gelöst."

Dr. Beck: „Gut."

Arnheim: „Zweitens war die Frage der daraus resultierenden Programm-Modifikationen zu beantworten. Diese liegen mittlerweile für alle Programme vor. Ich erwarte keine Schwierigkeiten, da es sich ja nur um eine andere Organisation der Daten handelt.

Drittens die Frage nach dem Aufwand, der damit auf die Technik zukommt. Kleinere Änderungen in den Steueranweisungen müssen vorgenommen werden. Eine bestimmte Programm-Modifikation, die von den Entwicklern verlangt wurde, wird beim ersten Gehaltslauf nicht mit reingenommen. Das wär's."

Dr. Beck schaut in die Runde: „Noch irgendwelche Fragen zum letzten Meeting, meine Herren?"

Niemand in der Runde hat eine Frage.

„In Ordnung", sagt Dr. Beck, „Herr Arnheim, dann wollen wir Ihren Bericht über den letzten Monat hören. Wie liefen die Systemtests?"

Herr Arnheim, der Projektleiter, geht an eine Schautafel, an der er Grafiken zur Unterstützung seines Berichtes angebracht hat:

„Nun, der Status des Projektes ist jetzt exakt auf der Stufe, die wir vor achtzehn Monaten vorausgesehen haben. Der einzige Unterschied liegt darin, daß wir schon jetzt 120 Prozent des veranschlagten Budgets verbraucht haben. Das kommt daher, glaube ich, daß die Gehälter um einiges gestiegen sind und wir etwas Schwierigkeiten mit dem Betriebsrat hatten. Um dies zu kompensieren, haben wir einfach unsere Systemläufe gekürzt und den Vertrag mit einem der Datenbankorganisatoren, den wir von einer Beratungsfirma zur Verfügung gestellt bekommen hatten, beendet, anstatt ihn noch zwei Monate nach Installation der Relationalen Datenbank zu bezahlen.

Na ja, wir mußten hart kämpfen, um die Maschinenzeiten niedrig zu halten; aber dank dem Entgegenkommen von Herrn Graumann konnten die Entwickler während der Testläufe selbst die Bedienung der Anlagen übernehmen und so den Bedienern die Schwierigkeiten mit den komplizierten Steueranweisungen abnehmen.

Was das System betrifft, so haben wir alle einzelnen Funktionen im Normalfall getestet – d.h. außer dem Restartverfahren. Das wird aber mit dem nächsten Gehaltsabrechnungslauf gekoppelt."

Nach einer kurzen Pause fährt er fort: „Wir hatten einige eigenartige Ergebnisse bei den Tests der Anwendungsteile Management-Information und Globalstatistik; das lag eindeutig daran, daß zum Teil irrelevante Daten beim Testlauf verwendet wurden. Es wird noch drei Monate dauern, bis eine effektive korrespondierende Datenbasis aufgebaut ist. Aber dann sind alle ausgegebenen Informationen stichhaltig.

Die Umstellung geht erwartungsgemäß voran; wir haben die Stammdaten der Gehälter gespeichert sowie die der Abzüge – dies für jeden Mitarbeiter bis auf die letzten zwei Wochen ... eh ... bis auf ... also der Stand bis von heute vor zwei Wochen."

Schnell fährt er in seinem Bericht fort: „Die Arbeitsstunden und Lohnregistrierungen sind auf einem ähnlichen Stand.

Während der nächsten zwei Wochen werden wir uns mit den Parallel- und Pilotläufen intensiv beschäftigen. Wir sind zuversichtlich, daß danach der Übergang am 18. Mai stattfinden kann – wie ursprünglich geplant!" Herr Arnheim setzt sich.

Dr. Beck: „Prima, das klingt gut.

Ich habe eben noch einmal die Liste geprüft. Da ist ein Punkt, den Sie erwähnten, der Systemfunktionstest. Sie sagten, Sie hätten einen ausfallen lassen – das Restartverfahren oder so ähnlich?"

„Ja, das Restartverfahren, z.B. nach einem Netzzusammenbruch. Nur die längeren Programme haben eine eingebaute Restartroutine, und ich glaube nicht, daß wir Schwierigkeiten damit haben werden. Alle Programme haben jedoch umfangreiche Kontrollen; deswegen bin ich sicher, daß wir nicht in Probleme kommen werden. Falls es notwendig sein sollte, ein Programm zu wiederholen, das keine Restarteinrichtung hat, so bedeutet dies höchstens eine Wiederholungszeit von fünfzehn Minuten Dauer, und das für das längste Programm."

Dr. Beck wendet sich an den DV-Leiter: „Herr Glaser, was halten Sie von der Sache? Wie sieht zur Zeit das Budget aus?"

Herr Glaser: „Nun, ich bin nicht gerade glücklich über diesen Punkt. Am Anfang des Vormonats betrugen die gesamten Projektausgaben ungefähr 135 Prozent des Budgets. Schuld an diesem Mehraufwand waren zum größten Teil die Arbeitskräfte. Während der letzten Monate brauchten wir allerdings weniger Maschinenzeit als erwartet. Dadurch, daß zudem einer der externen Mitarbeiter abgegeben wurde, konnte der Aufwand für die Arbeitskräfte auf 125 Prozent heruntergeschraubt werden. Zusammen mit den Maschinenzeiten betrug die Summe 118 Prozent.

11.2 Die Sitzung vor der Umstellung

Zusammenfassend kann man sagen: Mit den ausstehenden Rechnungen wird die Gesamtsumme bei ungefähr 132 Prozent liegen."

Dr. Beck: „Das sind dann die Gesamtkosten?"

„Ja, das ist dann alles."

Nach einer kurzen Pause, in der sich Dr. Beck ein paar Notizen macht, fährt der Herr Glaser fort: „Leider reagierte der Datenadministrator, den wir aus unseren eigenen Reihen – er war Systemanalytiker – für diese Aufgabe in das Projekt genommen hatten, für uns unerwartet, er reichte seine Kündigung ein. Ich muß jedoch erwähnen, daß er seit einiger Zeit unzufrieden war und daß er auf Stellensuche war. Er war der Meinung, daß das Projekt zu sehr vom Budget abhinge ohne jegliche Berücksichtigung von menschlichen und fachlichen Aspekten."

„Das ist nicht gerade ein großer Verlust, da der Job sowieso beendet ist," kommentiert der Projektleiter die Situation.

Der RZ-Leiter meldet sich zu Wort: „Ich habe es nicht gern, wenn die Entwickler das Operating im Rechenzentrum übernehmen; aber ich freue mich, daß ich so dem Projekt während der Testläufe helfen konnte. Es ist unumgänglich, daß die Bediener selbst zurecht kommen werden, sobald das neue System läuft. Natürlich habe ich keine andere Wahl: Man will keine Programmierer beim Operating während der Gehaltsabrechnungsläufe haben."

Dr. Beck: „Grund dafür ist wohl die Erfordernis des Datenschutzes?"

„Ja, genau." –

„Herr Schmidt, wie sieht es in Ihrer Abteilung aus?" fragt Dr. Beck.

„Ich muß sagen, daß meine Abteilung sehr glücklich über die Aussichten des neuen Systems ist. Die Arbeit mit dem PC macht Spaß – sogar in der Mittagspause arbeiten meine Leute an den Geräten –, und alles wird transparenter. Die Auswertungen scheinen erstklassig zu sein; ich bin sicher, die Programme zur Globalstatistik laufen auf dem zentralen System am Stichtag genauso gut wie die anderen.

Wir haben ein oder zwei kleinere Probleme, die durch die veränderten Arbeitsabläufe bei den Sachbearbeitern bedingt sind. In verschiedenen Probeläufen z.B. haben einige Buchhalter falsche Felder in den Bildschirmfenstern ausgefüllt, und es gab auch Fälle von falschem Programmeinstieg. Um dieses Problem aus dem Weg zu räumen, machen die Buchhalter gerade einen zweiten Lehrgang mit, der mit einer Prüfung endet."

„Das sollte die Sache sicher aus dem Weg schaffen?"

„Ja", antwortet Herr Schmidt. „Diejenigen, die keine ausreichenden Ergebnisse haben, müssen ihre Eingabedaten und Programmaufrufe von ihren Vorgesetzten prüfen lassen, ehe sie gestartet werden. Außerdem tritt dieses Problem nicht immer auf, da sowohl Gehälter als auch Abzüge zentral eingegeben werden, und da tritt kein Fehler auf.

Was die Versetzungen betrifft, sie wurden bereits für die Mitarbeiter, die mit dem alten Verfahren zu tun hatten, für die nächsten vierzehn Tage fest eingeplant. Nur diejenigen, die bei uns bleiben, wurden in das neue Verfahren eingewiesen. Die Umschulung bezieht sich nur auf die veränderten Fenster und die neuen Programmeinstiege, den Rest, die Berechnung usw., erledigt ja sowieso der Computer."

Nach einer kurzen Pause fragt Dr. Beck, indem er in die Runde schaut: „Noch andere Punkte?"

„Nein!"

Dr. Beck: „Nun gut. Nach den Berichten zu urteilen, sehe ich keinen Grund, warum wir nicht am 18. Mai, wie geplant, mit dem neuen System anlaufen sollten. Ich freue mich, daß wir den Termin eingehalten haben, und das nach langen achtzehn Monaten. Diese komplexe, schwierige Entwicklung – Anwendungen, kooperative Verarbeitung, relationale Datenbank -, dabei die Verhandlung mit dem Betriebsrat und, nicht zu vergessen, der Firmenzusammenschluß!

Der Zeitpunkt der nächsten Besprechung", Dr. Beck nimmt seinen Taschenkalender, „bleiben wir bei der gewohnten Spanne von vier Wochen: Das ist dann der 2. Juni zur gewohnten Zeit. Da müssen noch einmal die Parallelläufe erörtert werden.

Ich wünsche Ihnen, Herr Arnheim, auf jeden Fall alles Gute. Wenn alles klappt, haben wir dann unser neues System."

Die Sitzung scheint beendet, und man erhebt sich. Da hat Dr. Beck aber noch etwas zu sagen:

„Übrigens, da sehe ich gerade: Am Stichtag, am 18. Mai, werde ich definitiv nicht dasein. Ich bin dann gerade auf einem Symposium in Tokio. Ich werde also beim Start des neuen Systems nicht dabeisein; ich bin aber sicher, daß Sie damit fertig werden. Alles Gute, vielen Dank und herzlichen Glückwunsch." Die Sitzung ist nun endgültig beendet.

11.2.1 Fragen zur Sitzung

Nun, was halten Sie von dieser Sitzung? Und wie steht es Ihrer Meinung nach mit dem Projekt?

Gewiß, die geschilderte Sitzung mag karikierend wirken, aber sie ist real; solche Besprechungen (und Projektsituationen!) gibt es häufiger, als man es sich wünscht. Vielleicht haben Sie selbst an einer solchen schon teilgenommen.

Versuchen Sie, möglichst viele Punkte zusammenzutragen.
- Wie ist die Basis des Projektes?
- Was ist das Ziel des Projektes?
- Wie steht das Management, insbesondere der Benutzerbereich, hinter dem Projekt?
- Wie ist die Kommunikation im Projektausschuß, ist er ein Team?
- Nimmt der Projektausschuß seine Aufgaben wahr?

- Wie sieht es mit der Planung aus, insbesondere mit der Ausbildungsplanung, der Statusberichtsplanung, der Testplanung?
- Wie steht es mit der Dokumentation?
- Werden die zwei erwähnten Mitarbeiter nicht mehr benötigt?
- Ist das System komplett?
- Was halten Sie vom Projektleiter?
- Wie steht es um die menschliche Seite im Projekt?
- In welcher Phase stehen wir?
- Darf der Vorsitzende des Projektausschusses am Stichtag abwesend sein?
- Was schließen Sie aus der Abwesenheit des Dr. Beck am Stichtag?
- Was würden Sie tun, wenn Sie jetzt das Projekt übernehmen müßten?

Übung: Angenommen, die Geschäftsleitung von **Weströhren AG** hätte Sie beauftragt, eine schriftliche Stellungnahme zum Projektstatus abzugeben. Was würden Sie jetzt schreiben? Nehmen Sie sich die Zeit und dokumentieren Sie Ihre Gedanken!

Vergleichen Sie Ihr Schreiben mit dem Brief an die Geschäftsführung im Kapitel **Projektreviews**. Dieser ist zwar in einem anderen Projekt entstanden, ihm lag aber eine ähnliche Situation zugrunde.

Wir wollen an dieser Stelle nicht auf die einzelnen Punkte der **Weströhren**-Situation eingehen. Schauen wir uns das nächste Meeting an und erleben wir die Folgen eines in vielerlei Hinsicht unhaltbaren Projektstatus!

11.3 Die Sitzung nach der Umstellung

Es ist der 2. Juni. – Der Projektausschuß ist wieder versammelt, Bert Braun, Willy Schmidt, Karl Graumann und Josef Glaser; heftig diskutieren sie miteinander.

Die Tür wird aufgerissen; mit ernstem Gesicht steuert Dr. Beck auf den Platz an der Stirnseite des Tisches zu, gefolgt von Helmut Arnheim, dem Projektleiter. Dr. Beck wirft die Unterlagen, die er bei sich hat, auf den Tisch, nimmt Platz, rückt den Stuhl zurecht und schaut in die Runde.

„Meine Herren, Sie sind mir eine Erklärung schuldig. Letzten Donnerstag sollte das neue System anlaufen, die erste Gehaltsbuchung durch das System. Und seit diesem Donnerstag habe ich nichts als Ärger und Beschwerden von allen Seiten, von den Angestellten, von den Arbeitern, von den Abteilungsleitern und von dem Personalleiter. Und jetzt liegt mir auch noch der Personaldirektor in den Ohren und will wissen, was in aller Welt los ist, warum die ganze Sache schieflief, und warum er nicht informiert wurde.

Auch ich verlange eine Erklärung, warum mir nichts gesagt wurde. Bei unserer letzten Besprechung hatte niemand Beanstandungen; keine Berichte über problematische Situationen wurden vorgetragen, und so nahm ich alle Vorschläge an, und das neue System sollte stehen. Jetzt haben wir nur Beschwerden. Herr Braun, warum arbeiten die Buchhalter nicht mit den PCs?"

Prompt kommt die Antwort: „Ganz einfach, diese Dinger sind nur zum Spielen in der Mittagspause brauchbar. Die Fensterauswahl und der Programmzugang sind für den durchschnittlichen Buchhalter viel zu schwierig. Ein Verfahren ergab eine ungeheure Menge Rechenfehler, nämlich das Verfahren, bei dem in einem Fenster der Stundenlohn übernommen werden mußte und dann der Prämienunterschied dazugezählt wurde.

Ein Beispiel: Ein Buchhalter wollte die Arbeitsleistung pro Stunde abrufen und nach einer Kontrolle eintragen, aber weil er das Fenster für Sonderzulagen benutzte, tat der Computer so, als ob die Arbeit in Null Stunden erledigt wurde, und die betreffenden Mitarbeiter erhielten keine Zuzahlungen. Einige Arbeiter erhielten überhaupt keine Gehälter. Bei den vielen Versetzungen fiel es zunächst auch gar nicht weiter auf.

Zudem, da so viele Buchhalter die zweite Prüfung nicht bestanden, gab es einen unglaublichen Arbeitsaufwand für die Vorgesetzten, die alle Eingaben von Daten und Programmaufrufen prüfen mußten, sonst wären ja überhaupt keine Gehälter überwiesen worden."

Herr Graumann, der Leiter des Rechenzentrums, meldet sich: „Das kam durch Aufnahmefehler in der Lohnstammdatei. Das System, das Sie", und damit wendet er sich an den Projektleiter, „mir gegeben haben, ist viel zu kompliziert. Was heißt kooperative Verarbeitung? Die Bediener sind ohne Übung in Fehlersituationen; das System, insbesondere das Netz, ist sehr empfindlich, und es gibt gar keine Restarteinrichtung. Das längste Programm läuft zwar nur eine Viertelstunde, aber ich muß es drei- bis viermal laufen lassen, ehe es richtig ist.

Die Entwickler arbeiteten selber während der Testläufe in unseren Räumen, so daß die Bediener nun glauben, sie hätten nicht genügend Erfahrung, dieses komplizierte System zu bedienen."

Er holt tief Luft und fährt fort: „Außerdem ist da ein Fehler in den Lohnsteuer-Stammdaten. Dieser Fehler kann nur dadurch abgeschafft werden, daß wir wieder zu Phase 1 mit den Eingabedaten seit Anfang des Jahres zurückkehren.

Das gleiche gilt auch für das Statistikprogramm, das zentral bereitgehalten werden muß. Die Bediener glauben nicht, daß sie das Programm ohne Hilfe der Entwickler laufen lassen können. Würden sie es selbst versuchen, würde das System wahrscheinlich zusammenbrechen.

11.3 Die Sitzung nach der Umstellung

Sie haben noch nicht ausgelernt, und schon werden sie für etwas beschuldigt, das nicht ihr Fehler ist."

Herr Schmidt meldet sich zu Wort: „Ich weiß nicht, wessen Schuld es ist, aber der Programmeinstieg war total falsch. Deswegen versuchten auch drei meiner Leute letzten Donnerstag verzweifelt, das Statistikprogramm zu starten, aber immer kamen sie in das Steuerabzugs-Programm. Bis zu diesem Zeitpunkt konnte ich wenigstens zwei Leute trotz Versetzung überreden, noch mitzuarbeiten, um zu retten, was noch zu retten war. Aber als dies passierte, verloren auch sie den Kopf."

Endlich läßt man den Projektleiter zu Wort kommen; lange schon hatte er etwas zu sagen, und nun sprudelt es aus ihm heraus: „Das ist nicht richtig. Herr Braun, es waren Ihre Leute, die den Bericht zusammenstellten. Ihre Abteilung stimmte allem zu. Sie haben eben das neue Verfahren nicht mit den richtigen Leuten ausgetestet, nicht mit echten Einkommenszahlen. Es ist Ihre Schuld, und nicht meine.

Und", so zu Herrn Schmidt, „das Problem mit dem Statistikprogramm ist auch nicht mein Fehler. Ihre Männer hätten wissen müssen, daß das STA-Fenster für den Steuerabzug und nicht für die Statistik geöffnet wird."

Die nächsten Kommentare gehen an den Leiter des Rechenzentrums: „Was den Lauf betrifft, Ihre Bediener hätten Ihnen während der Tests berichten müssen, daß sie das System nicht ohne die Entwickler bedienen können. Es ist nicht meine Schuld, wenn sie sich nicht trauen, mit Ihnen zu reden."

Den letzten Angriff zur Selbstverteidigung richtet der Projektleiter auf Dr. Beck: „Und jetzt zu Ihnen, Herr Dr. Beck. Sie haben die Hintergründe eines derartigen Projektes nicht gesehen. Unser Datenadministrator hatte schon recht, so ein Projekt kann nicht nur mit Zahlen ausgeführt werden, ohne menschliche Aspekte.

Und ohne fachliche Gesichtspunkte! Weil Sie sich so an dem Budget festklammerten, mußten die Testläufe gekürzt werden, dazu kamen noch die weniger qualifizierten Leute. Es ist alleine Ihre Schuld, Sie und Ihre Statistiken. Der Schwarze Peter liegt bei Ihnen."

So – nun hat er ihnen alles gesagt, was er sagen wollte. –

Totenstille im Raum für den Bruchteil einer Sekunde. Dann aber hören alle die schneidende Stimme von Dr. Beck; eiskalt, fast ohne erkennbare Emotionen erklärt er: „Jetzt reicht es, Herr Arnheim. Sie sind der Projektleiter, und es war Ihre Aufgabe, Ihre alleinige Aufgabe, das zu verlangen, was Sie brauchten. Ich habe dem Budget bei Projektstart zugestimmt und hatte vor, mich daran zu halten. Es ist aber immer das gleiche bei allen Projekten, erst dann, wenn das Budget weit überzogen ist, ist das System, das entwickelt wird, überhaupt zu gebrauchen."

Der DV-Leiter versucht, eine konstruktive Idee zu formulieren: „Wir alle wissen, daß die Lage erbärmlich ist. Vielleicht haben wir eines Tages Zeit, herauszufinden, was schieflief, damit es nicht noch einmal passiert. Aber jetzt müssen wir einmal dieses System arbeitsfähig machen, und das auf dem schnellsten Wege. – Was können wir tun?"

Herr Braun ist ganz auf Abwehr eingestellt: „Nichts, meine Leute streiken alle. Sie jetzt zu Extraarbeiten heranzuziehen, würde das Faß zum Überlaufen bringen."

Darauf Herr Schmidt: „Sie brauchen mich nicht so anzusehen, alle meine Leute sind schwer beschäftigt." Und zum DV-Leiter: „Sie haben dieses Verfahren mit den komplizierten PC's ausgetüftelt. Es gibt aber überhaupt keine vollständigen Anweisungen, nach denen man arbeiten kann.

Das einzige, was uns jetzt übrig bleibt, sind die gespeicherten Kontrolldaten – auf Anfragen der Arbeiter; aber um Himmels Willen, wieviel Geld wird das die Firma noch kosten?"

Herr Graumann: „Nun, ich habe mein Möglichstes getan; aber ich habe einfach nicht genügend Maschinenzeit. Die gesamte Zeit, die ich habe, wird für Wiederholungsläufe und wieder für Wiederholungsläufe benötigt. Falls wir wirklich eine Lösung bis Ende des Jahres finden, bleibt nicht mehr viel Maschinenzeit für die Ausbildung der Bediener."

Nun reden alle durcheinander, bis sich Herr Glaser Gehör verschafft hat: „Wir sitzen alle im gleichen Boot! Wir müssen zurückgehen und einen Teil des Systems neu entwerfen. Aber wie können wir das jetzt tun, wo die Spezialisten, die mit der Datenbank vertraut sind, die Firma verlassen haben? – Ich meine, wir sollten da gleich zu Phase 1 zurückkehren und das ganze System neu entwickeln."

„Hört, hört ..."

„Das wäre gar nicht so übel ..."

„Nein, ich weiß, was zu tun ist ..."

Dann Dr. Beck: „Was in aller Welt wollen Sie?"

Es hat geklopft; die Sekretärin schaut zu Dr. Beck: „Entschuldigung; aber ich muß stören, der Herr Generaldirektor wünscht Sie sofort zu sehen."

Resigniert zerknüllt Dr. Beck ein vor ihm liegendes Blatt Papier: „Auch das noch, der Generaldirektor!"

12 Motivation und Führungsstil

Oder: Ändere Dich selbst, und Du wirst
den anderen ändern!

12.1 Die Kopplung von Motivation und Führungsstil

In Anbetracht einer großen Arbeitslosigkeit ist man häufig geneigt, die Bedeutung von Motivation herunter zu spielen.

„Der soll doch froh sein, wenn er Arbeit hat. Was soll das denn mit Motivation? Der soll keinen Spaß haben, der soll was leisten; dafür wird er bezahlt. Wenn er nicht voll dabei ist und nicht spurt, kann er ja irgendwo anders hingehen!"

So ähnlich hört man es bisweilen in der Arbeitswelt. Aber, so einfach ist das nicht. Wir können einen Mitarbeiter (oder eine Mitarbeiterin) im Unternehmen oder im Projekt haben, der nach außen hin gut mitarbeitet, der aber viel mehr leisten könnte, wenn wir ihn entsprechend motivieren würden. Denken wir nur an den „Dienst nach Vorschrift"!

Es lohnt sich schon, ein wenig über dieses Thema nachzudenken und zu überlegen, wie wir agieren können, um einen Mitarbeiter optimal einzusetzen.

Die Kopplung der beiden Begriffe **Motivation** und **Führungsstil** zu einem einzigen Thema mag zunächst das Ziel entlarven, die Erkenntnisse über das eine (Motivation) bei der Anwendung des anderen (Führungsstil) zu verwerten:

- Motivation steht im Dienst der Führung.
- Welcher Führungsstil bringt die meiste Motivation?
- Welcher Führungsstil bringt die meiste Leistung durch die Mitarbeiter?

Dieser Eindruck entsteht, wenn wir nur die Motivationstheorien im Auge haben. Wir werden aber nicht bei ihnen stehen bleiben, sondern wir werden sehen, daß es um mehr geht, nämlich um eine größere Menschlichkeit im betrieblichen Miteinander.

Führung als Steuerung von Mitarbeitern im betrieblichen Prozeß hat das Ziel, eine möglichst große Leistung mit ihnen und durch sie zu erreichen. Man sucht eine Antwort auf die Frage:

"Was muß ich tun, damit mein Mitarbeiter etwas tut, von dem ich gerne hätte, daß er es tut?" Und dabei greift man gerne auf die Motivationstheorien zurück.

These 1: Die Motivationstheorien sind entstanden, um vom Mitarbeiter ein Maximum an Leistung zu erreichen!

12.2 Was ist Motivation, was ist Manipulation?

Motivation ist die Summe aller Antriebe eines Menschen, die ihn zum Handeln bringen. Diese Antriebe bilden sich durch Erfahrungen (vor allem im Kindesalter) und Erlebnisse, positive wie negative. Durch äußere Anreize werden dies Antriebe mehr oder weniger stark empfunden.

Sie werden teils bewußt wahrgenommen, teils wirken sie aber auch unbewußt und können nicht ohne weiteres erklärt werden. Die Erklärung für den Grund eines Verhaltens oder einer Handlung lautet dann häufig „ich weiß nicht warum" oder einfach „weil ich dazu Lust habe".

Das haben Sie sicher auch schon oft gehört oder selber gesagt. Das hört sich dann beispielsweise so an:

- „Warum rauchst Du?"
  „Ich weiß es nicht, und ich möchte auch nicht mehr rauchen. Ich kann es aber nicht sein lassen."
  Nun mögen hundert Ratschläge oder Drohungen kommen, die aber alle miteinander nicht fruchten, weil wir – und nicht einmal der Raucher selbst – die ureigene Motivation kennen.
- „Warum rauchst Du?"
  „Weil ich eben Lust habe, und ich möchte auch weiter rauchen."
  Nun mögen wieder hundert Drohungen und Ratschläge kommen; sie haben wieder keinen Erfolg, weil der Raucher nicht will.

Wo liegt der Unterschied in den beiden Fällen? – Nur darin, daß der zweite Raucher sich darüber im klaren ist, daß er nicht aufhören will, und der erste nicht! Aber beide wollen (unbewußt und bewußt) nicht aufhören: Sie haben eine Motivation für ein bestimmtes Verhalten!

Jeder Eingriff von außen in diese Motivationslage muß also als der Versuch einer Manipulation, eines Aufzwingens der Wünsche anderer angesehen werden. Es ist der Versuch, jemanden zu einer Handlung, zu einem Verhalten zu bringen, das er eigentlich nicht will!

12.2.1 Wie können Sie Motivation erkennen?

Wollen Sie einen Mitarbeiter in die Richtung bringen, die Sie wünschen, mit Hilfe seiner eigenen Motivation – alles andere wäre Manipulation –, dann ist der erste Schritt, seine Grundmotivation festzustellen. Der zweite Schritt ist dann der, sie in Richtung Ihres Zieles (des Projektzieles, des Unternehmenszieles) zu steuern.

Wie stellen Sie sie fest?

von Rosenstiel zeigt drei Wege auf: die Introspektion, die Fremdbeobachtung und die Analyse der Verhaltensergebnisse [14].

Die Introspektion
Bei der Introspektion, der Innenschau, versucht der Mensch, die Motive seines Handelns selber zu erleben. Abgesehen davon, daß es oft nicht möglich ist, wie wir oben am Raucherbeispiel gesehen haben, wird der Mitarbeiter häufig ganz andere Motive nennen oder er vermag sie nicht angemessen zu artikulieren. Was bringt es also demjenigen, der an diesen Motiven interessiert ist?

Hier ein Beispiel mit drei Alternativen aus der Praxis. Es geht darum, daß in einem DV-Projekt Testzeit aus irgendwelchen Gründen in die Abendzeit verlegt werden muß, und der Projektleiter in einem Meeting der Projektgruppe zwei Freiwillige sucht.

- Frau Eins sagt: „Ich kann die Testzeit aus privaten Gründen nicht übernehmen." – Welche Führungskraft akzeptiert das nicht? Private Gründe sind doch tabu.
- Herr Zwei argumentiert: „Ich würde ja gerne die Testzeit übernehmen, kann aber nicht, weil ich zu der Zeit Elternversammlung in der Schule habe." – Ein Motiv, das in den Augen des Mitarbeiters auch den Projektleiter motiviert, ihn nicht auszuwählen.
- Und Herr Drei meint: „Ich kann leider den Test nicht übernehmen, weil ich das zu testende Programm nicht kenne." – Mit ihm geht es also auch nicht!

Alle Mitarbeiter wollen einfach nicht, einzig und allein aus folgenden unterschiedlichen Gründen: Die erste, weil der Projektleiter sie beim Chef nicht zur Gehaltserhöhung vorgeschlagen hat, der andere, weil er in dieser Woche bereits zweimal in die Nacht hinein gearbeitet hat, und der letzte, weil er zum Eishockeyspiel gehen will.

Warum die Mitarbeiter in diesem konkreten Fall bewußt falsche Motive angeben, ist ein Indiz für ein äußerst schlechtes Vertrauensverhältnis zwischen Projektleiter und Mitarbeiter und bleibt noch zu untersuchen. Es ist aber einzusehen, daß die Mitarbeiter unter Umständen Nachteile in Kauf nehmen, wenn sie sich entsprechend äußern. Herr Drei z.B. nimmt in Kauf, als ein weniger qualifizierter Mann angesehen zu werden, wenn er nur zum Eishockeyspiel kommt.

Da damit ihr Gehalt, ihre Beförderungschancen, ihre Anerkennung negativ beeinflußt werden können, müssen wir uns fragen, ob nicht eine tiefergehende (unbewußte) Motivation dahintersteckt. Diese aber kennen die Mitarbeiter u.U. selbst nicht, und wir erst recht nicht!

Wie können wir dann aber motivieren?

Die Fremdbeobachtung
Die gleichen Probleme bringt im Grunde genommen die Fremdbeobachtung des Verhaltens. Wie schwer es ist, aus einem Verhalten auf die Motivation zu schließen, zeigen folgende Beispiele:

- In einem Meeting meldet sich immer wieder Herr Beer mit sachlichen Argumenten zu Diskussionsbeiträgen. Sie schließen vielleicht daraus, daß er sich mit dem Projektziel identifiziert. – Es kann aber auch sein, daß er die Diskussion in die Länge ziehen will, weil er das Meetingsziel boykottieren will!
- Frau Fuchs ist eine äußerst produktive Entwicklerin, und Sie meinen, daß ihr Einsatz voll in Richtung des Projektziels zielt. – Tatsächlich aber will sie dem anderen Chef Schmidt imponieren, weil sie in sein Projekt versetzt werden will, das nicht so chaotisch läuft wie Ihres!

Hier sehen wir schon einen Ansatz, wie Sie die Motivation eines Mitarbeiters erkennen können, nämlich in kreativer Weise mögliche Motive abzuleiten und zu überdenken.

Analyse der Verhaltensergebnisse
Hierbei schließen Sie aus den Ergebnissen eines Verhaltens, das Sie selber nicht beobachtet haben, auf die Motivation. Hier gehen Sie wie ein Kriminalbeamter vor, der z.B. eine Leiche untersucht und daraus Rückschlüsse zieht.

Beispiel: Herr Sanders ist Mitarbeiter Ihrer Projektgruppe, die in einer Außenstelle arbeitet. Er ist mit seiner Arbeit hinter dem Plan zurück. Bei einem unverhofften Besuch bei dieser Gruppe stellen Sie fest, daß Herr Sanders nicht anwesend ist; sein Platz ist sauber aufgeräumt. Sie schließen daraus, daß er häufig bei der Projektarbeit gefehlt hat und überhaupt keine Identifikation mit der Projektarbeit hat.

Später aber hören Sie, daß Herr Sanders sich kurzfristig mit Herrn Beier, dem Textverarbeitungsspezialisten, verabredet hat, mit dem er in Ruhe die Parameter des eingesetzten Dokumentationsprogramms durchsprechen will. Denn er hat dabei immense Schwierigkeiten, und die Verzögerung seiner Arbeit hat darin ihre Ursache!

Es geht uns hier wie bei der Untersuchung durch den Kriminalbeamter: Verletzungen und Mißhandlungen sind bei der Leiche vorhanden, aber Geld und Wertsachen fehlen nicht. Er schließt daraus, daß Haß oder Rache die Motivation für den Mord waren. – Aber könnte es nicht auch ein Verkehrsunfall sein?

12.3 Motivationstheorien

An unseren Beispielen haben wir gesehen, daß es offensichtlich recht schwierig ist, die Mitarbeiter zu motivieren, weil wir ihre Motive gar nicht so ohne weiteres kennen. Nun gibt es Hilfsmittel, die uns dabei unterstützen sollen, die Motivationstheorien. Die bekanntesten sind

12.3 Motivationstheorien

wohl die dynamische Motivationstheorie und die Motivation-Maintenance-Theorie. Sie versuchen die Antwort auf die Frage: Welche Bedürfnisse hat der Mensch, und in welcher Stärke und Reihenfolge veranlassen sie ihn, tätig zu werden?

Lassen Sie mich kurz diese beiden Theorien vorstellen!

12.3.1 Dynamische Motivationstheorie

Die von Abraham Maslow [13] entwickelte Theorie ordnet die Bedürfnisse, die, wenn sie nicht befriedigt werden, zur Motivation führen, in Schichten.

Physiologisch bedingte Bedürfnisse
Das sind körperlich bedingte Grundbedürfnisse wie Hunger, Durst, Schlafbedürfnis, Sexualtrieb ...

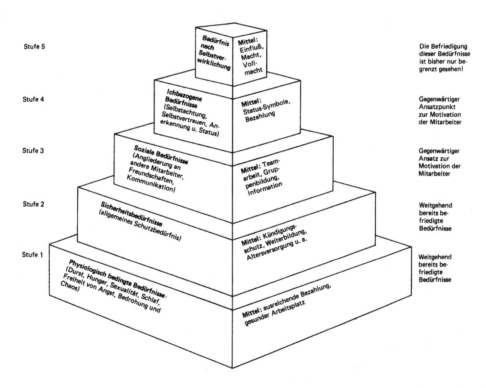

Abbildung 12-1: Die Bedürfnispyramide [8]

Sicherheitsbedürfnisse
Bedürfnisse, die darauf gerichtet sind, die langfristige Befriedigung der ersten Schicht zu sichern: Wie Arbeitsplatzsicherung, Kündigungsschutz, Gesundheitsvorsorge, Aus- und Weiterbildung usw.

Soziale Bedürfnisse oder Kontaktbedürfnisse
Hierzu gehören Bedürfnisse nach Zugehörigkeit, Zusammenhalt, Gruppenintegration, Liebe usw., und aus ihnen wird das Verhalten des Menschen bestimmt.

Ichbezogene Bedürfnisse
Streben nach Achtung, Prestige, Wertschätzung, Status und sozialem Erfolg.

Bedürfnisse nach Selbstverwirklichung
D.h. die freie Entfaltung der Persönlichkeit, Entwicklung und Erprobung der Fähigkeiten in allen Bereichen des Lebens.

Diese Bedürfnisgruppen sind hierarchisch angeordnet, und das menschliche Verhalten wird so lange von einer Bedürfnisschicht beherrscht, wie sie nicht ausreichend befriedigt ist: Wenn ich Hunger habe, kann ich durch ein Brot zu etwas motiviert werden; ist mein Hunger aber gestillt, dann wird mich ein weiteres versprochenes Brot kaum motivieren können.

Motivation kann jetzt nur über eine höhere Schicht geschehen. Da eine andere Stufe von Bedürfnissen entscheidend wird, hat man diese Theorie dynamisch genannt. Sie schreitet von einer Bedürfnisstufe zur nächsten fort (wobei die letzte wohl etwas verschwommen ist!).

12.3.2 Motivation-Maintenance-Theorie

Frederik Herzberg befragte Tausende von Mitarbeitern unterschiedlicher Unternehmen, was zur Zufriedenheit bzw. Unzufriedenheit von arbeitenden Menschen führt [9].

In seiner Arbeit ermittelte er zwei Faktorengruppen, die für eine erfolgreiche Mitarbeiterführung wichtig sein sollen:

Motivationsfaktoren
- Hohe Leistungs- und Erfolgserlebnisse,
- Achtung und Anerkennung der Leistung,
- die Tätigkeit selbst, sie macht Spaß,
- Aufstiegschancen.

Diese Faktoren heißen auch „Satisfier" und hängen unmittelbar mit der Arbeit zusammen.

Hygienefaktoren
- Firmenpolitik,
- Technische Kompetenz des Chefs,
- persönliche Beziehung zum Chef, zu den Kollegen und zu den Mitarbeitern,
- Arbeitsbedingungen,
- Einkommen,
- Einfluß auf Privatleben,
- Status,
- Sicherheit.

Diese nennt Herzberg auch „Dissatisfier"; sie hängen mit den Bedingungen zusammen, unter denen die Arbeit ausgeführt wird.

Die Herzberg'sche Theorie besagt nun, daß die Motivationsfaktoren die Ursachen für eine positive Einstellung, für Zufriedenheit und überdurchschnittliche Leistungen sind, die Hygienefaktoren bei ihrem Fehlen ungesunde Arbeitsbedingungen und Unzufriedenheit schaffen (sie werden als selbstverständlich angesehen).

Abbildung 12-2: Motivations- und Hygienefaktoren

12.3.3 Die Anwendung in der Praxis

Was können Sie in der Praxis mit der Maslow'schen Pyramide anfangen?

- Da gibt es den Mitarbeiter, für den die Freizeit und Freiheit mehr Wert haben als Geld!
- Und da gibt es den Hungerstreikenden, der für die Redefreiheit kämpft. Er ignoriert die Bedürfnisse der untersten Schicht, um solche einer höheren Schicht zu befriedigen.

Und was Herzberg angeht: Es gibt den Mitarbeiter, der sich nur glücklich fühlt, wenn er unter permanenter Kontrolle steht, der Angst vor der eigenen Freiheit hat und damit nichts anzufangen weiß.

Kennen denn diese Menschen nicht die Herren Maslow und Herzberg?

Denken wir daran: Maslow und Herzberg haben Theorien entwickelt aufgrund von Beobachtungen unter bestimmten Rahmenbedingungen, Zeitverhältnissen – und damit mit einer anderen Werteordnung – und daraus resultierenden statistischen Analysen. – Und wie das die Statistik so an sich hat: Im Einzelfall stimmt sie häufig nicht.

- Da müßte doch Ihr Mitarbeiter auf eine Geldzusage anspringen – und er tut es nicht!
- Da müßte doch ein anderer Mitarbeiter durch eine Beförderungsmöglichkeit eine höhere Leistung erbringen, und was ist? – Nichts!
- Da müßte doch ein bestimmter Mitarbeiter durch ein anerkennendes Wort hochmotiviert für eine anstehende Arbeit sein – und er hört sich Ihre Worte gelangweilt an.

Das führt uns zur

These 2: Die Motivationstheorien sind in der Praxis häufig zum Scheitern verurteilt!

Übung:

Ordnen Sie folgende Motive so, daß an erster Stelle das Motiv steht, mit dem Sie am ehesten glauben, Ihre Mitarbeiter zu motivieren, und an letzter Stelle das in Ihren Augen unwichtigste Motiv Ihrer Mitarbeiter.

- Sicherer Arbeitsplatz
- Anerkennung und Hilfe persönlicher Art
- Interessante Arbeit
- Gute Bezahlung
- Aufstiegsmöglichkeiten
- Gute Arbeitsbedingungen
- weitere, die Sie als bedeutend ansehen.

12.4 Individualpsychologischer Ansatz

Um unsere Mitarbeiter in ihrer Motivation und in ihrem Verhalten besser verstehen zu können, wollen wir einen Versuch unternehmen, über Erkenntnisse der Individualpsychologie [6], die von Adler begründet wurde, an das Thema heranzugehen.

Das bedeutet nun nicht, daß Sie als Projektleiter zum großen Psychologen, zum Wissenschaftler werden sollen, der die Psyche Ihres Mitarbeiters seziert und brutal offenlegt. Es soll vielmehr heißen, daß Sie in der Lage sein sollen, sich in die Psyche Ihres Mitarbeiters hineinzuversetzen und ihn zu verstehen, mit ihm zu fühlen. Dabei sollten Sie aber nie aus dem Auge verlieren, daß Sie selber Betroffener sind und daß Sie zunächst einmal sich selber kritisch beobachten und fragen, wer Sie sind!

12.4.1 Nahziele und Grundmotivation

Jeder Mensch hat einen spezifischen Lebensstil, der sich darin äußert,

- wie er sich selbst sieht,
- wie er die anderen sieht,
- wie er die Welt sieht,
- welchen Bezug er zur Gemeinschaft hat,
- was er erreichen will (Lebensziel) [15].

Mit dem Erreichen des Lebensziels ist sein Selbstwert gegeben. Die Mittel, ihn zu erreichen, werden über die Nahziele eingesetzt, die sehr häufig mit den Rechten und damit mit dem Selbstwert anderer Menschen in Konflikt geraten.

Es können fünf **Nahziele** identifiziert werden, unter denen Fehlverhalten und -handlungen eines Menschen ablaufen:

- Entschuldigung für eigene Mängel,
- Erregung von Aufmerksamkeit,
- Kampf um die Macht,
- Ausübung von Rache,
- Resignation.

Entschuldigung für eigene Mängel

Der Mensch ist ganz auf sich fixiert; er erlebt Mängel und versucht, die Ursache auf die Umwelt zu schieben. Aussagen wie

- „Ich wäre ein guter Manager, wenn mich meine Firma dazu machen würde"
- „Ich konnte die Statistik nicht erstellen, weil mir der Computer nicht zur Verfügung stand"
- „Ich konnte die schwierige Arbeit nicht abschließen, weil ich mit einer Blinddarmentzündung ins Krankenhaus mußte"

gehören dazu.

Sind die Gründe einleuchtend? Sicher, aus der Sicht der Betroffenen müssen wir sie akzeptieren. Aber:

- Es gibt Mitarbeiter, die trotz vieler Widerstände in die Managementebene aufgerückt sind.
- Es ließe sich doch eine Ersatzlösung finden; waren nicht auf dem PC bei Herrn Reserv im ersten Stock das gleiche Programm und die gleichen Daten gespeichert?
- Ist es nicht nun schon das dritte Mal, daß der Mitarbeiter bei einem wichtigen Projekt erkrankt ist?

Also bleibt nur der Schluß, daß die Betroffenen gar kein Manager werden, die Statistik nicht erstellen und die Arbeit nicht erledigen wollten – und für den letzteren Fall zeigt die Individualpsychologie einen engen Zusammenhang zwischen psychischem und somatischem Verhalten auf –, weil sie ihr Unvermögen, das eigentliche Ziel zu erreichen, erkannt haben.

Wie sollten wir hier motivieren, wenn wir diese Grundmotivation nicht kennen? Jeder Motivationsversuch, der sie außer acht läßt, ist ein Versuch, den Mitarbeiter zu manipulieren!

Aufmerksamkeit erregen

Der Mensch will durch seine Handlungen und sein Verhalten Aufmerksamkeit erregen.

- Da ist der Mitarbeiter Herbert, der immer zuverlässig war und nun zunehmend offenkundige Fehler macht oder im Trotz immer stärker seinem Chef widerspricht.
- Da ist der Mitarbeiter Karl, der einem jüngeren Mitarbeiter in immer stärkeren Maß Vorschriften macht.

Die Mittel zum Erreichen des Ziels, nämlich der Erhöhung des Selbstwertes werden mechanisch, unbewußt eingesetzt:

- Herr Herbert entwickelt immer mehr Trotz. Wenn genügend vorhanden ist, ist er in der Lage, seinem Chef zu widersprechen.
- Der Mitarbeiter Karl entwickelt Chef-Gefühle. Wenn davon genügend vorhanden sind, kann er ohne Hemmung sein Tun durchführen.

Eine hilfreiche Frage zur Beantwortung der Frage nach der Motivation ist die: „Wozu, mit welchem Ziel tut jemand das?" Und wenn wir noch anschließen: „Was passiert, wenn er das tut?", dann erhalten wir eine Antwort, mit der wir in Richtung Grundmotivation etwas anfangen können.

„Was passiert, wenn Herr Herbert einen Fehler macht?" – Der Chef regt sich auf. – „Und dann?" – Dann muß er zum Chef, und der unterhält sich über eine Stunde mit ihm. – Aha; er hat sein Ziel erreicht, Aufmerksamkeit erhalten, und sein Selbstwert ist gestiegen.

Wenn Sie diese Mechanismen kennen, können Sie motivieren, indem Sie sich fragen, wozu der andere Aufmerksamkeit sucht, z.B.

- hat der eine Mitarbeiter eine Leistung vollbracht, die Sie nicht ausgiebig gewürdigt haben?
- haben Sie den jüngeren Mitarbeiter des Herrn Karl zu sehr bevorzugt?

Wie wollen Sie in den Fällen gezielt motivieren, wenn Sie nicht die betreffende Grundmotivation kennen? Etwa dem Mitarbeiter Herbert sagen, er solle keine Fehler mehr machen, oder Herrn Karl den Kopf waschen (was nun gar keine Motivation wäre)? – Das würde alles nichts bringen.

Machtkampf

Der Mensch sieht seinen Selbstwert dadurch gesteigert, daß er die Umwelt dominiert. Dort sind aber Menschen, die das nicht wollen, weil sie ihrerseits ihren Selbstwert dadurch gemindert sehen, z.B.

- wo der Chef äußerst genau ist, sein Mitarbeiter Groß aber großzügig mit Zahlen umgeht,
- wo der Mitarbeiter Lang ein großer Zauderer, sein Kollege Kurz aber sehr spontan und schnell Entscheidungen trifft.

Bei diesen Situationen ist an sich noch kein Problem gegeben; im Gegenteil, sie können sich als sehr fruchtbar erweisen in der Synthese der konträren Verhaltensmuster. Problematisch wird es erst, wenn der eine vom anderen ein bestimmtes Verhalten erwartet und wenn der andere sich ihm anpaßt, so daß er ihn dominieren kann.

- Der Chef verlangt vom Mitarbeiter „mehr Sorgfalt". Er ist in den Augen des Mitarbeiters Groß ein „Korinthenkacker", und der läßt ihn das auch spüren. Er macht nun Dienst nach Vorschrift; damit bleibt alles liegen.
- Lang sagt über Kurz, daß er „alles falsch" macht, weil er so schnell Entscheidungen treffe, Kurz regt sich darüber auf und sagt, daß Lang ein „Angsthase" ist.

Ein Mittel, das von den Kontrahenten im Machtkampf angewendet wird, ist der überzogene, emotional formulierte Ausdruck wie „mehr Sorgfalt", „Korinthenkacker", „alles falsch", „Angsthase".

Gefühle kommen nicht über uns, sondern wir produzieren sie, um bestimmte Ziele zu verfolgen, hier nämlich, um die Oberhand zu gewinnen:

- Der Mitarbeiter hört, daß er nicht sorgfältig ist, hat also weniger Selbstwert. Das macht er wett, indem er es dem Chef gibt, nachdem er entsprechend Zorn produziert hat. – So, jetzt ist er wieder oben!
- Kurz produziert eine Erregung, in der er seinen Kollegen Lang einen Angsthasen nennen kann, und Lang, der Kurz beneidet, sieht in seinem Neid nicht, daß Kurz auch schon richtige Entscheidungen getroffen hat.

Gefühle sind Mittel, mit denen wir unsere Ziele verfolgen und die uns einen Hinweis auf die Grundmotivation geben.

12.4 Individualpsychologischer Ansatz

Rache

Der Mensch rächt sich an der Umgebung, weil sie ihm den Selbstwert genommen hat.

- Der Mitarbeiter macht einen schweren Fehler, den wir nicht von ihm erwartet haben.
- Der Sohn liegt mit fast dreißig Jahren seinem Vater auf der Tasche.

Die oberflächliche Frage nach dem **Warum** bringt keine Aufhellung der Sachlage, keine Aufhellung der Grundmotivation:

- Der Mitarbeiter hat noch nie einen derartigen Fehler gemacht, warum also hier?
- Der Vater hat dem Sohn doch drei Lehrstellen verschafft, warum ist dieser nicht dabei geblieben?

Eine Antwort finden wir wieder am ehesten durch die Frage nach dem **Wozu** und durch die Frage: Was ist dann passiert? – Gleichzeitig wird hierbei aber auch wieder klar, daß wir nicht nur den Mitarbeiter bzw. den Sohn allein betrachten dürfen, sondern daß eine Wechselwirkung zwischen diesen und ihrer Umgebung zu sehen ist.

- Nach dem schwerwiegenden Fehler durch den Mitarbeiter wird sein Chef versetzt, er hat keine Personalverantwortung mehr. Wenn sich jetzt herausstellt, daß der Chef ihn mehrfach nicht, wie versprochen, zur Beförderung vorgeschlagen hat, ahnen wir die Richtung der Motivation dieses Mitarbeiters.
  Zur Realisierung seines Zieles muß der Mitarbeiter wieder Gefühle produzieren, sonst wäre er dazu nicht in der Lage. Er entwickelt Abneigung oder gar Haß und Rache, und dann ist der Fehler folgerichtig.

- Der Sohn wollte studieren; der Vater aber wollte, daß er eine praktische Lehre macht. Zunächst die Frage, welche Motivation der Vater dazu hatte. Geldsorgen scheiden aus; hätte ein dreifaches Studium seines Sohnes bezahlen können. Was passiert, wenn der Sohn das Studium abgeschlossen hat? – Dann wird der Vater in seinem Selbstwert herabgesetzt, denn er hat kein Studium abgeschlossen. (Diese Argumentation – die private Logik des Vaters – wird einleuchtend, wenn noch bekannt wird, daß er gerne einen Doktortitel hätte und dafür sogar gut bezahlen würde!) So wird hier zunächst ein Machtkampf begonnen, Neid und Eifersucht werden als Mittel eingesetzt, um diesen Kampf zu führen.

Nun zur Sicht des Sohnes: Er hat keine Argumentation gegen den Wunsch des Vaters, zumal der nach außen hin zur Begründung angibt, sein Sohn müsse noch durch die harte Schule des Lebens gehen. So wählt er (unbewußt) die Eskalation: „Ich darf nicht studieren; aber in der Lehre komme ich nirgendwo zu Rande. Also muß ich zu Hause herumsitzen. Daß mein Vater sich darüber ärgert, dazu kann ich nichts." – Im Klartext müßte es heißen: „Ich nehme Rache, weil mein Alter mich nicht studieren läßt. Auf eine Lehre pfeife ich. Jetzt soll er auch sehen, was er davon hat!"

Zur Erinnerung: Eine derartige Motivationslage ist dem Betroffenen zumeist nicht bewußt; er ist selbst oft von seinem Verhalten überrascht und möchte es manchmal ungeschehen machen.

Wieder taucht die Frage für den Außenstehenden auf, was es in den beiden Fällen zu motivieren gibt. Hilft es etwa zu sagen: „Du bist ein toller Kerl, Du bekommst eine Gehaltserhöhung, wenn ein derartiger Fehler nicht mehr auftritt"? Oder: „Tu mir den Gefallen und beende deine Lehre"?

Resignation
Der Mensch resigniert, weil die Umgebung seinen Selbstwert systematisch untergraben und zerstört hat.

- Ihr Mitarbeiter bringt keinerlei produktive Arbeit mehr auf.

- Einem anderen Mitarbeiter können alle Kollegen seine Kompetenzräume einschränken, ohne daß er protestiert.

Hierbei ist nun fast nichts mehr in Richtung Motivation zu machen.

12.4.2 Die Eskalation der Nahziele

Wir müssen untersuchen, wieso die Mitarbeiter in unseren letzten Beispielen so geworden sind. Kann es nicht am Chef (an den Chefs) gelegen haben? Vielleicht haben sie jedes Mal abgewunken, wenn er mit einem Verbesserungsvorschlag kam (dieses um Aufmerksamkeit zu erregen), und haben Ärger und Abneigung produziert, weil es ihnen zu lästig war, sich mit

12.4 Individualpsychologischer Ansatz

ihm auseinander zu setzen. Der Mitarbeiter hat daraufhin das Seinige dazu beigesteuert, daß er als Last empfunden wurde, weil man das von ihm erwartete (Machtkampf).

Als dann immer noch nichts passierte, ging der Mitarbeiter auf einen Rachefeldzug. Den Kollegen wurden Steine in den Weg gelegt, Falschinformationen in die Welt gesetzt, Fehler gemacht, Meetings durch Aufbauschen von Bagatellen gesprengt.

Daraufhin erhielt er ein eigenes Zimmer, wurde nicht mehr zu Meetings eingeladen, man konnte ihn nicht abschieben, weil er ein Mann der ersten Stunde des Unternehmens war, und er erhielt Aufgaben, die absolut sinnlos und überflüssig waren.

Nun hat er keine Motivation mehr. Kann man ihm das alleine ankreiden? Oder auch seinen Chefs,

- die durch Entwickeln eines negativen Gefühls gegen den Mitarbeiter ihn nicht mehr akzeptieren konnten (besser: wollten!),
- die in Unkenntnis der Eskalation in den Nahzielen den Mitarbeiter immer weiter absakken ließen,
- die aufgrund ihrer Machtposition ihre eigenen Ziele – Erhöhung des Selbstwertgefühls durch Stärkung ihrer Macht – weiterverfolgen konnten?

Haben die Chefs nicht eine große Schuld auf sich geladen und müssen sie sie nicht mittragen, die Schuld, die mindestens so groß ist wie die Schuld des Mitarbeiters?

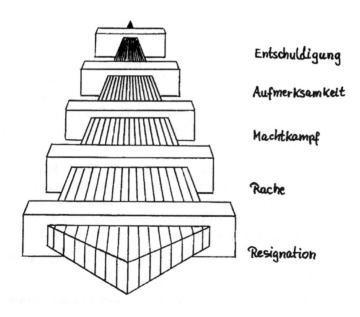

Abbildung 12-3: Die Eskalation der Nahziele

Beide Seiten haben nicht erkannt, daß sie Fehlzielen hinterherliefen, die sich, wenn sie nicht als solche erkannt und korrigiert werden, eskalieren: Aus dem Suchen nach Entschuldigung für eigene Mängel wird das Erregen von Aufmerksamkeit; daraus kann ein Machtkampf entstehen. Wird das Spiel nicht durchschaut, werden Racheakte begangen und schließlich kann es zu einer kompletten Resignation eines Menschen kommen. – Apathie, ein schlimmes Ende eines Weges, der mit Versuchen begann, Aufmerksamkeit zu erregen!

Ganz klar wird hier die Verantwortung eines Chefs für seine Mitarbeiter, die Verantwortung für deren Verhalten.

12.5 Die Wechselbeziehung im Verhalten von Chef und Mitarbeiter

Wir wollen diesen Aspekt der Wechselwirkung zwischen Chef und Mitarbeiter noch etwas vertiefen.

12.5.1 Die Chefs sind schuld an ihren Mitarbeitern!

Da ist der sehr autoritäre Chef der Firma ABC – sie bietet DV-Service an –, in der etwa 350 Mitarbeiter arbeiten. Er trifft alle Entscheidungen – z.B. vom Kauf eines Großrechners bis hin zur Installation eines PCs – in einsamen Entschlüssen. Er behauptet immer wieder, daß er alles am besten weiß (wobei man zugestehen muß, daß er auch die entsprechende Sachkenntnis hat).

Gibt jemand in einer sogenannten „Führungskräfte"-Besprechung eine andere Meinung kund, so wird er buchstäblich vor versammelter Mannschaft vom Boß niedergeknüppelt. Beim nächsten Meeting versucht noch einmal jemand – und zwar in der Art eines Schuljungen! – einen Einwurf zu machen; der aber wird mit einer Handbewegung vom Tisch gefegt: „Lassen Sie das meine Sorge sein, tun Sie ihre Pflicht, dann läuft alles schon!" Danach bringt niemand mehr seine Meinung ein.

Der Chef sieht seine Ansicht bestätigt: Alle seine Mitarbeiter haben keine Initiative, und deshalb muß er selbst immer die Initiative ergreifen und Entscheidungen treffen. Ist der Chef nicht da, wird auch keine Entscheidung getroffen; jeder hat Angst, später deshalb dafür vorgeführt zu werden. Das Resultat ist, daß dieses Unternehmen auch nach außen hin bekannt ist als eine Truppe, in der es einen General und einfache Soldaten, aber keine Offiziere gibt.

Jay Hall hat 1300 Führungskräfte befragt, wie Mitarbeiter motiviert werden sollen [10]. Er unterschied drei Gruppen:

1. Optimistische, an Anerkennungs- und Selbstentfaltungsbedürfnisses anderer orientierte Chefs,
2. primär am eigenen Prestige und der eigenen Entfaltung interessierte und

3. zu ihrem Beruf und ihren Mitarbeitern eher negativ eingestellte, hauptsächlich an eigener Sicherheit und guter Bezahlung interessierte Manager.

Gleichzeitig wurden 3500 Mitarbeiter dieser Chefs nach ihrer Motivation befragt. Das Ergebnis ist folgendes:

1. Die Mitarbeiter der Chefs der dritten Gruppe hatten selbst wenig Interesse an der Arbeit. Sie interessierten sich für klare Vorschriften, gute Bezahlung, ausreichende Freizeit und sicheren Arbeitsplatz.
2. Den Mitarbeitern der Chefs der mittleren Gruppe ging es vor allem um Leistung, Anerkennung und Prestige, um gutes Arbeitsklima und Möglichkeiten voranzukommen.
3. Die Mitarbeiter der Chefs der ersten Gruppe zeigten eine Motivation, die genau der Einstellung der Chefs entsprach. Sie hatten Freude an der Arbeit und hielten die Bedürfnisbefriedigung anderer für genau so wichtig wie ihre eigene. Teamgeist, Anerkennung, Leistung und Selbstentfaltung standen an der Spitze ihrer Wunschliste.

Für die Führungspraxis und die Beeinflussung von Betriebsklima, Arbeitszufriedenheit und Leistungsfähigkeit kommt Jay Hall zu folgendem Schluß:

Die Führungskräfte können durch ihr Verhalten bestimmen, wie sich ihre Mitarbeiter entwickeln. Wer seine Mitarbeiter behandelt, als seien sie dumm, faul und uninteressiert, wird bald auch tatsächlich uninteressierte, dumme und faule Mitarbeiter haben, die eben keinen Anlaß sehen, warum sie ihre Intelligenz am Arbeitsplatz einsetzen sollten.

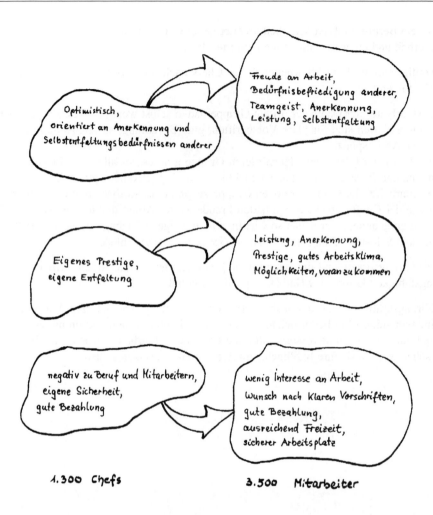

Abbildung 12-4: Beeinflussung der Motivation der Mitarbeiter durch die der Chefs

Wer umgekehrt versucht, seine Mitarbeiter herauszufordern, ihnen die Möglichkeit zur Selbstentfaltung zu verschaffen und ihnen positive Erfahrungen zum Aufbau des eigenen Selbstwertes vermittelt, kann mit Interesse, Leistungsbereitschaft, Zufriedenheit und Einsatzbereitschaft rechnen.

12.5.2 Jeder hat den Chef, den er verdient!

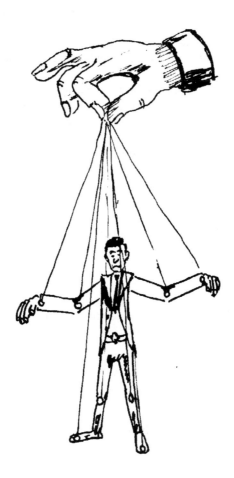

Aus unserer Betrachtung der Individualpsychologie finden wir die Antwort auf die Frage nach diesem Zusammenhang, er liegt in der Persönlichkeitsstruktur eines jeden einzelnen. Die Handlungen und Entscheidungen eines jeden zeigen, daß er so behandelt werden will und mit dem Zustand zufrieden ist. Z.B. für den Fall der Firma ABC:

Man hat ein gutes Einkommen, einen sicheren Arbeitsplatz, man muß sich nicht selber mit Entscheidungen plagen, man sitzt seine Zeit von 8.30–16.30 Uhr ab (und bevor man etwas tut, was von oben angeordnet ist, geht man zuerst einmal in die Cafeteria zum gemütlichen Plausch bei einer Tasse Kaffee) und im übrigen hat man noch 16 Stunden am Tag zur Selbstentfaltung in sportlicher Betätigung, in Rockbands und an der Malerstaffelei zur Verfügung.

Ein Fall ist hierbei besonders markant; er wird als Sozialfall des Unternehmens angesehen. Der Mitarbeiter hat resigniert, er arbeitet nicht mehr, türmt Unterlagen auf seinen Tisch, weiß immer neue Ausreden, warum er kein Ergebnis liefern kann; man versucht es mit immer neuen Aufgaben, von denen er aber keine zum Abschluß bringt.

Nach einem vierstündigen Gespräch mit ihm, der einer der ältesten Mitarbeiter dieses Chefs ist, wird deutlich, daß

- sein „despotischer Vater" ihn nach einem Aufenthalt „in der Klappsmühle" fallengelassen hat;
- der Mitarbeiter zu diesem Chef eine fast hörige Abhängigkeit entwickelt und der Chef die Rolle des Vaters des Mitarbeiters übernommen hat. Der Mitarbeiter ist der einzige, um den sich der hohe Chef „nicht kümmert", der es ablehnt, mit ihm zu sprechen, der nicht mehr „für ihn denkt", der ihm nicht mehr sagt und „befiehlt", was er tun soll! – „Mir muß einer in den Hintern treten!" (Zitate des Mitarbeiters!)

12.5.3 Imperativer oder kooperativer Führungsstil?

Nun wurde hier von einem Führungsstil gesprochen, den man den imperativen Führungsstil nennt. Ist er als falsch anzusehen, und ist der kooperative Führungsstil darum richtiger?

Was heißt hier richtig?

Würde man in dem beschriebenen Bereich jetzt urplötzlich einen kooperativen Führungsstil anwenden, würde es dort drunter und drüber gehen, dessen bin ich sicher. Die Mitarbeiter sind nämlich nicht geübt zu kooperieren, für eine Idee einzutreten, Entscheidungen gemeinsam zu erarbeiten und sich dann für deren Realisierung einzusetzen.

In dieser Situation sehe ich die einzige Möglichkeit darin, durch Austausch der gesamten Führungsmannschaft und vorsichtiges, sukzessives Hinführen zu einem kooperativen Führungsstil die Mitarbeiter in eine neue Situation zu bringen. – Die Frage aber ist, ob das jemand will.

Für den Augenblick ist der imperative Führungsstil hier der richtige: Chef und Mitarbeiter haben sich gefunden, und wer diese Situation nicht ändert, zeigt damit, daß er sie akzeptiert und daß er keine Veränderung haben will.

Auf der einen Seite werden selbständiges Arbeiten, freie Entfaltung der Persönlichkeit dem Sicherheitsdenken und dem Ruhebedürfnis untergeordnet. Auf der anderen Seite wird die Chance einer höheren Produktivität, Qualität und Arbeitsfreude durch den „General" seinem Machtbedürfnis geopfert. – Warum soll das geändert werden?

Ein Rollenspiel
In einem Rollenspiel in unseren Seminaren haben wir die Auswirkungen eines praktizierten Führungsstils auf die Zufriedenheit des Mitarbeiters abgefragt. Das Ergebnis ist so interessant, daß es Ihnen nicht vorenthalten werden soll.

Nachdem Mitarbeiter und Führungskraft für sich alleine eine Rangordnung für Motivatoren entsprechend der folgenden Aussage

12.5 Die Wechselbeziehung im Verhalten von Chef und Mitarbeiter

„Warum Menschen über den anderen stehen wollen, ist ...

- höhere Bezahlung,
- die größere Verantwortung,
- das höhere Ansehen,
- die interessantere Arbeit,
- die größere Macht"

gebildet haben, setzen sich ein Mitarbeiter und ein Chef zusammen, um eine gemeinsame Entscheidung über die Rangordnung zu treffen. Dieses wird mehrfach mit unterschiedlichen Paaren gemacht. Dabei gibt es drei Situationen:

1. Der Manager verhält sich kooperativ, d.h., sein Ziel ist es, gemeinsam mit dem Mitarbeiter zu einer Entscheidung zu kommen. Er versucht also, zu einer Rangfolge zu kommen, die auch der Mitarbeiter akzeptieren kann.
2. Der Chef überläßt in der Diskussion dem Mitarbeiter die Entscheidung, zeigt also Laissez-faire-Verhalten.
3. Die Führungskraft dominiert den Mitarbeiter und zwingt ihm ihre Meinung auf, übt imperativen Führungsstil aus.

Im Rollenspiel hat der Chef entsprechende Vorgaben, von denen der Mitarbeiter nichts weiß.

Nach Abschluß dieser Entscheidungsfindungen bewerten die Mitarbeiter das Ergebnis, indem sie folgende drei Fragen durch eine Notenvergabe beantworten.

Tabelle 12-1: Entscheidungsfindung

1. Wie wurden die Entscheidungen getroffen?	
Von mir	1
Überwiegend von mir	2
Von uns beiden	3
Überwiegend vom Chef	4
Vom Chef	5

Tabelle 12-2: Zufriedenheit

2. Wie zufrieden bin ich mit dem Ergebnis?	
Überhaupt nicht	1
Nicht besonders	2
Verhältnismäßig	3
Ziemlich	4
Ganz toll	5

Tabelle 12-3: Zusammenarbeit

3. Wie gerne würde ich in Zukunft mit dem Chef zusammenarbeiten?	
Äußerst gerne	1
Ich könnte es noch einmal versuchen	2
Es ist immer dasselbe mit den Chefs	3
Ich habe keine besondere Lust dazu	4
Ich möchte es nicht mehr	5

Und nun das statistische Ergebnis aus etlichen Rollenspielen.

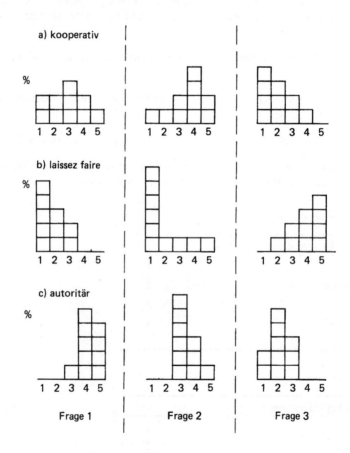

Abbildung 12-5: Zufriedenheit des Mitarbeiters nach einer Entscheidungsfindung mit dem Chef

Wie Sie erkennen können, ist der am wenigsten akzeptierte Führungsstil das Laissez-faire-Verhalten. Obwohl die Entscheidung von den Mitarbeitern ausschließlich getroffen wurde,

12.5 Die Wechselbeziehung im Verhalten von Chef und Mitarbeiter

sind diese mit dem Ergebnis überwiegend nicht zufrieden, und mit einem Chef, der alles einfach laufen läßt, möchte man auch nicht so gerne arbeiten.

Dann schon eher mit dem autoritären! Und mit dem Ergebnis, das ausschließlich er beeinflußt hat, können die Mitarbeiter auch leben.

Entsprechend erkennen wir die Resonanz auf den kooperativen Führungsstil. Hier fällt ins Auge, daß es auch dabei Unzufriedene gibt, daß man auch mit solchen Chefs nicht unbedingt gerne zusammenarbeitet. Da müssen wir an die individuelle Erfahrung in solchen, u.U. nie geübten, Situationen denken!

Das bestätigt auch hier wieder, daß man nicht generell von einem richtigen Führungsstil sprechen kann, sondern den einzelnen Mitarbeiter individuell aufgrund seiner spezifischen Grundmotivation behandeln muß.

12.5.4 Beeinflussung der Grundmotivation

Motivation von außen, durch andere, wird eingesetzt zur Erhöhung der Produktivität: Die Zufriedenheit des Mitarbeiters zu erhöhen, Lust zu verschaffen, damit er dem Unternehmen mehr bringt. Das aber ist Manipulation, wie wir schon gesagt haben. Es beweist sich der Wunsch, Führungsautorität herkömmlicher Art zu konservieren.

Alle Menschen, die ein Interesse daran haben, andere zu motivieren, interessieren sich für Motivationsforschung. Alle Menschen aber, die damit zu tun haben, daß die Ergebnisse der Motivationsforschung auf sie angewendet werden, befürchten Manipulation und entwickeln Ängste und Mißtrauen.

Nein, die Motivation eines Mitarbeiters muß aus ihm selber kommen, und das zu schaffen ist die eigentliche Aufgabe einer Führungskraft, Ihre Aufgabe!

- Sie müssen dem Mitarbeiter dabei Hilfestellung geben, sich selbst zu erkennen, zu sehen, unter welcher Zielsetzung er steht, ihm seine Einstellung zur Arbeit bewußt zu machen.
- Sie müssen mit ihm über Möglichkeiten diskutieren, wie eine größtmögliche Zufriedenheit, Freude und Lust an der Arbeit zu erreichen sind.
- Sie müssen herausfinden, ob der Mitarbeiter den Willen hat, für die Erreichung dieser Lust eine bestimmte Leistung zu erbringen.

Zu alledem gehört das Vertrauen zwischen Ihnen und Ihrem Mitarbeiter.

- Bauen Sie Vertrauen auf!
- Seien Sie ehrlich!

12.5.5 Die Aufgabe der Führungskraft

Dies geschieht im Dialog mit dem Mitarbeiter.

- Sie müssen den Mitarbeiter als gleichwertigen Gesprächspartner ansehen
- Sie müssen ihn akzeptieren, so wie er Ihnen entgegentritt.
- Sie müssen sich darüber im klaren sein, daß
  - jeder Mensch nicht nur in dem System „Arbeit und Beruf" steht, sondern auch in den Systemen „Freundschaft/Gemeinschaft" und „Liebe/Ehe",
  - jeder aufgrund seiner Abstammung, Erziehung, Erfahrung eine eigene Logik entwickelt hat, nach der er handelt, und
  - das resultierende Verhalten nicht immer Ihren Erwartungen entspricht, genauso wie Ihr Verhalten individuell geprägt und für andere nicht immer nachvollziehbar ist.

Zu Ihren Aufgaben gehört auch, Ihre Gefühle in Richtung des Mitarbeiters zu beobachten. Gefühle sind Mittel, bestimmte Ziele zu erreichen. Denken Sie daran: Sie verraten uns, was wir eigentlich wollen.

- Werden Sie wachsam und hellhörig, wenn Sie sich über einen Mitarbeiter ärgern (Sie! ärgern sich): Was beabsichtigen Sie mit diesem Ärger, suchen Sie (unbewußt) einen Grund, den Mitarbeiter nicht zu akzeptieren?
- Werden Sie wachsam und hellhörig, wenn Sie einen Mitarbeiter zu hassen beginnen: Was ist Ihr Ziel? Ist es vielleicht für Sie bequemer, nicht mehr mit diesem Mitarbeiter zu sprechen? Steht er Ihrem eigenen Ziel im Wege?
- Entwickeln Sie positive Gefühle Ihren Mitarbeitern gegenüber.

Die Voraussetzung dafür ist, den entsprechenden Mechanismus zu kennen und dann zu wollen. Und nur so ist eine Verhaltensänderung möglich!

Sind Sie ein imperativer Typ, dann bringt es im allgemeinen nichts, fortan einen kooperativen Führungsstil anwenden zu wollen. Sie werden nach kurzer Zeit wieder in das alte Verhalten zurückfallen, weil Sie es unbewußt einsetzen, Ihr Ziel zu erreichen.

Erst wenn Sie die Nahziele kennen, sie sich bewußt machen, erst wenn Sie erkennen, daß Sie das imperative Verhalten in diese Zielrichtung einsetzen, können Sie bewußt dagegen angehen (können – müssen es aber nicht!). Sie müssen entscheiden, ob Sie diese Methode weiter einsetzen und damit entsprechende Nachteile in Kauf nehmen oder ob Sie sich bewußt dagegen entscheiden, es also nicht mehr wollen.

Ein solcher Chef wirkt nicht nur echt und offen, er ist echt, er ist offen, und jeder Mitarbeiter entwickelt ebenfalls in der Wechselwirkung eine Echtheit und Offenheit, und der Leistungswille, die Bereitschaft, Verantwortung zu übernehmen, die Freude an der Arbeit, die der Chef zeigt, werden vom Mitarbeiter übernommen.

D.h., die Lösung eines Problems zwischen Ihnen und Ihrem Mitarbeiter liegt in Ihnen selber, aber nicht in der Weise, daß Sie sich Techniken aneignen, z.B. Motivationstechniken, sondern darin, daß Sie Ihr eigenes Verhalten ihm gegenüber ändern!

12.6 Was Mitarbeiter von ihrem Projektleiter fordern

Nun schließt eine Liste von Aufforderungen an den Projektleiter dieses Kapitel ab. Sie wurde in unseren Projektmanagement-Seminaren von den Teilnehmern zusammengestellt. Lassen Sie sie auf sich wirken!

- Lassen Sie Kritik zu! Nutzen Sie Kritik!
- Bemühen Sie sich, gerecht zu sein!
- Loben Sie Ihre Mitarbeiter!
- Vermitteln Sie Erfolgserlebnisse!
- Gestehen Sie eigenes Unrecht ein!
- Meiden Sie spontane Schuldzuweisung, lassen Sie den Mitarbeiter sein Gesicht wahren!
- Teilen Sie (gerecht) den Erfolg!
- Klären Sie Probleme zuerst im Team!
- Delegieren Sie, beweisen Sie Vertrauen!
- Beachten Sie die Kompetenzen (keine Übergriffe in Mitarbeiterkompetenzen)!
- Handeln Sie nicht opportunistisch!
- Hören Sie dem Mitarbeiter zu!
- Nehmen Sie sich Zeit für Ihre Mitarbeiter!
- Seien Sie loyal dem Auftraggeber und Ihrem Chef gegenüber!
- Identifizieren Sie sich mit Ihrem Projekt!

... und Sie werden ein guter Projektleiter sein!

12.7 Lösung zur Übung

Ein interessantes Ergebnis einer Befragung von Managern und Mitarbeitern zu Motivationsansätzen aus der Praxis zeigt die statistisch abgeleitete Tabelle. Sie hat keine Allgemeingültigkeit; sie ist aufgrund einer Untersuchung zu einer bestimmten Zeit – und damit unter Akzeptanz einer bestimmten Werteordnung – in einem bestimmten Unternehmen entstanden. Sie soll lediglich aussagen, daß die Auffassung zu Motiven in den beiden Ebenen unterschiedlich sein kann.

Tabelle 12-4: Motive in den Augen von Führungskräften und Mitarbeitern

	Motivvermutungen des Chefs	Tatsächliche Motive des Mitarbeiters
1	Gute Bezahlung	Anerkennung
2	Sicherer Arbeitsplatz	Mitdenken können, Information, interessante Arbeit
3	Aufstiegsmöglichkeit	Richtige (= angemessene) Bezahlung
4	Interessante Arbeit	Verständnis und Hilfe in persönlichen Angelegenheiten
5	Gute Arbeitsbedingungen	Aufstiegsmöglichkeiten und gesicherter Arbeitsplatz
6	Anerkennung und Hilfe persönlicher Art	

Während es den Mitarbeitern am wichtigsten ist, Anerkennung zu haben, nehmen die Manager an, daß Geld der erste Motivator bei ihren Mitarbeitern ist.

Wie sah es bei Ihnen aus?

Da können Sie sich wieder vorstellen, daß es sehr schwer ist, im Einzelfall die Motivationslage des Mitarbeiters zu treffen!

13 Der Projektleiter

Oder: Auf ihn kommt's an!

Zur Abwicklung von Projekten werden viele Techniken und Hilfsmittel angeboten, und es vergeht fast kein Tag, an dem nicht jemand „seine" Methode der Planung und Kontrolle, neue Verfahren des Schätzens von Zeit und Aufwand und neue Organisationsformen als den letzten Schrei propagiert. Checklisten für die Meilensteine im Projektablauf sollen die Risiken verringern. – Als wenn damit der Kern der Projektarbeit getroffen wäre!

Zu wenig Beachtung wird einem anderen Faktor geschenkt, der für die Durchführung eines Projektes relevant ist, der Person des Projektleiters. Dabei ist sie der Schlüssel zum Erfolg – oder zum Mißerfolg – des Projektes. Nicht die Kenntnis bestimmter Planungsmethoden, nicht das Abarbeiten von Checklisten, nicht der Einsatz einer bestimmten Organisationsform beim Projektablauf sind die Wurzeln, aus denen das neue System wächst; es steht und fällt vielmehr mit dem Projektleiter,

- der die Planungsmethoden zu bewerten hat,
- der Kreativität und Checklisten-Denken differenziert einsetzen muß,
- der die Projekt-Gruppe zu einem arbeitsfähigen Team zu machen hat!

Wir wollen hier die Person des Projektleiters durchleuchten, beschreiben, welche Verantwortung er trägt und welche Befugnisse er dafür haben sollte. Vor allem wollen wir ableiten, welche Auswahlkriterien er erfüllen muß.

13.1 Schwierigkeiten

13.1.1 Organisatorische Unsicherheit

Aus der Natur des Projektes heraus stellt das Projektteam eine temporäre Organisationsform dar. Spätestens mit dem Ende des Projektes werden die Projektmitarbeiter in alle Winde zerstreut. Alle Mitarbeiter und Sie selbst als Projektleiter leben stetig in einer organisatorischen Unsicherheit: „Was wird aus mir, wenn das Projekt beendet ist?"

Eigentlich ist das doch ein großes Dilemma, dem sich das Team gegenübersieht: „Unsere Aufgabe ist es, das Projekt durchzuziehen, unser Ziel, es erfolgreich abzuschließen. Aber wir haben als Projektteam, wenn wir Erfolg haben, keine Existenzberechtigung mehr. Was wird aus uns? Was haben wir also eigentlich für ein Interesse, erfolgreich zu sein?" – Ein Projektmitarbeiter drückte es kurz und treffend so aus: „Ich weiß nicht, wohin ich gehöre!"

Wie überwinden Sie bei Ihren Mitarbeitern und bei sich selbst solche Argumente, die sicher da sind, aber in den seltensten Fällen ausgesprochen werden?

13.1.2 Entscheidungsdruck

Der Vorgang einer Entscheidungsfindung muß in einem Projekt sehr oft schneller ablaufen als in geschäftlichen Routinetätigkeiten. Dabei haben Sie als Projektleiter selten Entscheidungen zu treffen, für die Ihnen vergleichbare Entscheidungssituationen als Muster zur Verfügung stehen. Ein ungewöhnlicher Entscheidungsdruck lastet permanent auf Ihnen!

13.1.3 Kritikbereitschaft des Managements

Das etablierte Management zeigt eine besondere Kritikbereitschaft dem Projektleiter gegenüber. Das rührt wohl zum einen daher, daß der Projektleiter als „Universalist" sowohl mit neidischen Augen („Er hat einen guten Einblick in die Gesamtzusammenhänge, und er hat einen guten Draht zu wichtigen Funktionen!") als auch mit Geringschätzung („Er ist nicht der Spezialist einer Fachabteilung!") angesehen wird; zum anderen kommt es daher, daß die Auswirkungen seiner Arbeit immer in fremden Bereichen spürbar und meßbar werden; denn diese müssen Personal aus der Routinearbeit abziehen und für das Projekt abstellen, sie müssen mit dem Ergebnis des Projektes leben.

13.1.4 Machtvollkommenheit des Managements

Die Machtvollkommenheit des etablierten Managements hat schon manchen Projektleiter scheitern lassen. Es ist ein schwieriger und langwieriger Prozeß, bis das Linienmanagement akzeptiert hat, daß es Projekte gibt, bei denen sie als Entscheidungsinstanz zwar gehört werden müssen, sie aber nicht mehr die einzigen sind, die das Sagen haben. Und wenn z.B.

- in einem Unternehmen das ungeschriebene Gesetz gilt, daß bei keiner wichtigen Entscheidung z.B. der Leiter der Verkaufsabteilung übergangen werden darf, „weil das schon seit Firmengründung immer so war",
- ein bestimmter Manager sich im Unternehmen hochgedient hat, seit ca. 30 Jahren dem Einkauf erfolgreich vorsteht und eine gewisse Autorität hat,
- es im Unternehmen üblich ist, daß ein einfacher Mitarbeiter einem Manager nur mit augenfälliger Demut begegnet oder ihn zu einem persönlichen Gespräch erst nach tagelanger Voranmeldung besuchen darf ...

dann hat es ein Projektleiter besonders schwer!

13.1.5 Auswirkung von Fehlern

Wer kann schon von sich behaupten, daß er keine Fehler macht? Auch Sie als Projektleiter machen Fehler. Ihr Problem ist nur, daß die Auswirkungen eines Fehlers sehr schnell und sehr vielen sichtbar werden! Sehr häufig sind dann auch noch die Auswirkungen nur sehr schwer oder kaum zu reparieren.

13.2 Verantwortung

Man kann sagen: „Der Projektleiter ist voll verantwortlich für den Erfolg oder Mißerfolg des Projektes."

Ein Pessimist, vielleicht einer, der als Projektleiter entsprechende Erfahrungen gesammelt hat, formulierte es so: „Der Projektleiter ist verantwortlich für den Mißerfolg des Projektes; für den Erfolg sind andere verantwortlich!" – So ist es tatsächlich, im Falle eines Scheiterns des Projektes braucht man jemanden, dem man die Schuld zuschiebt. Und was liegt näher, als den Projektleiter dazu zu nehmen, der doch alle Aufgaben zu planen hat, der zu organisieren und zu steuern hat, der den besten Einblick in das Projektgeschehen hat?

Wir konkretisieren die Aussage: Der Projektleiter ist dafür verantwortlich, daß das Projekt das Produkt liefert, das benötigt wird. Er hat die Verantwortung dafür, daß das Produkt mit angemessenem Einsatz von Personal, Budget und Ressourcen erreicht und ein vorgegebener Termin eingehalten wird. D.h. der Projektleiter hat die Verantwortung für das Ergebnis, das Personal, das Budget, die Ressourcen und den Termin. Verantwortung bedeutet dabei das persönliche Einstehen für die Folgen von Handlungen und Entscheidungen, soweit diese von ihm beeinflußt werden konnten.

13.3 Befugnisse

Sie haben als Projektleiter eine ganz schöne Menge an Aufgaben zu erledigen, und vielen Schwierigkeiten sehen Sie sich dabei gegenübergestellt. Welche Befugnisse hätten Sie gerne von Ihrem Auftraggeber?

Wir orientieren uns hier an unseren Diskussionspunkten im Kapitel **Organisation des Projektes**.

13.3.1 Mitsprache

Als Projektleiter sollten Sie ein Mitspracherecht bei der Formulierung des Projektziels und der Randbedingungen haben.

Sie sollten die Möglichkeiten haben, Ihre Meinung dazu zu äußern und in kompetentem Kreise diskutieren zu lassen. Ungesund für das Projekt wäre es, wenn der Projektleiter gegen seine Überzeugung den Projektauftrag annehmen würde: die Identifikation auf seiner Seite würde fehlen, und wie könnte er z.B. dann seine Mitarbeiter motivieren?

13.3.2 Auswahl der Mitarbeiter

Der Projektleiter sollte die Kompetenz haben, seine Mitarbeiter auszuwählen.

Die besten Spezialisten und Mitarbeiter aus den betroffenen Bereichen sind für das Projekt gerade gut genug! Dabei geht es noch nicht einmal allein um die technische Qualifikation dieser Leute. Viel wichtiger ist die menschliche Seite, viel wichtiger sind die individuellen Voraussetzungen hinsichtlich der Bereitschaft zur Zusammenarbeit. Denken Sie an die Fußballmannschaft, die am unteren Ende der Ligatabelle zu finden ist, obwohl hervorragende Techniker dabei sind!

Aber die Besten werden auch normalerweise in ihren eigenen Bereichen gebraucht, und deshalb erhält der Projektleiter für das Projekt oft diejenigen, die man gerade, d.h. zufällig entbehren kann.

Ein Projekt steht und fällt mit den Mitarbeitern, mit deren fachlicher und menschlicher Qualifikation, und deshalb sollte der Projektleiter bei der Auswahl die Entscheidung treffen dürfen.

13.3.3 Budget

Der Projektleiter sollte für sein Projekt ein eigenes Budget haben.

Er sollte die Befugnis haben, über einen bestimmten Betrag in seinem Projekt zu verfügen. Denn, nehmen wir ein Beispiel: Der Projektleiter braucht kurzfristig den Zugang zum Internet, um bestimmte Informationen abzurufen, und geht zu einer Abteilung, die einen entsprechenden PC hat. Das mag normalerweise kein Anlaß zu großen Diskussionen sein. Kommt er aber häufiger und sitzt dann längere Zeit hier, dann sieht es schon anders aus: Man fragt, wer denn die Kosten übernimmt!

Oder ein anderes Beispiel: Zur aktuellen Information muß der Projektleiter eine Reise machen. Wer übernimmt die Kosten? Muß das Geld erst beantragt und vom Auftraggeber oder vom Projektausschuß genehmigt werden? Oder sollte der Projektleiter erst einmal aus eigener Tasche die Reise bezahlen im Vertrauen darauf, daß man sie ihm später genehmigt? –

Andere Beispiele lassen sich anschließen, die deutlich machen, daß der Projektleiter eine individuelle Verfügungsgewalt über Geld haben muß, wenn er seine Aufgabe durchführen soll. Nichts ist deprimierender für ihn, als zu betteln, und seine Autorität leidet darunter! Er wird nicht für voll genommen. Er muß einfach einen Internetzugang haben oder Geld, damit er die Reise selber aus einem Budget bezahlen kann.

Natürlich ist damit nicht gemeint, daß man dem Projektleiter den für das gesamte Projekt veranschlagten Betrag auf einmal zur Verfügung stellen muß! Es könnte z.B. über eine eigene Kostenstelle gehen, der phasenweise (s. **Schätzen im Projekt**!) ein Teilbetrag zugewiesen wird, mit dem er in der Phase auskommen muß.

Wird Ihnen als Projektleiter diese Befugnis zugestanden, dann haben Sie auch die Aufgabe, das Budget zu planen und zu kontrollieren und Rechenschaft darüber abzulegen! Selbstverständlich müssen Sie sich bei der Verwaltung des Budgets an die in Ihrem Unternehmen üblichen buchhalterischen Verfahren anhängen, und die Unterstützung eines entsprechend ausgebildeten Mitarbeiters ist nur zu empfehlen.

13.3.4 Weisungsbefugnis

Fachliche Weisungsbefugnis sollte der Projektleiter haben. D.h. er soll für sein Projekt sagen dürfen, wie ein Weg zur Systemlösung aussehen soll, was getan wird, von wem es getan wird, wie es getan wird usw. Natürlich muß sich dabei der Projektleiter an vorgegebenen Normen orientieren; z.B. kann er keine Standards für die Projektarbeit vorgeben, die anderen Standards im Unternehmen zuwiderlaufen oder nicht mit ihnen übereinstimmen!

Zu unterscheiden ist von der fachlichen die disziplinarische Kompetenz. Darunter verstehen wir die Befugnis, Urlaub zu genehmigen, Gehalt des Mitarbeiters zu beeinflussen, seine Karriere zu planen u.ä. Sind fachliche und disziplinarische Kompetenz einem Mitarbeiter gegenüber nicht in einer Hand, so kann es zu Komplikationen führen: Der Mitarbeiter fühlt sich gleichsam als Diener zweier Herren, und es kann bei ihm zum Loyalitätskonflikt kommen.

Also sollte der Projektleiter auch die disziplinarische Kompetenz haben?

Die fachliche Weisungsbefugnis ist eine Minimalbefugnis, und ob wir dem Projektleiter auch die disziplinarische Kompetenz zugestehen wollen, das hängt nicht zuletzt von der Dauer des Mitarbeitereinsatzes ab (s. **Organisation des Projektes**!). Bei einer Dauer der Mitarbeit von weniger als einem Jahr sollte man nicht daran denken, dem Projektleiter auch die personelle Befugnis zu geben. Auch bei länger laufenden Projekten sollte man Vor- und Nachteile der vollen Kompetenz gegeneinander abwägen. Schon mancher praxiserprobte Projektleiter hat gesagt: „Als Projektleiter habe ich genug Aufgaben; ich möchte nicht auch noch die Aufgaben eines Personalvorgesetzten übernehmen!"

13.3.5 Ansprechpartner auf allen Hierarchieebenen

Der Projektleiter sollte im Berichtsweg nach oben Instanzen überspringen können.

Mitunter sind in kürzester Zeit und unverfälscht Informationen nach oben zu geben; sehr häufig hängen davon wichtige Entscheidungen ab. Es wäre für den Projektleiter nicht tragbar, die in der etablierten Hierarchie vorgegebenen Wege zu gehen: Zeitverlust und unter Umständen Informationsverfälschungen wären die Folge. Jederzeit sollten ihm Ansprechpartner auf allen Ebenen bis hin zum Auftraggeber zur Verfügung stehen! Die organisatorische Realisierung dazu haben wir vorgestellt (**Funktionenhierarchie**).

13.3.6 Zugriff zu Informationen

Der Projektleiter sollte Zugriff zu allen notwendigen innerbetrieblichen Informationen haben. (Notwendige Informationen sind dabei projektrelevante Informationen.)

In der Praxis mag es mitunter nun nicht eindeutig sein, ob eine bestimmte Information in diesem Sinne notwendig ist. Im Zweifelsfalle sollte sie dem Projektleiter zugestellt werden! Die Kenntnis von Randbedingungen oder Informationen über das Umfeld des Projektes sind eine Voraussetzung für den Erfolg!

13.4 Qualifikation

Nun wollen wir überlegen, wie der Projektleiter denn auszusehen habe, welche Auswahlkriterien er erfüllen sollte, damit nicht in der Person des Projektleiters a priori ein Grund für den Mißerfolg des Projektes gegeben ist.

13.4.1 Der Kriterienkatalog

In der folgenden Tabelle haben wir zusammengetragen, welche Kenntnisse, Erfahrungen, Fähigkeiten und Persönlichkeitsmerkmale man von einem Projektleiter erwarten könnte.

Tabelle 13-1: Auswahlkriterien. Der Projektleiter sollte haben ...

... Kenntnis von	
1	Prinzipien, Politik, Verfahren und Organisation des Unternehmens
2	Dem System
3	Planungsmethoden
4	Rechnungswesen
5	Gewerkschafts- und Betriebsratsorganisation
6	Fremdsprachen
7	Betrieb, Wirtschaft und Wettbewerb
8	Psychologischen und soziologischen Begriffen
9	Methoden der Systementwicklung
10	...

13.4 Qualifikation

... Erfahrung im		
11		Organisieren von Arbeit
12		Arbeiten mit dem System
13		Überwachen von Plänen
14		Auslegen von Budgetplänen
15		Verhandeln mit dem Betriebsrat
16		Führen von Mitarbeitern
17		Bau und Wartung des Systems
18		Präsentieren
19		Umgang mit unerwarteten Vorfällen
20		...
... Fähigkeiten,		
21		Geschäftspolitik zu erläutern
22		eine Analyse des Systems durchzuführen
23		Projektsteuerungstechniken zu benutzen
24		richtige Entscheidungen zu treffen
25		sich durchzusetzen und Vorgesetzte zu überzeugen
26		Mitarbeiter zu motivieren
27		Fertigteile des Systems zu beurteilen
28		eine Gruppe zu leiten
29		zu kommunizieren: frei von der Leber zu sprechen, zuzuhören, vorzutragen
30		...
... Persönlichkeitsmerkmale		
31		Takt, Ausgeglichenheit
32		Offen für Änderungen, Neuerungen
33		Mitarbeitern helfen, voranzukommen
34		Bereitschaft, zu delegieren
35		Mut, Entscheidungen zu treffen und Druck zu widerstehen
36		Zusammen mit Mitarbeitern beratschlagen
37		Vertrauen in Fähigkeit und Einsatzbereitschaft der Mitarbeiter
38		Bereitschaft, anderen zu helfen
39		Bereitschaft, Unterstützung von anderen anzunehmen
40		...

Dabei bedeuten

- **Kenntnis:** das, was man weiß (durch Lesen, Hören usw.),
- **Erfahrung:** Kenntnis, durch praktisches Tun gewonnen oder in der Praxis angewandt,

- **Fähigkeit:** in der Lage sein, etwas zu tun,
- **Persönlichkeit:** die Art und Weise, wie jemand handelt,

und unter dem **System** ist das jeweilige Produkt des Projektes zu verstehen (siehe Kapitel 3: Das Projekt, S. 21!).

Übung
Sie erhalten nun 100 Punkte (Prozent); Sie sollten sie über die Tabelle so verteilen, daß ein für Sie ideales Bild eines Projektleiters entsteht. Als 10., 20., 30. und 40. Kriterium können Sie noch Qualitätsmerkmale definieren, die Ihrer Meinung nach wichtig sind, in dieser Tabelle aber fehlen.

Wird „Ihr" Projektleiter mehr an Kenntnis oder an Erfahrung haben, oder bringt er vielleicht die meisten Punkte in der Kategorie Persönlichkeit?

Nehmen Sie sich eine halbe Stunde Zeit und überdenken Sie das Mehr oder Weniger der einzelnen Kriterien.

13.4.2 Die Gewichtung der Kriterien

Die Bedeutung der vier Kriteriengruppen steigt von „Kenntnis" bis „Persönlichkeit". Dies wollen wir an zwei Beispielen verdeutlichen:

1. Der Projektleiter weiß, was Netzplantechnik ist (er hat Kenntnis von Planungsmethoden). – Er hat schon damit gearbeitet (er hat Erfahrung damit). – Er ist in der Lage, ihr den richtigen Stellenwert zuzuordnen, er kann beurteilen, wann Netzplantechnik eingesetzt werden soll und eine angemessene Technik ist (er hat die Fähigkeit, Projektsteuerungstechniken zu benutzen). – Er hat das Vertrauen in das Können seiner Mitarbeiter und delegiert die Erstellung und Auswertung des Netzplans (Persönlichkeit).
2. Der Projektleiter kennt die gängigen Motivationstheorien (er hat Kenntnis von psychologischen und soziologischen Begriffen). – Er war mehrere Jahre Abteilungs- und Gruppenleiter (er hat Erfahrung im Führen von Mitarbeitern). – Er ist in der Lage, Mitarbeiter zu motivieren und eine Gruppe zu leiten, was ein Fähigkeits-Merkmal ist. Und hier gerade wird deutlich, daß Erfahrung-Haben weder eine notwendige noch eine hinreichende Voraussetzung für das Fähigkeits-Besitzen ist (vgl. Kapitel 12: Motivation und Führungsstil, S. 155ff)!

Das Ergebnis dieser Überlegungen ist:

1. je größer ein Projekt, d.h. die Projektgruppe ist, um so mehr Punkte sollte der Projektleiter in den Kategorien Fähigkeit und Persönlichkeit bringen; je kleiner, um so mehr Punkte muß er in Kenntnis und Erfahrung bringen.
2. Fehlende Punkte in den Kategorien Kenntnis und Erfahrung können leicht und relativ schnell herbeigeschafft werden. Fehlende Punkte auf der anderen Seite herbeizuschaffen, ist aber ein langwieriger und schwieriger Prozeß oder manchmal gar unmöglich: Es dauert halt seine Zeit, Fähigkeiten herauszuarbeiten oder gar eine Persönlichkeit zu ändern.

(Wie wollen Sie z.B. jemanden ändern, der nicht entscheidungsfreudig, sondern ein ewiger Zauderer ist?)

Benötigt der Projektleiter also z.B. Kenntnis von Netzplantechnik, dann ist diesem Mangel durch Besuch einer entsprechenden Schulung abzuhelfen. Müssen wir bei ihm Erfahrung im Präsentieren voraussetzen, dann sollten wir ihm immer wieder Gelegenheit geben, sie zu erwerben.

13.4.3 Rangfolge der Kriterien

Aufgrund von weit über 1.000 Gruppenarbeiten mit Diskussion, Meinungs- und Erfahrungsaustausch in unseren Management-Seminaren zu dem oben vorliegenden Kriterienkatalog und Bewertungssystem ist eine Rangfolge entstanden, die äußerst informativ ist. Mehr als 10.000 aktive oder designierte Projektleiter, Auftraggeber und Projektmitarbeiter haben mittlerweile darin ihre Meinung zum Profil eines guten Projektleiters ausgedrückt.

Wir wollen hier diese Rangfolge mit entsprechenden Diskussionsansätzen vorschlagen, weil sie nach unserer Meinung ein hervorragendes Bild eines idealen Projektleiters abgibt.

- Als Projektleiter müssen Sie entscheidungsfreudig sein!
  Im Projektverlauf sind immer wieder Situationen gegeben, die eine Entscheidung verlangen; die Mitarbeiter wollen wissen, welchen Weg es langgeht. Die Projektarbeit duldet keinen Aufschub, und Sie müssen den Mut haben, Entscheidungen zu treffen. Sie dürfen kein Zauderer sein. Sie müssen Initiative zeigen; Sie können nicht warten, bis sich eine Situation ergeben hat. Sie müssen selbst aktiv werden, auch wenn Sie wissen, daß Sie etwas falsch machen können. D.h. der Mut zum Risiko zeichnet den guten Projektleiter aus: Nur der risikobereite Mensch kann etwas Besonderes leisten!

- Sie müssen die Fähigkeit haben, Druck zu widerstehen, sich durchzusetzen und Vorgesetzte zu überzeugen!
  Es genügt nicht, eine Entscheidung zu treffen; sie muß auch realisiert werden. Und dabei entsteht nun einmal Druck, Druck von oben, vom Auftraggeber und Management her, Druck von unten, von der Projektgruppe her. Sie müssen diesem Druck widerstehen, sich durchsetzen können!
  Es liegt nicht in der Ihnen durch den Auftraggeber zuerkannten Autorität begründet, sondern in der Persönlichkeit, Ihre Entscheidung z.B. auch dann noch zu vertreten, wenn zehn Mitarbeiter zum wiederholten Male ihre Kritik äußern, wenn Ihr Management Ihnen sagt, daß es doch auch anders ginge. Dazu gehört sehr viel Selbstvertrauen!
  Sie müssen dem psychischen Druck Widerstand leisten können; Sie müssen Mitarbeiter und Vorgesetzte von der Richtigkeit Ihrer Idee überzeugen können; Sie müssen sie für sich gewinnen!

- Sie sollten Erfahrung im Organisieren von Arbeit haben!
  Das soll nicht heißen, daß Sie als Vorgesetzter Arbeiten eingeteilt und auf die Mitarbeiter aufgeteilt haben müssen. Erfahrung im Organisieren von Arbeit können Sie auch für sich allein an Ihrem Schreibtisch sammeln.

Es muß geübt sein, systematisch und zielstrebig vorzugehen, wenn mehrere Arbeiten auf einen zukommen, und nicht wahllos diese und jene Arbeit zu beginnen, um sie dann aufzugeben, wenn eine neue auftritt! – Ein Anfang wäre schon der systematische Start: Sie teilen sich morgens Ihre Arbeiten ein, vergeben ihnen Prioritäten und erledigen dann entsprechend die Arbeiten.

Was aber machen Sie, wenn ein Kollege kommt und Ihnen Fragen stellt und eine Unterstützung braucht? Wie reagieren Sie, wenn dann noch das Telefon schellt und während des Gespräches Ihr Chef kommt und Ihnen einen Brief zur Beantwortung vorlegt?

Versuchen Sie, die Organisation Ihrer Arbeit beizubehalten, wenn neue Anforderungen auftreten. Sagen Sie Ihrem Kollegen, daß Sie in einer Stunde Zeit für ihn haben und sich ihm dann besser widmen können! – Nehmen Sie den Telefonhörer nicht beim ersten Signalton ab, sonst meint Ihr Gesprächspartner, Sie hätten nichts zu tun! – Fragen Sie Ihren Chef, bis wann die Antwort formuliert sein muß!

Überdenken Sie dann flexibel die Prioritäten der Arbeiten, die Sie organisiert hatten und zu denen nun neue gekommen sind.

Das verstehen wir unter „Organisieren von Arbeit". Da sollten Sie Erfahrungen sammeln und üben, damit Ihnen für die Projektarbeit diese systematische und zielstrebige Vorgehensweise in Fleisch und Blut übergegangen ist!

- Sie müssen in der Lage sein, Projektsteuerungstechniken zu benutzen, und das soll heißen, „die richtige Technik zum richtigen Zeitpunkt richtig einzusetzen"!

Sie müssen als Projektleiter Überlegungen anstellen, wie die Projektorganisation aussehen, wie sich beispielsweise die Mitarbeit der Benutzer darstellen könnte. – Sie sind dafür verantwortlich, die Funktion des Projektausschusses für Ihr Projekt zu konkretisieren. – Ihre Aufgabe ist es, einen Phasenplan vorzugeben und danach zu operieren. – Sie stützen sich bei der Planung einer Phase auf Checklisten. – Sie haben die Wahl von Techniken zur Planung zu treffen: Alles das hat mit Techniken der Projektsteuerung zu tun. Sie setzen diese Techniken ein.

Falsch wäre es aber, einen nicht kompetenten Mitarbeiter aus dem Benutzerbereich in die Projektgruppe zu holen, weil der zuständige Chef den gewünschten kompetenten Mann oder die kompetente Frau nicht abstellen kann oder will. – Falsch wäre es auch, in einem Projekt, das nur eine Abteilung tangiert, die Geschäftsleitung in den Projektausschuß zu definieren. – Falsch wäre es, einen in einem Projekt bewährten Phasenplan auf alle Projekte 1:1 zu übertragen. – Ebenso falsch wäre es, alles, was in einer Checkliste steht, zu planen und darüber hinaus nichts. – Und falsch wäre es, immer Netzplantechnik bei der Planung einzusetzen: Sie müssen eine Bewertung aller Techniken vornehmen und der Situation oder Umwelt entsprechend eine Auswahl treffen können und sie zum Einsatz bringen!

Natürlich setzt dies voraus, daß Sie Kenntnis von Planungsmethoden und Projektsteuerungstechniken haben. Ferner gehören dazu auch Kenntnisse über Organisationsmethoden und Vorgehenstechniken, die für den Projekttyp relevant sind, vom Zusammentragen der Benutzeranforderung, über Systemanalyse und Systementwurf, bis hin zur Übergabe des neuen Systems an den Benutzer.

Erfahrung im Überwachen von Plänen oder im Umgang mit Projektsteuerungstechniken sollten Sie auch haben. Denn dabei sehen Sie erst richtig, was alles zur Planung und

13.4 Qualifikation

Steuerung gehört, Sie haben die Schwierigkeit beim Aufstellen der Pläne und bei der Anwendung der Techniken am eigenen Leibe erlebt. Sie haben erkannt, daß es einen Unterschied macht, ob Sie planen oder realisieren. Sie haben gesehen, was Sie mit Netzplantechnik machen können, was sie in der Praxis voraussetzt und welche Interpretationen ihre Ergebnisse erlauben.

Durch das Sammeln dieser Erfahrung kann der zukünftige Projektleiter zur richtigen Benutzung der richtigen Technik zur richtigen Zeit trainiert werden!

- Sie müssen die Fähigkeit haben, eine Gruppe zu leiten und Mitarbeiter zu motivieren!
  Mitarbeiter müssen motiviert werden. Wie motivieren Sie als Projektleiter Ihre Mitarbeiter? Motivation muß differenziert bei jedem Mitarbeiter eingesetzt werden. Dieser wird motiviert, indem Sie seinen Ehrgeiz ansprechen, jener dadurch, daß Sie an seinen Teamgeist appellieren, ein dritter braucht einfach ein persönliches Gespräch: Groß ist die Bandbreite der Möglichkeiten (s. **Motivation und Führungsstil**!).
  Sie müssen führen durch Überzeugung und Argumentation, nicht durch Diktat, nicht autoritär, sondern kooperativ.
  Dazu gehört es, Initiative und Verantwortung bei den Projektmitarbeitern zu fördern. Sie müssen in der Lage sein, Ziele vorzugeben. Es gehört ferner dazu, die Individuen in einer Mannschaft zusammenzuschweißen: Elf exzellente Fußballspieler bilden noch lange keine gute Mannschaft! Jeder muß seine Aufgaben, seine Verantwortung und Befugnisse kennen – und akzeptieren. Jeder in diesem Team muß sich wohlfühlen; er muß das Team als die Umgebung ansehen, in der er als Individuum bestätigt wird, wo er seinen Kenntnissen und Fähigkeiten entsprechend eingesetzt wird. Daß aus der Projektgruppe ein Team wird, in dem das **Ich** sich zwar dem **Wir** unterordnet, sich deshalb aber nicht vergewaltigt fühlt, dafür sind Sie als Projektleiter da, und Sie müssen in der Lage sein, diese Situation zu schaffen!
  Es gibt Vorgesetzte, die schon Jahrzehnte Erfahrung im Führen von Mitarbeitern gesammelt haben, die aber nicht in der Lage sind, eine Gruppe zu leiten und Personal zu motivieren. Sie weisen an und haben die Macht kraft ihrer Stellung. Bei ihnen würde die Projektgruppe nicht zum Team, und jeder einzelne Mitarbeiter könnte zum Spielball von Motiven werden, die ihre Auswirkungen konträr zum Projekt haben.
  Auf der anderen Seite gibt es Mitarbeiter, die einer Gruppe vorgesetzt werden, ohne eine entsprechende Erfahrung zu haben, die aber in der Lage sind, Mitarbeiter zu motivieren und eine Gruppe zu leiten. – Erfahrung im Führen von Mitarbeitern ist also nicht unbedingt erforderlich; aber sie kann von Vorteil sein, um den kooperativen Führungsstil zu trainieren.

- Sie müssen die Bereitschaft haben zu delegieren!
  Die Vielzahl und Mannigfaltigkeit der Aufgaben in einem Projekt erfordern deren Delegation auf die einzelnen Mitarbeiter; der Projektleiter kann einfach nicht alles tun. Darüber hinaus ist das Delegationsprinzip ein wesentlicher Bestandteil des kooperativen Führungsstils.
  Dieses Persönlichkeitsmerkmal bedeutet – unabhängig davon, ob Sie Vorgesetzter sind oder nicht: Sie müssen in der Lage sein, andere etwas tun zu lassen, auch dann, wenn Sie glauben, daß niemand es besser kann als Sie selbst.

Über den Punkt „Fähigkeit, richtige Entscheidungen zu treffen", kann man lange diskutieren: Was heißt denn „richtige" Entscheidung? Beim Entscheiden weiß man doch nicht, ob es richtig oder falsch sein wird, und eine Entscheidung kann heute richtig, morgen falsch und nächste Woche wieder richtig sein.

Ist damit vielleicht der „Glückspilz" gemeint, dem alles, was er anpackt, auch gelingt, der einfach nichts falsch macht? Das wäre schon der richtige Projektleiter! Der Alte Fritz soll gesagt haben: „Sage mir, ob er Fortune hat!", wenn ihm ein Offizier zur Beförderung vorgeschlagen wurde; General sollte nur einer mit Fortune werden. Also suchen wir uns den Projektleiter mit Fortune!

Aber was steckt denn dahinter?

- Es genügt nicht, daß Sie entscheidungsfreudig sind; zwei Kriterien müssen Sie zusätzlich erfüllen. Zum einen müssen Sie dabei die Fähigkeit haben, eine möglichst vollständige Analyse der Situation und der möglichen alternativen Wege vorzunehmen:
  Was kann ich jetzt tun, welche Möglichkeiten habe ich jetzt? – Was passiert, wenn ich den Weg 1 gehe, wie steht das Management dazu? Welche Aufgaben kommen dann auf mich und die Mitarbeiter zu? – Welche Konsequenzen bedeutet das? Wie sicher ist dieser Weg? – Was passiert, wenn ich den Weg 2 wähle? ... – Was passiert, wenn ich den Weg 3 gehe? ...
  Beteiligen Sie möglichst Ihre Mitarbeiter an dieser Analyse; zum einen ist dies ganz im Sinne des kooperativen Führungsstils, zum anderen ist die Vielfalt der Meinungen und Gedanken in einer Gruppe durch einen einzelnen kaum zu erreichen: die Analyse zeigt ein breiteres Spektrum!
  Nach dieser Analyse der Situation und der möglichen Konsequenzen treffen Sie die Entscheidung, Ihre ureigene Entscheidung!

- Zum anderen müssen Sie jetzt *tun*, wofür Sie sich entschieden haben, und zwar mit aller Kraft und allem Engagement. Motivieren Sie Ihre Mitarbeiter, daß sie das ihre tun! Machen Sie die Ressourcen frei, die Sie und Ihre Mitarbeiter für die Realisierung brauchen und sorgen Sie dafür, daß das Management dahintersteht, Sie unterstützt und Ihnen keine Schwierigkeiten bereitet. Begeistern Sie alle zur Realisierung! Seien Sie selber davon überzeugt, daß Sie das Richtige tun. Werfen Sie nicht bei der kleinsten Unsicherheit Ihre Entscheidung um: Dann ist Ihre Entscheidung richtig!
  Schaut man sich die sog. „Glückspilze" oder die Leute, die „Fortune" haben, genauer an, dann erkennt man, daß genau sie es sind, die aktiv werden, ihr Schicksal in die Hand nehmen, von sich überzeugt sind. Sie tragen das Ihre dazu bei, daß das, was sie tun, sich als richtig erweist.

Der kooperative Führungsstil setzt einige Persönlichkeitsmerkmale voraus, die wir noch kurz ansprechen wollen.

- Sie müssen Ihren Mitarbeitern helfen, voranzukommen!
  Sie müssen sich dafür verwenden, daß jeder seinen Talenten entsprechend eingesetzt wird. Sie müssen mit an die Karriere des Mitarbeiters denken, seine guten Leistungen auch einmal für ihn verkaufen.

13.4 Qualifikation

Sie dürfen Ihre Entscheidungen nicht im stillen Kämmerlein treffen; gehen Sie mit der Entscheidungsfindung nach draußen:

- Beratschlagen Sie mit Ihren Mitarbeitern! Haben Sie Vertrauen in Fähigkeit und Einsatzbereitschaft Ihrer Mitarbeiter!
  Akzeptieren Sie deren Argumente oder überzeugen Sie sie, wenn Sie der Meinung sind, daß Ihre eigenen besser sind.

Hand in Hand damit geht die Bereitschaft, Hilfe und Unterstützung von anderen anzunehmen oder gar zu erbitten, wenn Sie sehen, daß Sie es alleine nicht mehr schaffen.

- Sie müssen die Bereitschaft aufbringen, anderen zu helfen!
  Damit ist sowohl die Hilfeleistung bei sachlichen als auch die bei persönlichen Schwierigkeiten gemeint. Gerade die letztere ist von ungeheurer Bedeutung für Wohl und Wehe des Projektes. Jeder hat einmal persönliche Probleme, und gerade ein Projekt bringt für die Mitarbeiter solche mit sich; Sie müssen als Projektleiter die Bereitschaft aufbringen, ihm zu helfen, und wenn es nur dadurch geschieht, daß Sie ihm geduldig zuhören, wenn er sich allen Kummer von der Seele redet.

- Sie müssen die Fähigkeit haben, eine direkte Kommunikation zu betreiben!
  Sie müssen in der Lage sein, frei von der Leber Ihre Meinung zu sagen, aber auch zuzuhören oder Ihre Überzeugung zu verkaufen.

Aus allen diesen Kriterien, die wirklich in der Persönlichkeit ihre Wurzeln haben, wird deutlich, daß Sie als Projektleiter Teamgeist und Kontaktfähigkeit aufbringen müssen, gepaart mit Glaubwürdigkeit und Geradheit.

Noch einige Kriterien sollen erläutert werden.

Wir sagten schon, daß Sie Ihre Meinungen oder die Ergebnisse der Projektarbeit verkaufen müssen. Sie sollten also entsprechende Fähigkeiten haben:

- Sie sollten präsentieren, frei reden können, Diskussionen leiten, Gedanken spontan in Worte umsetzen, Situationen verdeutlichen und die richtigen Hilfsmittel dazu einsetzen können!
  Dies wird immer besser mit dem Trainieren und Tun, und so ist eine entsprechende Erfahrung von großem Nutzen.

„Ein Projekt besteht nur aus unerwarteten Vorfällen", so könnte man überspitzt die Umstände beschreiben, die die Wirklichkeit immer an den Plänen vorbei sich entwickeln lassen. Damit müssen Sie als Projektleiter leben! Sie dürfen nicht in Panik oder in Resignation geraten, wenn etwas Unerwartetes, nicht Eingeplantes eingetreten ist. Sie müssen der ruhende Pol sein:

- Sammeln Sie Erfahrung mit unerwarteten Vorfällen.

Takt und Ausgeglichenheit kennzeichnen den guten Projektleiter:

- Seien Sie verbindlich; akzeptieren Sie Ihren Gesprächspartner, überfahren Sie ihn nicht! Spielen Sie sich nicht als der große Meister auf, seien Sie sich Ihrer Emotionen bewußt und kontrollieren Sie sie. Während ein etablierter Abteilungsleiter unter Umständen dieser Kriterien ermangeln kann, weil er ein kleines Reich regiert und von oben gehalten wird, ist es für einen Projektleiter tödlich: Er lebt vom Kontakt mit anderen.

- Halten Sie nicht verbissen fest an dem einmal aufgestellten Plan!
Überdenken Sie den Plan und korrigieren Sie ihn, wenn Sie die Notwendigkeit einsehen; der Projektleiter muß offen für Änderungen und Neuerungen sein, ohne dabei jede mögliche Änderung zuzulassen oder jede Änderung als das Non-Plus-Ultra anzusehen.

- Sie sollten Kenntnis von Ihrem Unternehmen haben!
Sie sollten seine Ziele, seine Verfahren und Berichtswege und seine Organisation kennen. Sie sollten darüber hinaus die inoffiziellen Informationswege und die „grauen Eminenzen" kennen; denn mitunter sind gerade sie für den positiven Fortgang Ihres Projektes unersetzlich.

13.4.4 Anwendung der Kriterien in der Praxis

Wenn wir diese Rangfolge, die aufgrund der Aussagen in den zitierten Gruppenarbeiten entstanden ist, interpretieren sollen, dann müssen wir sagen, daß wir bei einem Projektleiter am ehesten auf solche Kriterien verzichten können, die das *System* betreffen, das sind die Kriterien 2, 9, 12, 17, 22, 27. Sie bringen zusammen ca. 6%! Die anderen oben näher erläuterten Kriterien sind wichtiger, wir wollen sie Management- und projekt-spezifische Kriterien nennen. Der Projektleiter kann eben schneller sich Systemkenntnisse aneignen als seine Fähigkeiten entwickeln oder gar seine Persönlichkeit ändern!

Leider wird bei der Auswahl oder Ernennung eines Projektleiters dagegen so häufig verstoßen. Der Auftraggeber will es gut machen und beruft z.B. bei einem DV-Projekt den besten Programmierer, bei einem technischen Entwicklungsprojekt den Ingenieur mit dem besten Zeugnis, bei einem Hochbauprojekt den kreativsten Architekten und beim Bau einer neuen ICE-Strecke einen Beamten, der am oberen Ende der Karriereleiter angekommen ist, zum Projektleiter und meint, damit wäre der Erfolg gesichert.

Schauen Sie sich die großen schieflaufenden Projekte an und fragen sich, ob sich nicht bereits in Stellenausschreibungen für Projektleiter in den entsprechenden Fachzeitungen oder Zeitschriften das Scheitern des zukünftigen Projektes abzeichnet!

13.4 Qualifikation

Abbildung 13-1: Inserat in einer Fachzeitschrift

Das ist doch dasselbe, wie wenn für ein Sinfonie-Orchester ein Dirigent mit der Anzeige gesucht würde:

„Der Bewerber muß Klavierstimmen können, er sollte Geige und Trompete spielen können und Erfahrung im Einsatz von Flügeln verschiedener Hersteller haben."

Die Kunst der Projektsteuerung äußert sich einfach in anderen Merkmalen. Und diese Merkmale sind – so meine ich – bei einem Projektleiter-Kandidaten nachprüfbar.

Beurteilen Sie sich selbst einmal anhand der Tabelle! – Sie können eine Antwort darauf finden, ob Sie ein guter Projektleiter sind oder wo Sie noch etwas tun oder sich bemühen müssen.

14 Der Turmbau zu Babel

Oder: Projektmanagement in alter Zeit

Abbildung 14-1: Turmbau zu Babel nach Pieter Bruegel.

In 1. Mose 11,1 ff heißt es:

> „Und sie sprachen untereinander: Wohlauf, laßt uns Ziegel streichen und brennen! und nahmen Ziegel zu Stein und Erdharz zu Kalk und sprachen: Wohlauf, laßt uns eine Stadt und einen Turm bauen, dessen Spitze bis an den Himmel reiche, daß wir uns einen Namen machen! Denn wir werden sonst zerstreut in alle Länder. Da fuhr der Herr hernieder, daß er sähe die Stadt und den Turm, die die Menschenkinder bauten. Und der Herr sprach: Siehe, es ist einerlei Volk und einerlei Sprache unter ihnen allen, und haben das angefangen zu tun; sie werden nicht ablassen von allem, was sie sich vorgenommen haben zu tun. Wohlauf, lasset uns herniederfahren und ihre Sprache daselbst verwirren, daß keiner des anderen Sprache verstehe!
>
> Also mußten sie aufhören die Stadt zu bauen. Daher heißt ihr Name Babel, daß der Herr daselbst verwirrt hatte aller Länder Sprache und sie zerstreut von dort in alle Länder."

14.1 Projektarbeit der Babylonier

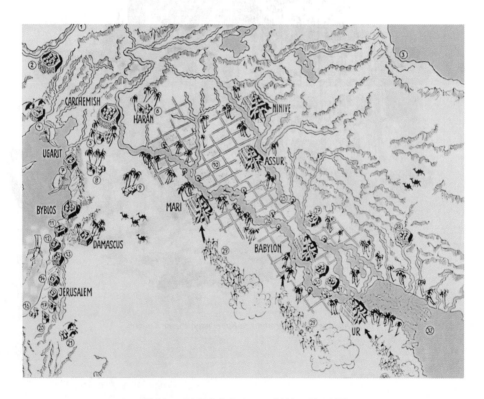

Abbildung 14-2: Babylonien um 2000 v. Chr. [12]

14.1 Projektarbeit der Babylonier

Von vielen projekterfahrenen Autoren wird die Geschichte des Turmbaus zu Babel als eine Dokumentation eines der ersten schiefgelaufenen Projekte der Menschheitsgeschichte angesehen; Kommunikationsprobleme bei den Projektmitarbeitern sind in ihren Augen die Ursachen für das Scheitern dieser komplexen Aufgabe.

Doch jüngere Forschungen der Ursprünge und Geschichte des Projektmanagements, der Taxotechnie – wörtlich: die Kunst (griech: Téchne), ordnen, befehlen (griech: táxein) zu können –, haben Beweise erbracht, daß das Projekt „Turmbau zu Babel" nicht gescheitert ist!

Folgen Sie mir auf dem Weg in die Geschichte der Taxotechnie zu einer der ältesten Kulturen in die fruchtbare Ebene im Unterlauf von Euphrat und Tigris, dem Zweistromland, das später nach seiner Hauptstadt „Babylonien" genannt wird.

- Dort erfand man ein genaues Gewichts- und Maßsystem, das sich weit über die Grenzen Babyloniens hinaus verbreitete.
- Die Priester standen in hohem Ansehen, und als priesterliche Wissenschaft entwickelte sich die Sternkunde und Sterndeuterei.
- Es gab eine bedeutende Industrie, ausgebreiteten Handel und ein hochentwickeltes Rechtswesen.
- Die Babylonier erstellten großartige Bauten aus Ziegelsteinen; sie legten Kanäle zur Regulierung der alljährlich wiederkehrenden Überschwemmungen von Euphrat und Tigris an.

14.1.1 Gesunde Basis

Dies muß auch einem unvoreingenommenen Betrachter ohne eine konsequent projektorientierte Vorgehensweise nicht durchführbar zu sein scheinen. – „Konsequent projektorientiert" bedeutet:

1. Es gibt einen Auftrag und einen Auftraggeber,
2. Es gibt eine Projektgruppe,
3. Es gibt einen Projektleiter,
4. Es gibt ein Projektziel.

Und tatsächlich: Thomas von Altköln (1125–1179), den man als den Begründer der Taxotechnie ansieht, zeigt, daß größere Unternehmungen – wie die Errichtung des Turms – von den Babyloniern, und leicht abgewandelt auch von den alten Ägyptern, in Form von Projekten realisiert wurden.

„Die Projektorganisation, die organisatorische Struktur, die nach Anweisungs- und Berichtswegen der komplexen Entwicklungsaufgabe gerecht wird, war für die Babylonier die anzustrebende Form," formulier er in der Schrift „Historia artis ducendi hominum et actionum – Geschichte der Kunst, Menschen und Geschehnisse zu leiten", ein Versuch der Interpretation des vorchristlichen Projektmanagements.

14.1.2 Phasenplan

An anderer Stelle heißt es dort:

„Die Zeitspanne für die Entwicklung eines neuen Systems, nämlich eines Turmes, eines Tempels oder eines Bewässerungskanals, also der Ablauf eines Projektes, wurde von ihnen (= den Babyloniern) in kleinere Einheiten, die sie Phasen nannten, eingeteilt. Dadurch wurde sie überschaubar, und sie vermochten sie besser zu planen; sie waren eher in der Lage, den Ablauf zu kontrollieren und schnell Aktionen zur Berichtigung einzuleiten."

Im Laufe der Jahrhunderte kristallisierte sich ein bestimmter Phasenplan heraus, der per Verordnung des Königs Hammurabi jeglicher Projektarbeit zugrundeliegen und in den Schulen des gesamten Babylonischen Reiches und sogar darüber hinaus verbindlich gelehrt werden mußte. Bei Thomas von Altköln finden wir eine prägnante Kurzfassung des an sich umfangreichen Hammurabischen Gesetzes 4,6 ff über die Anwendung des Phasenplanes:

„Man schaut zuerst nach, was er (= der spätere Benutzer) haben wollte; man macht ihm Vorschläge, was man ihm bieten könne; man sagt ihm, was er (= der Benutzer) selber dazutun müßte und macht es dann, sein Einverständnis vorausgesetzt."

In sehr vielen bildlichen Darstellungen von Projektarbeit der Babylonier, aber auch der Ägypter, ist der Phasenplan zu erkennen. In der Grafik (Bildmitte oben) ist der in etwa zu erwartende Aufwand über die Zeit dargestellt.

Abbildung 14-3: Projektarbeit nach Phasenplan [12]

14.1 Projektarbeit der Babylonier

Welche frappierende Ähnlichkeit besteht doch zwischen diesem und dem Phasenplan, der jahrelang zu unserer Zeit bei DV-Projekten angewendet wurde!

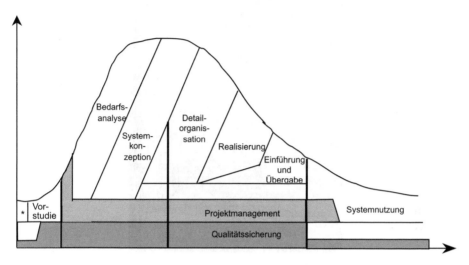

Abbildung 14-4: Phasenplan für DV-Projekte

Der Phasenplan hatte eine derartige Bedeutung für das praktische Leben in Babylonien, daß es einem Projektmitarbeiter „bei Strafe des Todes verboten ist, sich seinem Meister (= dem Projektleiter) zu nähern, ohne seinen Rücken in die Form (der Grafik) des Phasenplanes zu bringen" wie es in einem anderen Gesetz 8,6 des Königs Hammurabi heißt. Dies für unsere Begriffe unmenschlich harte Gesetz wird halbwegs verständlich, wenn wir Thomas von Altköln in seiner Interpretation folgen:

„Die geistige Einswerdung von Mitarbeiter und Phasenplan und Ziel des Projektes in deren allumfassenden Ganzheit findet ihren Ausdruck im Körper ebenso wie deren Ablehnung von Arbeit und Meister."

Mit anderen Worten: wer sich nicht mit dem Projekt, d.h. mit seiner Arbeit, identifizierte, hatte sein Recht zu leben verwirkt.

Abbildung 14-5: Projektmitarbeiter, sich dem Projektleiter nähernd [5]

Dieses Bild ist von der Wissenschaft bisher falsch gedeutet worden: Man glaubte jemanden, der für einen Verstorbenen betet, dargestellt zu sehen. Die jüngere Taxotechnie-Forschung hat dieser falschen Deutung ein Ende bereitet. Wir wollen uns dazu die Schriftzeichen genauer ansehen und die Übersetzung eines Ausschnittes (etwa Bildmitte rechts) vornehmen. Wir beziehen uns dazu auf die Übersetzungstabelle, die Monsieur Champollion im Jahre 1824 veröffentlichte.

Die Schriftzeichen ergeben das Wort Fisinplin oder Faisenplain, also Phasenplan! Damit ist zweifelsfrei nachgewiesen, daß es sich hier in diesem Bild tatsächlich um den Phasenplan handelt und daß hiermit gleichsam ein transzendentales Einswerden des Menschen mit der Projektidee dargestellt ist.

14.1 Projektarbeit der Babylonier

		Signes Hiéroglyphiques	Valeur selon M. Young	Valeur selon mon Alphabet
1.		⌂	BIR	B
2.		◯	E	R
3.	★	‖	I	I. E. AI
4.	★	∿∿∿	N	N
5.		⌂	inutile	K
6.		🦆	KE. KEN	S
7.		⇒	MA	M
8.		🦁	OLE	L
9.	★	□	P	P
10.		🐦	inutile	Ô. OU
11.		⌒	OS. OSCH	S
12.	★	⌂	T	T
13.		⌂	OU	KH
14.	★	⌒	F	F. V.
15.		⌒	ENE	T

Abbildung 14-6: Übersetzungstabelle aus Champollions „Précis du système hiéroglyphique des anciens Egyptiens" [5]

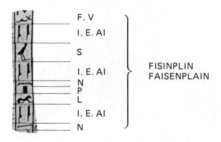

Abbildung 14-7: Die Darstellung des Wortes „Phasenplan" in ägyptischen Hieroglyphen

Die Babylonier haben der Idee ihres Phasenplans einen monumentalen Ausdruck verliehen; gewaltige Denkmäler erinnern an eine bis heute nicht mehr erreichte Blütezeit der Projektarbeit. Hier sind zwei Beispiele:

Da ist zum einen der Tel al Muqayyar, der 1854 von J. E. Taylor bei Ur in Chaldäa freigelegt wurde. Der Name bedeutet soviel wie „Berg der Stufen"! Über Jahrtausende hat sich somit – im Namen allein – der Phasenplan der Babylonier erhalten! Der Tel al Muqayyar ist das Monument eines Phasenplanes mit drei Stufen.

Abbildung 14-8: Tel al Muquayar [12]

Da ist zum anderen der siebenstufige Phasenplan, der bei Bagdad, in Aqar Quf, aufgefunden worden ist. Das etwa 60 m hohe Denkmal war nach einem gewissen Merenptah benannt, der ein besonders berühmter Taxotechniker im alten Babylonien gewesen sein muß.

Abbildung 14-9: *Phasenmonument* bei Aquar Quf [12]

Auch in der Bibel wird an verschiedenen Stellen vom Phasenplan gesprochen, und damit wird seine Verbreitung im gesamten orientalischen Raum deutlich. Schon Thomas von Altköln interpretierte 1171 folgende Stelle entsprechend 1. Mose 31,51 ff:

„Und Laban sprach weiter zu Jakob: Siehe, das ist er, und das ist es, das ich aufgerichtet habe zwischen Anfang und Ende (nach Thomas von Altköln ist zu ergänzen: „des Projektes"). Derselbe sei Zeuge, wenn ich herüberfahre oder du herüberfährst von hier bis dort."

14.1 Projektarbeit der Babylonier

In einer Phase wurden alle Arbeiten zusammengefaßt, mit denen ein entscheidungsreifes Zwischenergebnis erzielt werden konnte. In der Abfolge der Phasen gab es eine entsprechende Folge von Entscheidungen. Bei Hammurabi heißt es (14,11 ff):

„Ich, Hammurabi, Diener der Götter und König der Menschen, verlange die Teilung des Ganzen. Ist es nicht sinnvoll, Teile zu geben und Teile zu nehmen, die ihm (= dem Auftraggeber) oder der Menge (= dem Projektausschuß) gefallen? Ist es nicht töricht, das Ganze zu geben oder das Ganze zu nehmen, das niemandem nützt? – Also tue so!"

14.1.3 Reviews

Einer solchen Abnahme ging ein Verhör des Projektleiters durch den Projektausschuß vorweg. Diesem werden in der Bibel die Fragen in den Mund gelegt:

„Wo ist Weh? wo ist Leid? wo ist Zank? wo ist Klagen? wo sind Wunden ohne Ursache? wo sind trübe Augen?" (Sprüche 23,29)

Abbildung 14-10: Verhör eines Projektleiters [12]

Und angesichts dieser zu erwartenden tiefgehenden und unangenehmen Fragen stammelt der Projektleiter:

„Ich sitze nicht bei eitlen Leuten und habe nicht Gemeinschaft mit den Falschen. Ich hasse die Versammlung der Boshaften und sitze nicht bei den Gottlosen. Ich wasche meine Hände in Unschuld!" (Psalm 26,4 ff)

Es wird deutlich, was ein derartiges Review für den Projektleiter bedeutet; beim Review, in dem es um die Grundsatzentscheidung geht, welche Lösungskonzepte realisiert werden sollen – wir haben dies die „Systemüberprüfung" genannt –, schreit er in Todesangst:

„Meine Tage sind vergangen wie ein Rauch, und meine Gebeine sind verbrannt wie ein Brand. Mein Herz ist geschlagen und verdorrt wie Gras, daß ich auch vergesse, mein Brot zu essen. Mein Gebein klebt an meinem Fleisch vor Heulen und Seufzen ..." (Psalm 102,4 ff).

Verständlich sind die Klagen dieses unbekannten Projektleiters; denn nicht selten wurde als Konsequenz für einen unhaltbaren Projektstatus der Projektleiter hingerichtet oder – nach dem Review zur Systemüberprüfung – geopfert.

3. Mose 5,8:

„Bringe ihn dem Priester. Der soll ihn zum Sündopfer machen, und ihm den Kopf abkneipen hinter dem Genick, und nicht abbrechen!"

In einem Bild aus dem alten Ägypten, etwa von 1850 v. Chr., wird diese Opferung eines Projektleiters, sein Name ist Hor-ur-Re, dargestellt. Vergleicht man die Situation des damaligen mit der eines heutigen Projektleiters, so kann man mit Recht von einer glücklichen Wandlung der Denkweise und Auffassung sprechen. Lediglich „Ist der Projektleiter besonderer Kritik ausgesetzt", oder er kann „später der Frustration anheimfallen oder einen Knick in seiner Karriere aufweisen", wie es in einschlägigen Fachaufsätzen heißt.

Abbildung 14-11: Opferung eines Projektleiters [12]

14.1.4 Projektleiter

Die Frage nach der Angemessenheit dieses Vorgehens in Babylonien beantwortet Thomas von Altköln:

„Nicht unverdient, so scheint mir, ist diese Strafe; denn, ist es nicht die Pflicht des Projektleiters, zur rechten Zeit, wenn sich die Sache zum Schlechten wendet, ihn (= den Auftraggeber) um Unterstützung anzugehen und nicht zu säumen?"

Und Thomas zitiert den Auftraggeber nach 1. Mose 31,27:

„Warum bist du heimlich geflohen und hast dich weggestohlen und hast mir's nicht angesagt, daß ich dich hätte geleitet mit Freuden, mit Singen, mit Pauken und Harfen? Nun, du hast töricht getan."

Hier wird eine klare und unmißverständliche Aussage über die Verantwortung des Projektleiters getroffen: Seine Hauptaufgaben waren Planung, Steuerung und Kontrolle der zwei grundlegenden Aspekte der Projektarbeit, zum einen der Projektdurchführung, zum anderen der Systementwicklung. Daraus resultierte letzten Endes, daß der Projektleiter verantwortlich für Erfolg oder Scheitern des Projektes war.

Hohe Anforderungen an die Kenntnisse, Erfahrungen und Fähigkeiten eines Projektleiters wurden festgestellt. Teamgeist, Initiative, Kreativität, Kontaktfähigkeit und kooperativer

Führungsstil, z.B. Führung durch Überzeugung und Argumente, Förderung von Initiative und Verantwortung, direkte Kommunikation, Prinzip der offenen Tür waren maßgebliche Kriterien zur Auswahl eines Projektleiters.

14.1.5 Beteiligte Funktionen

Die unterschiedlichsten Funktionen waren in Babylonien an der Projektarbeit beteiligt, sei es, daß sie ausführten, mitwirkten, berieten oder steuerten, kontrollierten oder prüften. Neben dem Projektleiter seien hier stellvertretend der Benutzer des neuen Systems und der Revisor erwähnt.

Benutzer
Die Aufgabe des Benutzers war es, u.a. die Anforderungen an das neue System zu formulieren und dessen fachlich richtige Gestaltung zu vertreten. Wie Thomas von Altköln in seiner „Historia" zeigt, arbeitete der Benutzer tatsächlich immer im Projekt mit, von der Formulierung der Anforderungen über die Beobachtung einer benutzerfreundlichen Realisierung bis hin zum Testen des neuen Systems.

Abbildung 14-12: Benutzer erwarten das neue System [12]

Eindrucksvoll ist eine Sammlung von Figuren, die nordöstlich von Bagdad gefunden wurden und aus der Zeit von 3000–2500 v. Chr. stammen. Dargestellt sind Benutzer des neuen Systems in Erwartung eines glücklichen Projektendes.

Revisor
Der hier Revisor genannte Projektmitarbeiter hatte eine umfassendere und verantwortungsvollere Aufgabe im Projekt als der Revisor unserer Zeit.

Zum einen hatte er im Projekt dafür zu sorgen, daß die Standards, z.B. die Richtlinien zur gesunden Basis, zum Phasenplan, zu der Beteiligung aller notwendigen Funktionen, zu Reviews usw. beachtet wurden. Zum anderen hatte er die Aufgabe, darauf zu achten, daß das neue System hinsichtlich der Benutzung zwar transparent, aber gleichzeitig auch restriktiv war. Hier finden wir wieder eine Parallele zu modernen Projekten.

Bei Thomas von Altköln heißt es:

„Seine Aufgabe war es, die Projektarbeit zu harmonisieren und den Projektleiter zu unterstützen, dahingehend, daß man später zu jeder Zeit einen Überblick über alle Vorgänge, über deren Entstehung und Abwicklung haben könne" (vgl. § 145, 1, AO: Die Geschäftsvorfälle müssen sich in ihrer Entstehung und Abwicklung verfolgen lassen). „Er mußte sicherstellen, daß dieser Überblick nur bestimmten Benutzern gegeben war" (vgl. BDSG, § 6, Anlage).

Der Projektleiter konnte auf diesen beiden Ebenen nicht gegen den Revisor entscheiden, und gar nicht selten mußte darum Mehraufwand betrieben werden. Die Basis für dessen mächtige Position war das Gesetz 15,1 Hammurabi's:

„Das, was du erarbeitest, sollte so sein, daß man es prüfen und kontrollieren kann. Jedoch sollte Rücksichtnahme gegen jeden oberstes Gebot sein."

Aus diesen Gründen kam dem Revisor eine außergewöhnliche Stellung im Projekt zu.

Eine überaus realistische Darstellung aus Ägyptens mittlerem Reich zeigt, wie der Revisor auf dem Prüfungspfad zum Prüfungsobjekt getragen wird. Und im Psalm 76,5 ff äußert sich das Projektteam:

„... Du bist erschrecklich. Wer kann vor dir bestehen, wenn du zürnest? ..."

Abbildung 14-13: Revisor auf dem Weg zur Systemprüfung [5]

14.2 Das Scheitern des Systems

Aus diesem kurzen Abriß der Geschichte der Taxotechnie wird deutlich, daß das Projekt „Turmbau zu Babel" nicht gescheitert sein kann; bei diesem vorbildlich projektorientierten Vorgehen ist es völlig undenkbar. Wir müssen die Legende vom Scheitern dieses Projektes endgültig begraben!

Eine Rekonstruktion von Professor Unger zeigt, wie die Stadt Babylon um 2300 v. Chr. ausgesehen hat; es war die Hauptstadt am Euphrat, ein großes ummauertes Viereck: Die Metropole des Weltreiches. In der Mitte die Königsburg und ein in 8 Stockwerken sich erhebender Tempel des Bel: der Turm von Babylon!

Abbildung 14-14: Rekonstruktion von E. Unger 1931 – Babylon, die heilige Stadt [12]

Er war fertig geworden! Also auch hier ein Beweis, daß das Projekt nicht gescheitert ist.

Es fragt sich aber, was denn eigentlich damals passiert war, daß es einen solchen Niederschlag in der Überlieferung gefunden hat.

Die Antwort lautet: Das System, das mit dem Projekt erstellt worden war, das Produkt also, ist infolge von Kommunikations- und Informationsproblemen, herrührend aus mangelhafter Dokumentation, sehr schnell unbrauchbar geworden.

Dies ist für uns auch nicht weiter verwunderlich, wenn wir uns vergegenwärtigen, daß zu dieser Zeit ein geradezu revolutionärer Umbruch bei den Hilfsmittel der Dokumentation stattfand. Schauen wir uns dazu ein Originalbild an, das uns ein Schreibzimmer in Ägypten, ca. 1500 v. Chr., zeigt.

Der Text wurde in der älteren Zeit in Ton geritzt, der dann gebrannt oder in der Sonne getrocknet wurde. Später, und zwar zur Zeit des Turmbaus, wurden dünne gebrannte Tontafeln oder, nach weiterem technischem Fortschritt, Papyrusblätter mit Tusche beschrieben.

Abbildung 14-15: Schreibzimmer in Ägypten um 1500 v. Chr.

Nicht zuletzt wegen der damit verbundenen Änderung der Arbeitsbedingungen und Arbeitsmethoden und der vermeintlichen Gefahr der Wegrationalisierung der Arbeitsplätze wollten und konnten sich die Schreiber mit dem neuen Medium nicht abfinden. Diese Hilflosigkeit wird bei dem einen Schreiber in der Abbildung deutlich.

Daraus folgert Thomas von Altköln:

„Allzu verständlich darob ist deren (= der Schreiber) schlechte Arbeit, auf die man aber doch sehr angewiesen war. Wer kann denn ein System benutzen, wenn er keine Schrift hat, in der er nachlesen kann, was er dazu tun muß? Wie kann denn jemand das System verbessern, wenn er nicht eine Beschreibung desselben hat? So ließen sich noch andere Beispiele dafür finden, daß exakte und vollständige Beschreibungen unerläßlich sind."

Was zweifellos noch mitspielte, ist die Tatsache, daß es für die Dokumentation des Systems noch keine verbindlichen Vorschriften gab und deren Form mehr oder weniger nach Gutdünken gewählt wurde.

Und hier liegt der Grund für den Untergang des Turmes von Babylon: Die schlechte Dokumentation des Systems (aus welchen Gründen auch immer) und damit Probleme der Kommunikation beim Einsatz, bei der Wartung, bei der Verfügbarkeit und bei der Stabilität des neuen Systems.

14.3 Bedeutung der Dokumentation

Schnell reagierte man in Babylon: Richtlinien zur Dokumentation, die die bestehenden und bewährten Gesetze zur Projektabwicklung ergänzten, wurden erlassen.

Hammurabi, 26,2, Anlage:

„Für das, was du niederzulegen hast, gilt:
- es muß zu verstehen sein,
- es muß in leichter Weise zu erlernen und zu benutzen sein,
- es müssen alle in der gleichen Weise verfahren,
- nicht jeder muß alles wissen,
- ein- und dasselbe darf nicht an mehreren Stellen geschrieben stehen,
- du mußt leicht und sicher die Beschreibung ändern können!

Dies beachte bei der Arbeit und säume nicht!"

Geradezu modern wirken diese Richtlinien in der Synthese ihrer Forderungen einerseits und dem Belassen eines Ermessensspielraumes durch den Projektleiter andererseits.

In dieser Sicht war der Zerfall des Turmes von Babylon, die sogenannte Turmkrise, für die Babylonier ein heilsamer Schock. Von nun an richteten sie in ihren Projekten noch stärker ihr Augenmerk auf das zu erstellende System, was Thomas von Altköln treffend formuliert:

„... Et omnibus hominibus et magistro actionum labor totus non finitus nisi labor papyri", frei übersetzt: „... Und jeder Projektmitarbeiter, zumal der Projektleiter, sah das Projekt erst dann als beendet an, wenn die Schreiber die Dokumentation abgeschlossen hatten."

Dies war fortan eine Maxime in der Projektarbeit der Babylonier.

Nachtrag
Nachdem ich vor einigen Jahren bei den Informatikern der Universität zu Mainz einen Vortrag über den Turmbau zu Babylon gehalten hatte, schickte mir ein Zuhörer einen Brief mit folgender Bemerkung:

> ...
>
> **P.P.S. Noch eine kleine Information, die Sie sicher interessieren wird:**
>
> In der Zeitschrift „Acta Informaticae" las ich zufällig, daß bei Umbaumaßnahmen im Kölner Dom bisher unbekannte Dokumente des bekannten Wissenschaftlers Thomas von Altköln gefunden wurden!!
>
> Aus den Dokumenten soll angeblich auch hervorgehen, daß das Todesjahr von Thomas von Altköln nicht wie bisher unstrittig angenommen 1179 sondern 1180 ist. Allerdings kann dieses wohl erst nach dem Abschlußbericht des kulturhistorischen Institutes der Universität zu Köln mit Sicherheit gesagt werden.

Ich danke dem freundlichen und humorvollen Schreiber und möchte Ihnen die Information nicht vorenthalten. Leider ist besagter Abschlußbericht noch nicht erschienen.

Literaturverzeichnis

[1] Die Bibel nach der Deutschen Übersetzung M. Luthers

[2] Brooks, F. P.: The Mythical Man-Month. Addison-Wesley Publishing Company, Inc. Reading Mass. 1975

[3] Champollion, J. F.: Precis du systeme hieroglyphique des anciens Egyptiens. Paris 1824

[4] Caillard, F.: Recherches sur les arts et metiers, les usages de la vie civile et domestique des anciens peuples de l'Egypte, de la Nubie et de l'ethiope. Paris 1831

[5] Ceram, C. W.: Götter, Gräber und Gelehrte im Bild. Deutsche Buch-Gemeinschaft Berlin 1957

[6] Dreikurs, R.: Grundbegriffe der Individualpsychologie. Klett Stuttgart 1981

[7] Gildersleeve, R.: The Time-Estimating Myth. Datamation June 1973

[8] Golas, H. G.: Motivation und Führungsstil. Neue Betriebswirtschaft 8/1979

[9] Herzberg, F., Mausner, B., Snyderman, B.: The motivation to work. New York 1959

[10] Hoepfner, F. G.: Der Pygmalion-Effekt der Motivation. BddW 19.04.1980

[11] IBM Nachrichten, Heft 260, Juli 1982

[12] Keller, W.: Und die Bibel hat doch recht. ECON Düsseldorf, 1955
Keller, W.: Und die Bibel hat doch recht in Bildern. ECON Düsseldorf 1963

[13] Maslow, A. H.: Motivation und Persönlichkeit. rororo 7395 1981

[14] von Rosenstiel, Lutz: Motivation im Betrieb. Goldmann München 1974

[15] Titze, M.: Lebensziel und Lebensstil. Pfeiffer 1979

[16] Weinberg, G. M.: The Psychology of Computer Programming. Van Nostrand Reinhold New York 1971

[17] Zemanek, H.: Stonehenge – ein Steinzeit-Computer. Elektronische Rechenanlagen 1/1978